JN079680

なぜ人は自ら痛みを得ようとするのか

リー・カワート 著
LEIGH COWART
瀬高真智 訳

HURTS SO GOOD

原書房

なぜ人は自ら痛みを得ようとするのか

目次

マゾヒスト仲間と、わたしにならできると信じてくれていたＣ・Ｇ・Ｃに捧げる。

はじめに

「一緒にやってくれる人がいる。だから、あの離れ家に出かけないと」

今日のもっと早い時間には、わたしは洋服店の駐車場で涙を流していた。毎年おなじみの季節性の鬱（うつ）がはじまり、どんどん進行しつつあったからだ。でも今このとき、わたしは元気が出てわくわくしている。わたしは、プレイメイトの家の庭の、伸び放題の濡れた草のあいだのでこぼこ道を裸足で歩いてついていく。その家（うち）には離れ家があって、プレイメイトはそこに持ち運びできるヒーターをつけていた。わたしたちのお遊びのために。ぐっとくる気配りではあるけれど、しょせんじらしなのだ。この人はわたしが寒いのをとても嫌がることを知っている。けれどわたしたちがここにいるのは、わたしがひどいことをやってと頼んだからなわけで、だからわたしが暖かさに心地よくなりかけているという事実は、よくないことだと必ず目をつけられるはずだ。

わたしはこれからやることについて、痛みを感じるということ以外にはなにも知らない。わたしは脚をよじる。プレイメイトは陽気で、わたしはご機嫌だ。わたしたちはプレイメイトのお母さんと一緒に、ドイツ料理のテイクアウトで楽しく食事した。料理はまずかったけれど。それから川沿いにある、赤いライトがついた場末のみすぼらしいカクテルバーでコーヒーを飲んだ。キッチンで吸ったパイプのせいでわたしの肌はもう熱をおびはじめていて、頭はどんよりとしている。プレイメイトはわたしの服のジッパーを降ろす。わたしは襟ぐりの深い、露出度の高い黒い服を脱いで、プレイメイトはそっとわたしの眼鏡とブラをはずした。ショーツはそのままだ。ほんの申し訳程度の大きさで、脱がす必要はないくらいのものだから。

わたしは目隠しされて古い婦人科診察台にあおむけになり、足を錬鉄（れんてつ）製のあぶみにかける。ぞっとするような冷たさだ。首と胸の下を診察台に縛り付けられる。そのロープに抵抗するように力を入れるとパニックに襲われ、酸素不足になる。だからわたしは、プレイメイトが工業用のラバーバンドをわたしの腕と脚に巻くあいだ、深呼吸している。呼吸はすでに浅く、速くなっている。期待感で頭がくらくらする。そして今、恐怖感からアドレナリンが分泌される。それがどんどん増える。プレイメイトがこの感情をもたらしてくれている。この人にはわたしがやりたいことを企画し、実行してくれる才能がある。

プレイメイトはラバーバンドをバシバシと鳴らしはじめる。右の太ももの尻に近いところ。左の内もものショーツのすぐそば。脚の外側、腕の側面。傷跡。出だしはオーケイ。感情が高ぶる。けれどすぐにわたしは現実の痛みに屈する。最初はすすり泣きだったものが金切り声になり、わたしは両手首を結束バンドで縛られる。わたしは動きすぎている。

さあ、本腰を入れはじめる。ラバーバンドが激しく鳴る。目を閉じるわたしにはオレンジと白の光が点滅して見える。腕に、ラバーバンドがあたるとすごく痛むところがあって、そこでラバーバンドをはじくたびに、わたしの体は痛ましい音をたてる。我慢できる気持ちのいい痛みのはずなのに体がすごく痛い、これはわたしが欲しいと言ったものじゃないと悲鳴をあげているかのようだ。腕は、明日にはいくらか紫色になっているだろう。
その瞬間、わたしの頭はたったひとつのことでいっぱいになる。わたしの頭蓋骨のなかで風船をふくらませ、それが頭蓋骨のなかいっぱいになって、頭のなかにあるのは、その風船のなかにあるものですべて、という感じ。この前、そのことだけを考え、感じていたのはいつだろう？ ほんとに、頭にあるのはこれだけ、というのは。

ほんとに
これだけ
このすごい
気分

わたしは目隠しのなかで泣きじゃくっている。プレイメイトは手でわたしをいかせる。そしてわたしは今も泣いていて、ラバーバンドは鳴り、わたしはやせた首に回されたロープにあらがって、めまいがしている。バイブレーターをクリックして、プレイメイトは繰り返しわたしをいかせ、わたしはもだえ苦しむ。わたしは逃れようと身もだえするけれど、どうにもならない。もうたくさん、もうたくさん、もうたくさんだ。

またラバーバンドを鳴らしはじめると、「もうたくさん」という気持ちは消える。これを、いつ終わるともわからないかのように続け、繰り返す。激しいオーガズムを与えられたかと思うと焼けつくような痛みが続く。わたしは床に水たまりを作っているんじゃないだろうか。太ももには、ずきずきするみみずばれが何本も走っている。プレイメイトがわたしの脚のあいだに体をおしつけると、ほっとする。でももっと苦しむことにもなる。この人は精力的だ。

わたしは汗でびしょぬれになり耐える。わたしとこのプレイの相手と、それにたったひとつのことだけ考える。痛みだ。幅広のラバーバンドをピンク色のみみずばれができたわたしの肌にバシバシと打ちつけて、バイブレーターを最強にする。もう耐えられないほどの激しさだ。わたしのあそこに指を押し込み、その手でわたしを激しく犯す。わたしは台の上で震えている。なにもかもが痛い。体はふくれあがり、ぬるぬるとしているような気がする。プレイメイトはわたしにおおいかぶさり、耳に口を寄せる。つれない笑いで沈黙が破られる。

「ベイビー、こんな感じで満足?」

わたしはプレイメイトの手で正気づく。死にかけているみたいな気分だ。あたりは静かになっている。わたしの体はベルのように鳴っていて、それに合わせるかのように、部屋の外でコオロギが鳴いているのが聞こえる。

プレイメイトは結束バンドを切ってわたしを台から解き放ち、ちょっとだけおどけたようにパチンと音をたててラバーバンドをはずす。目隠しもとる。そしてわたしを見下ろし立っている。わたしはその大きくて澄んだ目を見上げ、つかの間視線を受けとめるとキスされる。プレイメイトはわたしの髪をなでる。わたしたちはそうしながらも微笑みあい、わたしはずぶぬれの顔をごま塩のあごひげにこすりつける。

こうして、つらい気分を味わったわたしは、それからとてもいい気分になった。

マゾヒストと言って頭に浮かぶのはどういうものだろうか。

ラテックスのメイド服にオイルを塗った体を押し込み、ご主人様の女性がムチを振るうたびに小さな尻をふるわせる、六五歳のベンチャーキャピタリストだろうか? それとも、イギリスの小説『フィフティ・

シェイズ・オブ・グレイ』〔池田真紀子訳、早川書房、二〇一二年〕のしなやかで臆病な主人公、アナスタシア・スティールだろうか。彼女は契約を交わして強制的な虐待の世界に足を踏み入れるが、それは合意の上の健全なBDSM〔Bondage 拘束、Discipline 体罰、Sadism 加虐、Masochism 被虐の頭文字〕とはほど遠い。それとも、離れ家のなかで泣き叫ぶわたし？

焼けつくように暑い日に気が遠くなるくらいの距離を走り、公園で遊ぶ幼児たちが目を丸くする前でアジサイの茂みに嘔吐して、それでもはるか遠くのゴールを目指すマラソンランナーを思い浮かべるかもしれない。トウガラシ中毒はどうだろうか？　カレーに大量に入れて頬を上気させながら食べ、額を汗で光らせている人たち。「マゾヒスト」と言うと、タトゥーが体を覆い、顔は金属の鋲とシルバーのフープピアスできらきらと輝いている人を思い浮かべるだろうか。真冬に凍るような水に飛び込んだり、友人の尻を叩いて特殊なクラブに参加させたりするマゾヒスト（あなたのことよ、おバカさん）は？　血が流れるまで自分の爪の甘皮を噛む人もいる。タイヤフリップ〔タイヤを起こして倒すことを繰り返す〕のトレーニングをするクラブは？　バレリーナは？　ボクサーは？　ロデオクラウン〔ロデオで乗り手が振り落とされたときなどに、乗り手の安全確保のために雄牛の注意を引く人。道化師の格好をしている〕は？　自分自身はどうだろう？

もうパターンはおわかりだろうか？　こうした人たちはみな、苦痛を感じることを意図的に選択している。わたしたち人間が痛みを避け、快適さを求めてきた歴史はとても長い。それなのに、なぜこんなことをするのだろうか？　そうした人たちは痛みからなにを得ようとしているのか、みなさんはどう考えるだろうか？

わたしが言いたいのは、この本でもあなたが知っている本でも、マゾヒズムには確かにセックス関連のものがあるけれど、それだけとはかぎらないということだ。実際、快楽を得るための苦しみが、生殖器とそのしたたかな欲求とはほぼ無関係ということはよくあるのだ。それに現代において「苦痛によって快楽を得る」ことを表すこの言葉は、一九世紀のオーストリア人男性がしでかしたこと（第五章を参照）から派生したものなのだが、今となっては当時よりもずっと、もっと大きい意味をもっている。セックスはマゾヒズムを語る際の入り口ではあるかもしれないが、マゾヒズムとは異常な性的嗜好にとどまらず、もっとずっと大きいものなのだ。

今、わたしが「マゾヒスト」という言葉を使うとき、わたしは普遍的で時代を超えた、人間らしいもののことを言っている。つまりは、いい気持ちになるために意図的に苦しいことを選択するという行為だ。意図的に痛みを感じる。人はこの戦術を長いこと用いてきた。生化学上の安堵感を生み出すことを意図して、つらいことはわかったうえで苦痛を伴う刺激を受けるのだ。これは異様なことではないし、珍しいことでもない。

「マゾヒズム」についてのこの考え方――気持ちよくなるために悪い気分を味わうという人間の特性――は、これはそうで、あれはそうではないといった類のものではない。実際には広範におよび、いろいろな性質のものが重なり合い、つながっている。ウルトラマラソンの走者がマゾヒストだとしたら、マラソンランナーについてはどうだろうか？　マラソンランナーにしても、失禁し、しじゅう足指の爪をはがしているのだ。寒中水泳をやるポーラーベア・クラブの参加者がマゾヒストだとしたら、サウナ施設の冷水プールを使う人たちはどうだろう？　シャワーの最後に冷水を浴びて体を刺激するのはマゾヒスト的行為なのだろうか。トゥシューズで踊るのはマゾだろうか。膝裏のやわらかい部分に傷ができるポールダンスのクラスは？　ＬＡＲＰｉｎｇ（ライブアクション・ロールプレイング）――痛くはあるけれど実害はない、しっかりと詰め物をした武器を使って戦う――はどうだろう？

こうしたアクティビティのすべてとそれをやる理由に共通するものがあるかもしれないという仮定は、わたしは無理があるとは思えない。結局、わたしたちみなが動かしているのは、同じように不安を抱えた似たような体だ。人類の経験で体を伴わないものはない。感情にしても呼吸と同じくらい身体的なものだ。感情も、体の内から発される。思考やおならやいろんな体臭と同じように。そしてあなたやわたし、ほかのだれかが意図的に痛みを伴う行為をするとき、ひとつには、何百万年もの進化の結果を用いて、一種のバイオハッキング［自身の体がより効率よく機能するようにすること］を行おうとしているのだ。まずひどい気分を味わうことで自分を気持ちよくさせること。それは楽しい行為で、あなたもこれが気に入るだろう。

わたしの見方では、マゾヒズムは非常に人間的な行動であって、性行為と関係があるのはほんの一部だ。たしかに、性的なマゾヒズムがわたしの好きな面であることは否定しない。でも、だ！　これから見ていくように、マゾヒズムは、率直に言って「どこにだって」ある。例えば、マゾヒズムのなかでも一番激しいものを見てみよう。ウルトラマラソンだ。わたしは、読者のみなさんが一様に、「一度に何百キロも、寝る間を惜しんで走るからといって、その人たち全員がマゾヒストなわけないだろう」と言うなんて思ってはいない。一日かけて砂漠を走るマラソンのような大事を成し遂げるためには、マラソンに参加する人はその苦しみからなにかを得ようとしているに違いないと考えるのが当然ではないだろうか。それが、必ずしも金のためでないことは確かだ。ウルトラマラソンには賞金が出るものもあるけれど、賞金獲得は、ウルトラマラソンではまだ一般的なことではない（変わってきてはいるけれど）。例えば、ランナーが最後のひとりになるまで続くビッグ・バックヤード・ウルトラは、もっとも過酷なレースとして広く知られていて、賞金はゼロ、出るのは記念品のみだ。とにかく経験したい――そうした気持ちから、参加者たちはこのきわめて過酷なレースをやり遂げようとする。本当にギリギリのところまで体の限界に挑戦するなかで

――砂埃で目が見えなくなったり、体力維持のために口にしたものをすべて吐き出したりすることもあるだろう――ウルトラマラソンのランナーは意図的に苦痛を追い求めている。わたしは、彼らは苦痛からなにかを得るのだと考えている（第八章を読めばわかる）。そうでなければどうしてこんなことをするのか。内なる報酬があるはずだ。逆説的に思えるかもしれないが、本書では、わたしはその仕組みを説明するつもりだ。この本を読み終えたら、快楽を得るための苦痛には様々なものがあるが、そのすべてが、実際には大きく似通っていることがわかるだろう。

わたしの生活を見渡してみると、わたし個人のマゾヒズム関連の行為は性的なものではないことが多い。わたしはバレエ漬けの生活を送って練習過多に陥ったことがあり、それに深刻な過食症を患い、自傷行為に走り、タトゥー愛好者であり、そして科学ジャーナリストだ。わたしはわたし個人、そして仕事のために自分のマゾヒスト的性質を利用してきた。そしてその性質から自身を傷つけてきたが、それでも最近は、マゾヒスト的性質を大半は楽しみや執筆のために使っている。こうした行為や衝動すべてに共通して言えるのは、故意に自身の体とその生理機能を利用してそうした行為を行って、嫌な気分を感じ、それから気持ちよくなるという点だ。わたしはごく特殊な報酬を得るために苦しむことを選んでいる。エンドルフィン［脳内の報酬系に多く分布する神経伝達物質］はとても強いドラッグなのだ。

マゾヒズムと苦痛について語るとき、わたしは単に様々な苦痛のことだけを話しているわけではない。マゾヒズムは、「つねに」合意のうえに行わなければならないというのがきわめて重要な決まり事だ。そうでなければ、それはマゾヒズムではない。それだけだ。わたしが本書で語るのは一般的な苦痛ではない。苦しむという行為は人間が経験する非常に幅広いものにおよんでいる。もし苦しむことから身を引くことができないとしたら、それはマゾヒズムではない。マゾヒズムではありえない。苦しみながら走ったり、筋肉が悲鳴をあげるまでものすごい重量のものを持ち上げたりすることを自身で選択しているとしたら、その人はマゾヒストだ。こうしたことを意思に反してやらされているとしたら、その人は囚人か奴隷だ。これはなにも、同意の上ではない苦しみのなかに意味を見出せないということではない。結局、こうしたことをやる人は大勢いるのだが、わたしは、合意してはいない状況で苦痛を楽しむことは、真のマゾヒズムというよりも対処メカニズム［精神的苦悩や問題に対処するために働く仕組みで、身体的な病気や行為となって表れる場合もある］だと考える。マゾヒズムとは選択、合意、そして自律性を要するものなのだ。とはいえ、マゾヒズムとは原則、自分の体を痛めつけて苦しむこと、おそらくは多少つらい経験をすることだと考えている人は大勢いる。結局、苦痛は、気持ちよくなるモルヒネを体内で生み出してくれる体のシステムに、密接にむすびついているのだ。

わたしが語ろうとしているマゾヒズムは、マゾヒストは、自身で選択して課した苦痛を自身でやめることが可能だという考えが前提にある。ウルトラマラソンのランナーは走るのをやめることができる。トウガラシ大食い競争の参加者は、もういらないと拒否することが可能だ。もっとも、あとで出てくるように、大食いによって生じる胃の症状は交渉不可ではあるが。BDSMを行う人は、それを止めるセーフワードを設定することが可能だ。その行為をコントロールし、苦痛を中断させることができる力をもつことはマゾヒズムの証であって、なにも大げさに言っているわけではない。セーフワードを発したのにBDSM行為が続けられるとしたら、それは虐待だ。意思に反して走り続けなければならないとしたら、それは拷問だ。本書で扱う苦痛を得る行為とは、完全な合意の上にあるもの、またその行為を要求、あるいは行う人がコントロールできるものだという点ははっきり言っておく。

この点を明瞭にし、確認したうえで、マゾヒズム――自身の体に痛みを受けるという選択――は地下牢や寝室にかぎらず、ジムやレストラン、真冬の海岸など、わたしたちの周囲のいたるところにあることを紹介していきたい。それは力があり、恐ろしく、健全であり危険でもある。それによってあなたは限界に挑戦し、生き生きとした感情を得、血の味がするほど唇をかみしめることになる。そうすることで、いくらか気持ちよくなると思えるからだ。要するに、マゾヒズムはいたるところにある。だから、マゾヒズムについて語ろうではないか、ということだ。

　マゾヒズムはいたるところにあって、人の心をつかんで離さず、それに多様なものなのに、この話題に関して利用可能な文献は驚くほど少ない。わたしが調査で目にしたのは、低俗な体験記や無味乾燥な学術書が多かった。ハーレクインのどぎついペーパーバックもある。性急に結論を出していて、そのひどさにショックを受ける学術論文もあるが、状況はゆっくりと変わりつつある。そのサブスペース「マゾヒズムのプレイやアフターケアの最中に包まれるふわふわとした多幸感」や安全のための取り決めのすばらしさをとても丁寧で熱心に取り上げているBDSMのブログもあるのだ。変わってはいるけれど健全な嗜好（キンク）を大勢の人と分かちあうという点では、本当に神のなせる業のようなブログだ。だが、その中間の性質のものはほとんどない。書かれているものの多くはあまりに近視眼的で、快楽を得るために苦しむことを幅広い視点から見ることができず、仲間うちにしかわからない言葉が多すぎ、あまりにひとりよがりで、幅広い人々にアピールするには特殊すぎるのだ。

　だがマゾヒズムはそんなものではない。マゾヒズムは性的なものであり、人間的でもあって、罵られ、崇拝され、ときにはとても異様なものだ。マゾヒズムはわたしたちのなかにごくふつうにある。骨折しても踊るバレリーナも、鼻に入れた釘に電気を通すサーカスのパフォーマーも、スコヴィル値「トウガラシの辛さを計る数値」の高いトウガラシをガツガツ食べるトウガラシ大食い競争の参加者もみなそうだ。大人になってスタントパフォーマーになり、打ち身によって体の存在を実感し、自分は強いと思えるような人々もそうだ。それは、慢性痛に苦しむ人や、意図的に肉体を痛めつける習慣によって自分の体を律していると思える人々だ。過激で危険でふざけたTV番組「ジャッカス」［アメリカのTV番組。日本のドッキリ番組に似た内容で危険な場面もある］もそうだし、宗教的なムチ打ちもそうだ。マゾヒズムはワーカホリックの人にも、体じゅうにピアスをつけまくる人にも、ありふれた痛みを求める身持ちの悪い女にもある。だが人間が快楽を求めて苦しむ様々な行為については、議論を避けるのがあたりまえとされてきた。マゾヒズムは、頭の古い精神科医――富裕層の白人男性がもつ、特殊で近視眼的な考えに毒されている――によって、長く病気とみなされてきた。だがそれは単なる自慰的な話にとどまらず、それよりはるかに興味深く、わたしたちを惹きつけるものだ。マゾヒズムの世界は、驚異的で特異なチャレンジをする人々のなかにもある。様々な理由で、人は広大な砂漠を走ったり、凍るような海を泳いだり、もう死にたいと思うまで激辛のソースを食べたり、あるいは愛するパートナーに、涙と鼻水まみれになり、お願いだからもうやめてと懇願するまで叩いてもらったりするのだ。

マゾヒズムは、ある理由で意図的に苦痛を選ぶというのがその本質だ。また、わたしの経験では、その理由とは嫌な気分を味わうことでいい気持ちになるためという場合が多い。わたしは、このマゾヒズムという不思議なもの――その人が確実に解放感を得るために、苦しむという状況を作り出すこと――はやさしく楽しく、心からの探求と言うにふさわしいものだと考える。わたしにわかっていることがある。わたしは常習的で、刺激追求型のマゾヒストだ。そしてわたしは科学ジャーナリストであって、わたしは大きな問いをいくつか抱えている。

だがまず最初の問い――地味だがずっと抱えていて、わたしがこの旅をはじめることになった根本にある問いは、ごく単純なものだ。どうしてわたしはこうなんだろう。なぜわたしは苦痛が好きで、わたしはそれからなにを得ているのだろう。愛する人から口元に一発くらうことでわたしが興奮するのは、ちょっと、なんというか、異様なことだ。だからわたしは、少々分析してみようと思った。それに正直なところ、わたしが見つけた答えが単に個人的なものであれば、それは読者のみなさんと分かち合うものではなく、わたしの秘密の日記に立ち入るものになるだろう。けれどわたしが見つけた答えはそんなものではない。一度調べはじめると、わたしは「いたるところに」マゾヒズムを見つけた。突然、わたしの問いはわたしについて、わたしの様々な気まぐれや習慣についてのものではなく、一般の人々についての問いになった。わたしは自分の性癖にかぎらず、徹底して調べている。だから、わたしの問いはどんどん大きなものになっていった。

人はなぜマゾヒズムにかかわるのだろう。その利点とはなんだろう。社会的、心理的、生理学上のものだろうか。それ以外のものだろうか？　その代価とは？　どんな人がこの行為をし、なぜわたしたちはこんなふうなのか。人間の経験として、マゾヒズムにはなにか言い分があるだろうか。厳密で正確な科学論文やおもしろく思いやりのあるインタビュー、それに自分の個人的経験を通して、わたしはこの旅で、こうした問いの答えをみなさんと見つけようと思う。だから、最後のひとりになるまで走るウルトラマラソンの、厳しい結末を一緒に見守ろう。これは多くの人から世界一過酷だとみなされているマラソンで、その物語は不条理と言えるほど長々と続く。トウガラシ大食い競争の、激辛の苦しみのその後を見てみよう。わたしが冬の、息も止まるような冷たい海に走り込むときの、大バカ者のようにわめき散らし苦しむ姿を見てほしい。寒さは、わたしが苦痛を得るうえで「一番うれしくない」方法だ。人間の脳内をのぞいて、苦痛という経験がどのように生まれるのかを知り、どのような仕組みでわたしたちの体がわたしたちを気持ちよくさせるのかを見ていこう。サイドショー［大きなイベントに付随したちょっとした出し物や余興など］のパフォーマーにも会うし、痛みを研究する科学者や、フックで体を吊り下げるボディサスペンションの愛好家、世界でもトップクラスのトウガラシ大食い選手、それにムエタイの選手に転向したバレリーナにも会う。一緒にＢＤＳＭのプロの話も聞く――彼らは、自らに意図的痛みを課すことで至福感を得るとはどういうことなのかを教えてくれる。これから、痛みを選択している人々を見ていく。それも、ごく近くで、しっかりと見るつもりだ。

この本では人間のマゾヒズムについて様々な角度から探究する。それを行う理由。苦しみを選ぶことからわたしたちはなにを学ぶことができるのか。みなさんはマゾヒズムに手を出すかもしれないし、出さないかもしれない。けれどそれを眺めるのはみな大好きだ。

第一章　そもそものはじまり

　サラー・ロンドンはそのきれいな顔を上げ、わたしのカメラの方に向ける。カメラのフラッシュに唾液にまみれたマウスピースが光る。白のマウスピースにピンクローズで繋げ字が書かれている。「冗談じゃねぇ」と。そのせりふは、彼女の歯を守るやわらかなプラスチックのマウスピースに書くにはちょっとださい。サラーはわたしに、最初の試合――彼女は負けた――で、自分よりはるかに経験を積んだ相手にしたたかに殴られて、自分のマウスピースは血まみれになったと言った。これをわたしに話す直前、選手たちがスパーリングし、その動きから放たれるにおいが充満するなか、相手がサラーをマット上に投げ倒した。すると突然笑い出したかと思うと、サラーは悲鳴をあげた。「やめて、やめて、やめて！」。「あたしは顔を叩かれるのは気にならないのよ！」。サラーは意味ありげににやっと笑ってわたしに言う。「体は気になるわ。でも顔はそうじゃない」。痛みは人によって違うのだ。

　サラーはムエタイの選手だ。わたしたちは以前は一緒にバレエをやっていたが、今わたしは、テネシー州ナッシュヴィルのダウンタウン、イーストナッシュヴィルにある建物の地下の、軽量ブロックの壁際にちょこんと座って、彼女がスパーリングするのを眺めている。わたしたちはもうバレエをやってはおらず、バレエが好きでもない。わたしたちはどちらも、昔抱えていたむずむずとした気持ちを満たす新しい方法を見つけたようだ。

わたしがサラーに会いに来たのは、マゾヒズムとわたし自身の関係を、バレエをやっていた頃の経験を持ち出さずに語るのは不可能だからだ。バレリーナ時代の記憶に踏み入ることは、ブラックベリーの茨の茂みを、むき出しの脚、やわらかな足の裏で好き勝手に歩きまわるような感じだ。そうすれば痛いけれど、気持ちよさもある。けれどたいていは、悪態をつきたくなる。わたしがサラーにバレエをやめて寂しいかと聞いたら、サラーはすぐに「全然」という答えを返した。

バレエの世界はわたしが経験したように、バレエを中心に生活がまわっている人たちのごく内々の集団で、過度に体を使い感情面では虐待を受けているところだと言える。何年ものあいだ縮こまり、ひもじい思いをして、わたしは貧弱でボロボロの体とつねに戦っていた。わたしの体と言えば、どれほどほかの部分がガリガリになろうと、もっと小さくなるのをきっぱりと拒む胸が特徴だった。あの頃のことを思い出すとても不愉快だが、苦痛だったからといってそれは、バレエという芸術に注ぐ当時の愛情を途切れさせることは一切なかった。しいて言えば、それはわたしの決意を強くした。わたしは子ども時代と思春期のすべてをバレエに捧げた。毎日放課後に何時間も踊り、高校時代には、宿泊を伴う芸術教室に参加することもできなかった。わたしは数週間におよぶバレエの集中講座に夏のすべてを費やした。バレエがわたしに強いたことはほかのなにものとも比べられないし、これからも同じようなことはもうないだろう。わたしは心底バレエが好きだった。サラーもそうだったことはわかっている。

わたしがバレエのことを持ち出すのは、わたしがつねに、答えられない問いに答えようとしているからだ。まさに、なぜわたしは今のようなわたしなのか、という問いだ。なぜわたしは痛みを選びたいと思うのか。つまり、バレエがわたしをマゾヒストにしたのだろうか。それともわたしは、わたしの人格の土台に本来備わっている、漠然とした「自分らしさ」――それは幼稚園の頃にははっきりとし、形容できるものとなる――のせいで、バレエという芸術に必要な、体を酷使する訓練にぴったりの性質だったというだけなのだろうか（このふたつの問いはどちらも的を射ていて、内なるわたしはこの問いの両方にその通りと答えている）。苦痛との複雑な関係となると、わたしは自分が異常なんだという気持ちにとらわれて、よく恥ずかしさを感じていた。わたしの重荷はわたしのもので、わたし独自のものといったふうな。けれどわたしはもう、そう思ってはいない。今ではわたしは、快感を得るために意図的に自身を傷つけることが珍奇なものではないとわかっている。それはいたるところにある。激辛のソースのボトルのなかにもあるし、冷水プールに入ること、スタジオの床に汗を落とすこと、それに、サラーがボーイフレンドと胸をめがけてキックを交わしているこのナッシュヴィルＭＭＡジムで飛びまわることもそうだ。この本を書いてわかったことがあるとしたら、それは、わたしが特別ではないということだ。本当に、癒される。

特別ではないと言えるのは、生物学上、健康な人体が共通してもつ基本的な仕組みがあるからだ。わたしたちの体はたいていは、痛みを得たり感じたりするプロセスとなると、みな同じ仕組みをもっている。体に同じような仕組みをもっているため、同じように「痛い！」という経験が生じるのだ。こんな感じだ。バレエでつま先で立つアン・ポワントをやれば、体全体の重みがつま先にかかって体が警報を発する。ムエタイで筋肉がしっかりついたむこうずねで太ももの外側に蹴りを入れられるときも同じだ。サラーの脚も、それに抗議の声をあげて赤くなりつつある。体が反応し、悲鳴をあげているのだ。人体の神経系が強くはっきりと信号を発しているわけだ。生真面目な感覚器官を高速で通過するメッセージ、つまりは電気信号を、侵害受容器と呼ばれる神経細胞が脳へと警告として送る。これに対し、脳は信号の内容を検討しなければならず、感情の状態や驚きのレベル、それに以前に経験したことのある同じようなできごとなどから判断して、痛みを生み出す。これによって体は多くの信号と化学物質を発する。そのなかには、内因性でモルヒネのシステムによって、脳内で分泌されるモルヒネ様物質も含まれる。そう、脳内の神経伝達物質でモルヒネと同様の作用をする「エンドルフィン（endorphin）」は、「内因性の（endogenous）」と「モルヒネ（morphine）」の複合語だ。体の内からドラッグが生じるわけだ。

一般にエンドルフィンは、気持ちがよいと感じ、気分を高揚させる物質だと考えられている。だから、いい気持ちになるために嫌な気分を味わうことについて語る場合、わたしはまさにエンドルフィンについて語っているのだ。痛みは気分がよくなる化学物質の発生を導くことがあり、わたしもほかの多くの人と同じく、自分のためにこの事実を利用しようとしているのだ。

わたしの前のマットの上で、サラーは脚を開いて膝を体側につけ、痛さにひるんでくすくす笑っている。それ以外は、集中した彼女の顔はとても穏やかだ。サラーはわたしに、自分は痛みを感じると笑うのでみんなからからかわれていると言うが、わたしにはわかる。わたしたちはふたりとも、痛みを押し通し、そこから喜びを得る方法を学ばされたのだ。

サラーとわたしが一緒にバレエをやりはじめたのは中学生の頃だ。わたしたちはどちらも講師に気に入られようとするひよっこバレリーナで、絶対にばれないようにしてあれこれといたずらもやった。バレエ教室ではわたしたちはすぐそばにいて、鏡に映るときには、脚が細く見えるように、太ももが重ならないようにして立っていた。わたしたちは何時間も何時間も、汗をかき、息を切らしながらバレエの練習をした。指導者を真似てバレエを踊る無垢なロボットでないときは、わたしたちはくすねたタバコを吸って、徹夜してリュダクリス［アメリカのヒップホップMC、俳優］の歌詞を覚えた。こうしたところはごくふつうの思春期女子だ。

バレエには、外部の人たちにわかってもらうには難しい信仰のようなものがある。ときにはなんともひどい状況になり、そうした例はいくらでも挙げることができる。酔っぱらいの元ニューヨーク・シティ・バレエ団のプリンシパルはわたしに椅子を投げつけたことがあり、その講師は、一〇代のわたしのぴちぴちの胸を見るのが嫌で、何度もわたしを教室から追い出した。それから、わたしを全寮制の学校から追い払うふりをした校長は、わたしが泣くのを見て楽しみたくてそうした。こんな話もある。マンハッタンでの夏の集中レッスンのただなか、暑さにうだるような教室のまんなかで、気を失ったダンサーたちもいる。わたしたちは、彼らを邪魔にならないところにころがして練習を続けるよう教えられていた。恐怖は、分かち合うのが簡単だ。

だがよい面はどうだろう？　わたしが何度もバレエに戻ったのはなぜか？　つかみどころがなく不可解で、病みつきになる。それに結局、わたしにとってはずっと、それはやる価値があるものだった。

翌日サラーは、働いているジムからわたしのところに寄って、ムエタイを練習している廃墟同然のモールへとわたしを連れて行く。わたしは彼女のあとについて落書きだらけの廊下を歩く。サラーがかつぐ、バカでかくて鮮やかな緑色のギアバッグは、彼女の小柄ではあるが筋肉のついた体を小さく見せる。わたしは、がっしりしてかわいいカメのあとを追っているような気分になる。入り口のホールはモールにつながっているが、モールには、キンセアニェーラ［ラテンアメリカ起源の、一五歳の少女の誕生日を祝うもの］用品を売る店とムエタイクラブのチョンブリー・ムエタイくらいしかない。モール自体も二週間後にはすべて閉鎖される予定で、急遽退出したために、ゴミや古い商品を置き去りにしている店もある。トイレは使えないが、まだフードコートは残っているらしい。わたしはとにかく実地調査をしようと、床の上でウォーミングアップしている人々に興味津々だ。ジムの壁には衣料品店だった頃の名残があって（そう、服をかける金属製のバーがついた棚が並んでいる）、ペプシのクーラーボックスが置かれ、何本もの水のボトルと、二リットル入りコークが半分残ったボトルがぎゅうぎゅうに詰め込んである。マットはジグソーパズルのような感じで、ピースをぴったりとくっつけてある。

「バレエそっくり」とサラーはわたしに言う。サラーは紫に染めた髪をうしろでポニーテイルにくってている。「コレオグラフィー（振付け）を覚えて、それをやると痛いでしょ。あれとまったく一緒よ」。そう言うとサラーはそこを離れ、これもムエタイの選手であるボーイフレンドとウォーミングアップをはじめる。ふたりはマットにあおむけになって、動きを合わせて脚を大きく回し、尻をリラックスさせている。ふたりともしっかりと筋肉がつきひきしまった体をしていて、今日のムエタイ教室の参加者の大半がそうした体つきのようだ。インストラクターのブルースがやってきて自己紹介をする。握手するとわたしの腕にびびっと電気が走る。腕全体がまるで木のようだ。こんな感じがする手は初めてだ。本当に、おおげさではなくカチカチだ。サラーにこのことを話すと、彼女は笑う。彼女もわかっているのだ。

サラーの言葉通り、ムエタイの練習はまるでバレエのレッスンだ。美しさにこだわるかどうかに少々違いがあるくらいだ。服は体にぴったりとあっているが鏡はない。ブルースは、ふたり組になりキックとパンチ――プリエとタンデュ［どちらもバレエのレッスンの基本動作］ではなく――をやるよう指示し、参加者はそれに従う。ひとりがキックとパンチを繰り出し、もうひとりはパッドをもってそれを受け止め、そして交代する。体の両側に同じようにキックとパンチの練習を行う。どちらも同じく筋肉がつくようにだ。ふたり組の練習は激しさを増す。ゆっくりとはじまり、それから、痛みに屈せず汗にまみれて突き進む。参加者が新しい動きを学ぶ際には、へたくそでうまくいかない時間がかならずある。それでも気にせず、実演してくれるインストラクターの横に並び、必要なモーションの真似方を体に覚えさせる。そうした時間のあとによくできたという快感が訪れるのはおなじみのパターンだ。生徒はやるべきことをしっかりとやっているが、バレエの教室のような禁欲的な静寂はない。静けさどころか、何人かはワーワーと声をあげてパンチがあたったことを知らせている。彼らの顔は深く集中している。パッドの衝撃音は信じられないほど大きく、サラーが一発キックを決めたら、わたしのあばら骨が何本か折れることは間違いない。尻の筋肉がけいれんしたサラーは顔をしかめ、グローブをつけた手で尻をさすっている。わたしは思わず笑う。サラーがこれと同じことをしているのを、ノースカロライナ・スクール・オブ・アーツの鏡張りの部屋で見たのは二〇年も前だ。わたしたちが子ども時代から熱心に取り組んだ芸術と、目の前で繰り広げられているアクティビティには驚くほど類似点がある。鍛錬という符丁、集団による儀式化した動き、滴る汗。そのどれもに、わたしはすぐにバレエの教室をまざまざと懐かしく思い出す。鏡がないだけでバレエと同じだ。殴る、蹴る以外はバレエの教室だ。

サラーはそこで猛烈に動いている。肩への激しい一撃を受けながら、キックし、汗をかき笑うサラーの一挙手一投足を見ていると、彼女は体の動きを真似る才能に恵まれた、頑強なアスリートだと思う。しかしこの笑いにはしかめっつらがついてくる。彼女はスパーリングをやめて笑顔を消し、顔をしかめてスパーリング相手からハグされている。サラーのトレーニングを見ながら、彼女の過去がチラチラと頭に浮かぶ。かかとを上げ、母指球［足の親指の付け根のふくらみ］にしっかりと体重をかけ続けるサラー。前屈してハムストリングスを伸ばし、それから直立の姿勢になることをやすやすとやってのける。ちょっとしたことだけど、バレエ仲間でなければ気づかないようなことだ。サラーは自分よりもずっと背の高い男性の頭にやさしくキックし、男性はサラーに微笑む。

最後に、生徒はコンディショニングを行う。これはいわばより強くなるために互いに何発かキックし合うものだ。まず、太ももの外側、ちょうど大腿直筋にあたるように。それから腕を上げて、体側にあたるようにキックする。ブルースはそれを「ラブ・タップ」と呼んでいる。打たれる側は、じっと立っていなければならないので顔がゆがんでいる。唇をゆがめ歯をくいしばれば、相手のパッドをあてたむこうずねが、自分のやわらかい胸郭に与える衝撃がやわらぐかのように。苦痛、達成感、エンドルフィン、大きな意志の力を養う喜びそのもの。わたしにはわかる。なぜ才能あるバレエダンサーが、戦うスポーツに居場所をみつけるのか、わたしにはわかる。バレエで内に向けられた暴力を、今度は外に向けるのは、とても癒しになるはずだ。

とてもおもしろそうだ。

けれど、ただそれだけのためにわたしはここに来たわけではないのでは？　サラーを見ることでわたしは、自分についての検証が確かなものであるか過去を振り返っている。わたしはなぜこうなったのか、なぜわたしはこんなふうなのか。わたしたちは連絡が途絶えたあとも一生懸命踊り、バレエ界で一生懸命努力した。わたしたちは若くして結婚し、どちらも最初の結婚は退屈で、バレエの世界で踊り続けることをやめずに「本当の自分」であろうとしはじめたとたんに、あっという間にそれは終わった。わたしたちは結局、バレエとやめてからの後遺症のせいでよくない状況に陥った。それにわたしたちはどちらも、あの頃ずっとバレエが自分たちに強いていた、様々な痛みや苦しみを生活に取り戻す道を模索していた。二〇年も連絡が途絶えていたのに、わたしたちが同じような生活を送ってきたことに驚いてしまう。

わたしは自分の膝を見下ろし、半ズボンがずりあがっているのに気づく。蛍光灯の灯りの下、太ももの内側の上部が黄色になり、丸い紫色の噛みあとが斑点のようになっている。噛みあとはあまりにたくさんついていて、歯形だとはわからないほどだ。ジムを出たあとも、サラーにハグしてさよならを言ったあとも、わたしはバレエがどうやってわたしたちふたりの人格形成をしたのかについてずっと考えている。

わたしにとってバレエは、ありとあらゆる点でわたしの人格形成にかかわり、大人になってから、わたしをありとあらゆるマゾヒスティックな趣味に走らせた原因のひとつであることは間違いない。そしてわたしの経験からではあるが、バレエダンサーにはマゾヒストの傾向がある。キラキラとしたサテンのトゥシューズ（拷問のように足が痛む）を履いたこともなければ、レオタード姿で長い棒をもち、怒鳴り声をあげる短気なロシア人女性に指導されたこともない、ダンサーではない人たちのなかにも意図的な痛みにふける人は大勢いる。けれど、そうしたキラキラした拷問のようなトゥシューズがわたしの人生を変えたことは間違いない。

わたしは一二歳のときにはじめてトゥシューズを履いた。

間違いなく、それはわたしの子ども時代において一番わくわくしながら待っていたできごとのひとつで、覚えているかぎり昔からトゥシューズにとりつかれ胸を焦がしていたし、そんな表現では足りないくらいのものでもあった。多くの子どもたちは、声変わりや陰毛が生えたといった思春期の前兆に期待しつつもおののくが、わたしは自分のきれいなトゥシューズのほうが、自分の胸が膨らみはじめるのよりも気になった。わたしはバレエにとりつかれていた。

筋肉が十分に発達して、足で安定した「アン・ポワント」の姿勢をとれるようになるまではトゥシューズの練習をはじめない点は重要だ。トゥシューズの練習をあまり早くはじめると、骨折したり障害が残ったりしかねない。だからわたしは一生懸命何度も練習した。教室だけでなくひとりだけのときにも。夜に自分の部屋で、それにシャワーを浴びながら、ルルベ［背伸びをしてつま先立ちになった状態］を練習した。歯磨きしながらやったし、それに、とがめられずにできるところならありとあらゆる場所でやった。順序をしっかりと守ってふくらはぎを動かし、なめらかにゆっくりと体を上下させ、かかとを前後にやる。そしてバレエ教室に八年通い、それだけを必死に祈ったあと、ようやくその時がきた。わたしの教師は、わたしがそれまでの短い人生のあいだじゅう待っていた誉め言葉を言ってくれて、わたしは天にも昇るような純粋な喜びに満たされた。

トゥシューズは、どれも完全に足にフィットしている点はとても重要だが、とくに初めてのシューズはそうだ。昔からある伝統的なトゥシューズは、つま先が入るボックス部分は厚紙と布を何層も糊で張り合わせ、パピエマシェ〔紙パルプや布などを細かくし、水や膠などを混ぜて型に入れ、圧縮して形を作る製法〕のような感じだ。シューズの底の部分であるシャンクはしっかりとした革製。ほかの部分はやわらかなバレエシューズのような感じだ。シューズのなかではつま先をまっすぐに立てて、トゥシューズの大きなつま先部分でバランスをとり、床に足指の爪を垂直にしっかりとあてる（トゥシューズを履いているときにはかならず足をこの形にし、使用中に足にぴったり合った形を維持できる材料を使う必要がある。このため、トゥシューズがつぶれ、またシューズがやわらかくなったら交換しなければならない）。シューズは、購入時にはなかにパッドはなく、リボンもゴムもついていない。外側はサテンでできていて、シューズのことを考えるとわたしの心は震える。少女時代を振り返るときに心から懐かしさを抱く、数少ない思い出のひとつだ。

シューズ自体はわたしがわずか一〇年あまりの人生のなかで欲しかったあらゆるもののトップにあって、だからシューズで足が痛むと知ってからでさえも、わたしは足に合わせることを思うとわくわくした。結局、しっかりと足に合わせることで正しいフォームが身に着く。シューズがぴったりと合っていないと、すべったりたわんだりして足が安定せず、ケガにつながるのだ。シューズがきつすぎるときれいな足の動きがうまくできず、そして痛みを伴うアン・ポワントの姿勢がうまくできずに不格好になる場合が多い。講師はわたしに、パッドのせいでダンサーが「床を感じる」ことが難しくなると言った。その声の調子には、パッドを使うダンサーはいくらか劣っているという意味合いを感じ取れた。なかには、ラムウール［仔羊からとったやわらかい羊毛］を少々使ったり、もっと今風の薄いゲルパッドを使ったりしてつま先を保護する人もいるが、わたしはそうしたものを使わないことに決めた。わたしは医療用テープを切り取ったものや、ときにはシングル巻きのトイレットペーパーを四角く切って、プレゼント用の包装のようにつま先を包んだ。おわかりかと思うが、わたしはひどくのんきな子どもだった。

ようやく体がしっかりしてきて子どもの骨が硬くなり、わたしは何十年も前からあるバレエ用衣装のショップの、暗い奥の部屋にたたずみ待っていた。隣には一九八〇年代のレオタードのセール品のカゴがあり、前にはほこりをかぶったタップシューズやキャラクターシューズが積んである。腰が曲がった八〇代の女性がわたしを座らせ、わたしの足をとって、サイズや足のつくりを綿密に調べ、それから何度か測って、店のもっと奥へと箱を取りに急いだ。

彼女は再度目を細めてわたしの足を見ると、わたしに、立って、ふくらはぎをもちあげるカーフレイズの動きを何度かやるようにと言った。彼女はそれをじっとみつめ、わたしの体のつくりを頭のなかで値踏みし、それからわたしの体の強さやトゥシューズを履く準備ができていることをほめて、忘れずにわたしの先生（そこにはいない）にお世辞を言った。箱のひとつを選び出すと、彼女はピーチピンク色をしたトゥシューズを一足取り出してわたしに手渡した。チャコットのコッペリアⅡだ。わたしの血圧は期待で一気に上昇し、手はひりひりし、薄暗い灯りの下で胸がばくばくと打った。「ああ、やった！」

わたしは夢の世界にあるようなサテンのシューズに一二歳の足を滑り込ませた。タイツから切り取った間に合わせのソックスが足首を包む以外は、つま先はむき出しだ。わたしは足をぺったりと床につけて立ち、彼女に見てもらった。彼女はわたしのかかとをつまみ、指を曲げてサテンにたわみがないか確かめ、つま先のボックスを押して、鏡に向かってうなずいた。さあ、準備はできた。

トゥシューズを履けない生徒という立場から一歩踏み出し、わたしは心を弾ませマットの上に立ち練習用のバー（横木）につかまった。手の指を慎重に木のバーにのせて、わたしは膝を曲げ、つま先で飛んで、足首はしっかりと、膝は力強く、そしてついに完全なポワントの姿勢をとる。胸に大きく息がつかえている。わたしの足は今、夢見たものをすべて手に入れたという現実を悟り、けれどそれによって感じた興奮には犠牲も伴っていた。この瞬間を望んでいたけれど、だからといって痛みを鈍らせるものではなかった。「靴を脱いで、つま先でできるだけ強く壁を、何度も何度も繰り返し蹴って、それからそれをつま先の爪がナスのように紫になってはがれるまで続けたら」（ぶち壊し屋だ！）というくらいの痛みなのだ。

わたしは痛みで気を失いそうだったが、ちょっとでも後悔の気持ちを見せるなんてことは絶対にしない。わたしはまたプリエとルルベの動きをして、伸びて、膝を曲げて、伸びて、膝を曲げて、伸びて伸びて伸びて……。わたしはにっこりと、勝利の笑みを浮かべた。その日、いやその週、その月もずっと足は痛み、一年中足の痛みはわたしにつきまとうだろう。でもそんなことはどうでもよかった。わたしはなんと言ってもバレリーナだ。このごく狭く、とても美しい痛みのカルトにくわわることを、わたしは許されたのだ。わたしは片足を上げて静止し、膝を曲げてパッセの姿勢をとった。

数学的な話をすると、片足でアン・ポワントの姿勢をとると、全体重がつま先の骨の先端にかかって、つまりは四一〇〇ニュートンの力がかかる。それは馬一頭やグランドピアノ一台の重量が、片足でつま先立ちしたその先にかかるのと同じだ。わたしはダンサーや医師からこんなふうに聞いたことがある。初心者にとって、アン・ポワントで立つときの痛みは気絶するくらいだと。

そしてそのときのわたしは、初心者ではなかったけれどくらくらと目まいがしていた。

わたしはトゥシューズでの練習に夢中になって取り組んで、寝室で夜遅くにルルベを練習して、いつもつま先を血まみれにしていた。夜の練習儀式を悟られないように、カーペットやセーターでわたしの魔法のシューズのタッ、タッ、タッという音を消していた。わたしが大好きだったのは痛みではなかった。正直に言って、本当に痛かった。わたしはいっぱい泣いた。けれど泣くのはひとりのときだった。バレエとは美しいはずで、わたしはその美しさを自分のものにしたかった。アン・ポワントで踊るたびにわたしは嫌な気分になり、それから気分が上がった。

わたしのトゥシューズの練習は向上もした。わたしのかわいそうな足はいつも生焼けのハンバーガーのようになり、爪は剥がれ落ち、水膨れは破れてじとじととし、やわらかな皮膚には誇らしげに奇妙な丸いタコができて、痛みへの反応を制御する能力はどんどん高まった。わたしは痛みを押して踊ることができた。きれいなピンクのトゥシューズには血がにじんでいるけれど、夕食が終わって夜暗くなるまで繰り返し稽古する。夜中に目が覚めるのは、粘液が出ている足がポリエステルと綿混紡の花柄シーツに張り付いて、できたばかりのかさぶたがシーツにはがされるときくらいだった。トゥシューズ以外には、わたしが唯一履いても大丈夫なのはビーチサンダルだった。靴下を脱ぐときの痛みはあまりにひどく、一時から八時までスタジオにいるつもりなら、できるだけ足の傷をかわかす必要があった。わたしは高校時代の後半はバレエの寄宿学校に行ったが、午前中は地元の公立高校で授業を受けた。そのためバレエをやっていないクラスメートにはつねに、わたしの血まみれの足が丸見えだった。

バレエはついにはやめたけれど、それまでは、爪がはがれ、足の骨が折れ、回旋筋腱板（かいせんきんけんばん）［肩甲骨の前、後面から起こる四つの筋肉」は裂け、ひどい腱炎になって靭帯が裂けはじめ、また舞台上であごの下を蹴られたために頭部外傷があり、背中のけいれんが激しくて腰椎のひとつがくだけ、そうした状態でも踊った。どれもが痛い。けれどわたしはバレエを続けた。痛みが消えたわけではなく、バレエを踊りたいという欲求が痛みに耐える力を支え、その我慢を先輩や教師たちからほめられたということだ。あとから考えると、そんなに体を痛めつけず、もう少し体をいたわっていたらと思う。

「わたしの足の痛み」に対する異常な耐性は、実際にはバレエをやめてもなくならなかった。何年ものち、あるパーティーでホストのひとりが、写真撮影用にブーツタイプのトゥシューズを一足もっていると言った。彼女はそれを履いて立つことも、ましてや歩くこともできなかったが、そのこだわりのシューズを、履きたいならどうぞ履いていいわと言った。このときわたしは三〇代のはじめの頃で、かつて愛したトゥシューズを履かなくなって一〇年近くたっていた（これを読んでいるバレエダンサーや元バレエダンサーのために言うと、わたしが履こうとしているのはグリシコ二〇〇七のスーパーソフトシャンクだ）。けれど昔の習慣はなかなか抜けず、わたしはそのブーツを喜んで履いた。まず、わたしはそれを履いて立った。おわかりのとおり、この上ない痛みだ。それから昔を懐かしみ、つま先の爪が現実に痛むのを感じながらも、部屋を歩きまわった。まだまだいける。

けれど、なんということ。白状しなければならない。わたしはつま先をシューズから抜いたとき、泣くのだ。

どうしてこんなことに？　わたしはとてもタフで、自分の体や足に対してはとても強気で厳しくなれた。それなのに、裸足で歩きまわって足の親指をテーブルの足に思わずぶつけてしまった人たちと同じように、ぶざまにしか振る舞えないのは一体なぜ？　あるレベルの痛みはとても直感的なもので、十分にそれと認識できる。「もちろん、わたしは痛みがどんなものか知っている。なにかが傷つくときに痛むのだ」ということだ。だがそれは実際にはどういうことだろう。もちろんわたしたちは痛みを感じるとき、それが痛みだとわかる。それはあたりまえのことで、「死と税金」［逃れられないものを象徴する。ベンジャミン・フランクリンの言葉より］と同じくらい、普遍的に絶えずあるという感じだ。

けれどそうではない。痛みはまったく主観的な経験で、どんなときのどの痛みも、外界の情報を血眼で求め、内なる安全を必死で守ろうとする脳によって新しく作り上げられるものだ。「なにが起きているのか？　この感覚を以前にも感じたことがあるだろうか？　わたしは危険な状態なのか？　わたしは空腹なのか、悲しいのか、興奮しているのか、あるいは疲れているのか？　怒っているのか？　なにが起こると思っているのか？　わたしにはなにが見え、なんのにおいがし、なにが聞こえるのか？　脅威はあるのか？　わたしは『痛み』を受け取る侵害受容器からのデータをどう説明するのか？　警告を発するとき、あるいはぞっとすべきときなのか？　組織の損傷が起きているのか？　組織の損傷が起こることがありうるのか？　なんてこと、わたしは安全なのか？　わたしはずっと安全でいられるのか？　安全になれるのか？」。脳はこうした――もっともっと多くの――問いをして、それから、脳が集め、評価したあらゆる情報を利用して、これくらいが適切だと思う痛みの経験を生むのだ。

痛みは単純なものではない。オンとオフに切り替えるだけのスイッチではない。それはあなたの意識という湿地にいるカエルのようなもので、ほかのあらゆる音のコーラスに混じって声をあげ、居場所を確保しようとする。ごくたまに、このカエルはほかの音を押しやって、うるさい霧笛のような音を立てることができる。視覚や味覚、聴覚と同じく、痛みは、あなたがもつ認識力や反応の能力から生じる、容易に説得可能な知覚経験なのだ。痛みは危険を意味することもあるが、痛み自体はかならずしも体が危険な状況だという意味ではない。また痛みがないことが、かならずしも体が害を受けていないということでもない。痛みは急性の場合もあれば慢性のものもあり、医師の診断が必要なもの、そうでないものがある。耐えられるものもあれば人を無力化するものもあり、たいしたものではない場合もあれば狂暴な痛みもある。そして楽しみのために使われることもあれば、人類による最悪の残虐行為を遂行する際に生じたものもある。痛みはわたしたちを守ってくれる。痛みは人生を破壊する。そしてわたしが細かにそれを調べようとすればするほど、疑問は増える。わたしたちは痛みについて、実際になにを知っているのだろうか？

人がどれだけ傷ついているのか、正確に知る方法はない。これまでのところ、人にどれだけ痛みがあるのかを測定するには、当人に聞く以外に方法はなく、第三者がこれだけと表せるような数値もない。痛みというつらい事実を正確に理解するのに、実験室の技術者が化学試薬を使ったり、遠心分離機をぶんぶん動かしたりして調べる方法もない。医師が脳の「痛みを感じる」部分を調べることができる検査もない。脳は一か所だけで痛みを感じとっているわけではないのだ。

各人の痛みの経験はたくさんの要因をもとに生まれていて、予測するのは難しい。これから見ていくように、痛みの経験は「つねに」主観的で、人の頭自体が生み出し、外部からのあらゆる影響――不安や脅威のレベル、感情の状態、以前の記憶、期待の度合い、性的な興奮など――の支配下にある。わたしたちの生活の精神的側面と周囲の環境は、痛みの経験に影響をおよぼすだけでなく、痛みの情報を伝え、痛みという感覚を生むのに欠かせないのだ。

つまり……痛みとはなんなのだろう？

ロリマー・モーズリー博士は、「なぜ痛みはあるのか」という講演のためにＴＥＤｘＡｄｅｌａｉｄｅ

［ＴＥＤｘは、広める価値のあるアイデアを共有すべく世界的講演会を行う組織であるＴＥＤからライセンスを受け、世界各地で生まれているコミュニティ］のステージに立っている。黒のジーンズをはいてスレートブルーのボタンダウンを着た彼はリラックスしているように見え、オーストラリア英語のアクセントで聴衆にジョークを言っている。シャツはひとつふたつボタンをはずし、顔には少し無精ひげが見え、頭は剃っている。「今日、ここで話す物語は、大学最初の三年で学ぶ痛みの神経生物学を解説するものです」。

物語は、モーズリー博士がオーストラリア奥地（ブッシュ）を歩いているところからはじまる。彼は小さなステージの上で身ぶり手ぶりを交えて語る。彼はオーストラリア神経科学研究所（ＮｅｕＲＡ）のシニア・プリンシパル・リサーチ・フェローで、慢性痛の治療に関する彼の研究は、患者のケアに革命をもたらしている。オーストラリア奥地での運命を決する遠出を再現するとき、気づかないくらいほんの少しだが、ステージ上を歩く彼の足取りが乱れる。足がしゃっくりしているといったところだ。それはとてもわずかな動きなので、彼がそれを繰り返してようやく、わたしたちははっきりと気づく。

「そのときなにが起こったかを、生物学的観点から話そうと思います」と言って、足取りのちょっとした乱れについて語る。「なにかがわたしの左脚の外側の皮膚に触れました。それは、わたしたちがもつ、太くて大きく、伝導速度が速い有髄線維の先端にある受容体を作動させ、そしてそれがすぐにわたしの脚を上がっていきます。ヒューッという感じでね」。彼はオノマトペを交えながら説明する。そのシグナルは彼の脊髄に入り、それからまた脳までヒューッと伝わり、脳が緊急メッセージを発するのだ。

「あなたの左脚の外側の皮膚になにかが触れた」と。

モーズリー博士はこのセリフをひと息に言ってのけ、聴衆の多くにこれはうけた。人体はこうした勇敢なメッセンジャーに覆われていて、人体になにかが触れると、迅速に反応するメッセンジャーが「作動する」。なにかが皮膚に接触すると、脳はとにかくそれを知る必要がある。安全第一なのだ。

博士のオーストラリア奥地の探索で、迅速に伝達を行う有髄線維を作動させた刺激がなんであれ、それは、侵害受容器の、伝達速度が速くはない無髄線維もまた作動させた。だが、その運命を決する日には、こうしたメッセージは無視された。

「［メッセージは］わたしの脊髄に到達し、行けるのはそこまで。そして、脊髄中の活きのいい神経細胞にこう言います。『おーい、君になんというか危険なことが起こってるよ。左脚の外側の皮膚だ……』」。博士は今度は、そのメッセージを運ぶ無髄線維にふさわしい、のんびりとした引き延ばした言い方をする。そうして彼は続ける。脊髄の侵害受容器はそのメッセージを脳の視床まで届け、のんびりと、左脚の外側が危ないと知らせる。これは有髄線維が伝達する迅速なシグナルとは違い、そのためもっとゆっくりと伝わる。

そこで脳の出番だ。モーズリー博士は聴衆にこう言う。プロセスのこの時点で、頭は、全体の状況が実際にいかに危険であるかを評価しなければならない。これを行うために、「頭はあらゆるものを見る」のだ。

博士の脳は自身に問いかける。「これまでにこんな事態になったことはあったかな?」。そう、もちろん、彼は以前にも奥地をハイキングしたことはある。それに基づき彼の脳は、こうした環境を歩いているときに、同じような感覚が脚の下部に起きた記憶をチェックする。こんなことが以前に起こったことがあったか? もちろんある。こんなちょっとした擦り傷は、サロン［スカートのように腰に巻く腰布］で歩くときにはあってもおかしくはないものだ。

ウィル・ハミルトン博士は、慢性痛を専門とする心理学者だ。彼はモーズリー博士が陥った窮地を解説する。そのやわらかな声は電話越しに明瞭に響く。「基本的に、知覚は彼の脚から脊髄へと伝わり、その情報は脳へと伝えられます」。そしてついに、モーズリー博士はその知覚に気づく。「彼は自分の体のどこにそれがあるかがわかっています。彼はまた、自分の体がそこでなにをしているかを知っています。それにしても彼の気分は実に穏やかで、また彼は、過去の経験を基準にこんなふうに評価します。『そうだ、この前こんな感じがしたとき、脚を小枝でひっかいただけだったんだ。だからたいしたことじゃない。まぁ、別に気にしなくていい。無視して進もう』と」。

それはまさにモーズリー博士がやることだ。彼はそれを無視する。博士は自分の脳になったつもりでこう言う。「まぁ、大人になるまでずっと、小枝で脚をひっかくなんてお前によくあることだった。これは危険じゃないな」。そう言いながらモーズリー博士は脚をひと蹴りし、そして彼の体は自身が終えた評価に満足する。彼はトレッキングを続け、川に滑り込んで水をひと浴びし、川から出て、そして気を失う。

イースタンブラウンスネーク——オーストラリア全土でもっとも強毒なヘビの一種——は、それに噛まれたと気づく間もなく、世界的に有名な痛みの研究者を瀕死の状態に陥らせた。

イースタンブラウンスネークの毒は神経線維を作動させ、モーズリー博士が解説するように、噛まれたときに、彼の脳は痛みのシグナルを浴びせかけられていた。「そして脳は知恵をしぼってこう言っていたのです。『いやそうじゃない、それほどの痛みじゃない』」。彼の気分や環境、経験や予想を考慮した上で出した脳のメッセージは、ヘビの致命的な噛み傷による痛みのレベルには達しないものだった。それが伝えたのは、せいぜい、小枝が皮膚をひっかく程度の痛みだ。

奇跡的に彼は命びろいした。

六か月後、友人数人とハイキングしているときに、なにかが脚に触れる。そのときモーズリー博士はこう感じる。「激痛です。わたしの脚に、火かき棒でついたような強烈な痛みが走ったのです」。彼はのたうち、なにもできなくなる。

前回とまったく同じく、神経線維は鋭い小さな知覚に関するメッセージを送る。「その感覚は脊髄に伝わって、脊髄はこう言います。『はい、次に伝えて』と」とハミルトン博士は解説する。「そしてそれに気づいている状態になる、まったく同じです。それは彼の身体地図に組み込まれているのです」。脳は絶えず知覚や脅威の目録を作り、わたしたちははっきりと、あるいはぼんやりと意識しつつ、経験済みのことに照らし合わせて現在の決定をくだす。そしてモーズリー博士の脳は、脚の外側のちょっとしたひっかき傷に気づく。彼の脳はその状況を評価する。今ここで起きていることについて、脳はなにを知っているのか。警報を鳴らすのだろうか？

モーズリー博士の脳は、オーストラリア奥地でのハイク中になにかが左脚の外側に触れたというメッセージを受け取る。彼の脳はこのシナリオを認識し、前回の経験から学び、彼にどすんと尻もちをつかせる。「彼の痛みのシステムはこう言います。『まぁ、そうだね、大事を取ろう』。そして彼に、最大の痛みを与えるのです」とハミルトン博士は言う。「彼の体はくずれおちます。小枝に反応して、です」。今回は彼の脚の傷はたいしたものではない。ただ前回の非常に強烈な記憶があるのだ。

「痛みの記憶と連想と、痛みがもつ意味が、現実には、実際にわたしたちがどれだけの痛みを感じるかに強く影響します」。脳は、わたしたちの気の毒な脳は、知覚によるインプットがかぎられているにもかかわらず、つねにわたしたちを安全にしておこうと努めている。ハミルトン博士はわたしに、人は通常、自分が痛いと感じその痛みが激しければ、皮膚の損傷も同じく激しいものだと思っている、と言う。けれどモーズリー博士のような場合は——慢性痛の患者やトラウマ的な傷と同様——つねにそうだというわけではない。わかっているのは、痛みの経験に影響を与える要因はたくさん、たくさんあり、皮膚の損傷はそのひとつにすぎないということだ。

ハミルトン博士は一定の口調で痛みの解説を続け、わたしには、彼が名を挙げ、ファクトチェックをする際に、たびたびキーボードをやさしく叩く音が聞こえる。彼はカリスマ的な天才でとても話しかけやすく、温かく癒される声には、ちょっと笑みが感じられてその場を明るくする。博士はわたしの問いに思慮に富んだ答えを返し、わたしは、彼は催眠術が非常にうまいのではないかなどと考えている。彼はわたしに、指に切り傷を作るところを思い浮かべてくださいと言う。

それはナイフがすべって指が切れるという場面で、あなたの皮膚は、ナイフが触れたところがある程度損傷します、と彼は説明する。脳はこれについて理解する必要があるが、シグナルが伝導路である脊髄に到達するときには、「基本的には、その特別な身体部位付近にある刺激すべてと競合します。そのシグナルが先に進むのに妥当であるかどうか判断するのです」。つまり、脳まで伝えるか、だ。

震えや温度、圧迫といったあらゆる要素が、そのメッセージがいかに重要であるかを脊髄が評価する際に影響を与える（たまたまドアに親指を打ち付けたときに親指をこすることが理にかなっているのもそうだからだ。その仕組みによって、ケガからくるシグナルと、指をこするという、いわゆる割り込みによるシグナルとを競合させ、たぶん痛みを減少させるのだ）。「それが脊髄を通って脳まで進む際には、基本的にさまざまなゲートを通る必要があります」。妥当性を判定する機能をもつゲートだ。

この痛みのゲートコントロール理論は、本質的に、痛みのシグナルに賛否を投じる化学的な仕組みに基づいている。ハミルトン博士はそう述べる。「進むことを禁じるコントロール」は基本的に「だめだ、それは妥当ではない」とか、「できるだけ詳しくそれについて説明せよ」と言う。だが脳がシグナルを無視しようとするのはなぜだろう？　「それについては、進化の過程で得た利点があるのです。つまりこういうことです——あなたがトラに脚をかまれたとします。生き残るためには、その傷に関する情報は、トラがまだそこにいる場合にはまったくその場にふさわしいものではありません。だからそれは、そこから逃げ出すことを優先できるように、痛みのシグナルを抑えるためのメカニズムの一種なのです。そして、実際に、ゆっくり休んで二週間脚を使わなくともよい状況になったら、つまり危険から逃れたときになってようやく、痛みのシグナルは注意を払うべきものとなるのです」。痛みがゲートを通ることでシグナルを分類することが行われ、シグナルはさまざまな理由で「上」か「下」に分類される。ハミルトン博士は、化学的な理由――脊髄によるものと、もちろん心理学的な理由があると解説する。

痛みのゲートコントロール理論の解説がはじまる。体は危険にあるとき、どのようにして判断するのか？「そうしたゲートの一部は体全体に関するものですが、ゲートはまた人の脅威のレベルにも関係します」とハミルトン博士は言う。「基本的には、その情報によってあなたはどれほど脅威的な状況に置かれるか、どれくらいそれに注意を払うべきなのか、といったことです。それは、脊髄のなかのスピーカーのアンプ、あるいは、脊髄のなかの緩衝器のようなものだと考えています」。また、脳が同じような刺激に関してもつ記憶や連想や、脳が、体の居場所について知っている内容も生かされている。つまり、この感覚はなにを意味するものなのか、ということだ。

こうしたいわゆるゲートを通過すると、感覚は意識へと進入しはじめ、そして別の問いや評価がはじまる。脳は尋ねる。「わたしは今起こっていることについてなにを知っているのか？　わたしはなにをしているのか？　わたしの体はわたしになにを語り、それに対しわたしはどうすればいいのか？」。痛みとは、知覚経験を利用して体に行動を起こさせるための手段だと考えることができる。

「主観的な痛みは、こうしたこと――その激しい感覚自体とどう関係しているのか、それに対しその人はどんな反応をしているか、どれほどの脅威か、感情の状態はどうなのか――の混ぜ合わせです」と博士は言う。こうした組み合わせは、痛みの記憶がより高いレベルで影響するということだ。そしてもちろん、情報伝達は痛みを媒介するものでもある。「脳は、そうすることによって、効果的に反応できると思っているのでしょうか？」

最後の文は、きわめて重要だと言ってもおおげさではないだろう。人が痛みを感じているとき、その痛みをどうにかできそうだと感じるかどうかは、脳が痛みに関する経験をどのように作り出すかに大きな影響をもっている。

すぐに詳解するが、まずは、痛みの説明についてちょっとひと言。「痛みは気のせい」とか「脳が痛みの感覚を生み出している」と言われることがあるが、それは本当だ。しかし、「それは気のせいだ」という言葉には軽蔑的な意味合いがあり、否定的に使われている。まるで、その人が単にそう思っているだけで、当面の痛みはまったく問題がないものかのようだ。それは、現実の大きな苦痛や痛みをないものとするために、医師のオフィスから法廷にいたるまで、様々な場で使われている。だから、わたしが脳が痛みを「作る」とか「生み出す」と言う場合には、わたしはその言葉どおりのことを言っているのだという点を強く言っておきたい。脳は痛みを作る。それは痛みが実際のものではないという意味ではないのだ！　痛みはごく現実的なものだ。痛みの源が脳という器官だとわかっているからといって、現実にある痛みを矮小化するわけではなく、それは遺体解剖が人体の研究を貶めるというのと同じくらいありえない。人は村上春樹の書から引用するのが好きだ。「痛みは避けがたいが、苦しみはオプショナル（こちら次第）」〔『走ることについて語るときに僕の語ること』村上春樹著、文藝春秋、二〇一〇年。同書で紹介されているあるランナーの言葉〕。だがそれは、繁盛したジャズ喫茶のオーナーから著名な小説家になった人物が、趣味のランニングについて書いた本のなかの言葉だ。わたしはその意見が必ずしも真実だとは思わない。それに、多くの場合、苦しみはオプショナルだとも思っていない。例えば、癌患者に、その苦しみは「オプショナル」だと言うことなど絶対にないだろう。つまり、わたしが痛みは頭のなかのものだと言う場合、それは、だから時間と注意を払う価値のあるものではないという意味ではない。実際には、まるでその反対だ。脳が作る痛みはすべてのエネルギーを費やすものでありうるのだ。

そうした強烈な痛みについて語ろう。わたしが世界一辛いトウガラシを食べたとき（ネタバレ！）、わたしは死にはしないこと、自分でこの経験を選択したこと、四五分から一時間もすれば楽になるという事実を知っていることで、この経験の激烈さが抑えられていた。どれだけ強烈なことがこの身に起こるか。それがわかっていることからくる安心感なしにトウガラシの刺激を口に感じていたら、わたしは絶対、自分は死んでしまうと思っただろう。大丈夫だとわかっていても、死にそうな思いをしたのだから！　わたしは以前にとても辛いものを食べたことがあった。そのときは十分に安全だと思えるレベルだった――あらゆる状況が、脅威のレベルを上げる必要はないと語っていた。脳はとても一生懸命に、わたしたちが安全でいるためのパターンを認識できるようになろうと努める。脳はわたしたちに痛みを与えて、それをしないほうがよいとか、自制したほうがよい、それにときには見た目が有害そうなものに近づくことさえ避けなさいと教えている。なにかをしたら痛みそうだと思う場合、通常はその通りで痛いし、また、たいして気に留めていない場合に痛むのよりもおそらくもっと痛みが強いのは、このせいだ。

これは慢性痛患者にとっては大きな含みをもつ。

「慢性痛を抱える場合、人が感じているのはたいていは中枢性感作です」。ハミルトン博士は、慢性痛患者が共通してもつ状態をもちだしてこう言う。つまり患者の神経系が持続的に、痛みに対する感受性が増すように教え込まれるのだ。彼は、それを一種の「用心に越したことはない」のアプローチだと述べる。「慢性痛患者の脳は、彼らが痛みによって感じる脅威の大きさを増幅しがちです」。そして何か月も何年もかけて、積極的と言えるようなフィードバックのループが生じる。「あるエリアが痛むとします。するとそれによって脅かされると感じ、そのため同じ感覚を生むようなことを避けるようになりがちなのです。けれど脳はまた、それが本当に注意を払うにふさわしい脅威だという感覚を増強してもいます」。そしてその増強によって痛みが増すこともあり得る。「『おお、痛いぞ。もっと注意しろ。ほら、それは痛いぞ、もっと注意しろ』というように」

おもしろいことに、慢性痛の治療には痛むものがある。「慢性痛の治療の一部には曝露反応妨害法を用います。これは、不安や苦痛を克服するために、危険を伴わずにそれにさらす曝露療法と、不安や苦痛からの逃避行動や安全確保行動をとらせない反応妨害とを組み合わせた療法です」とハミルトン博士は解説する。「これは、人が痛みに対して恐怖の反応をもっているという考えによるものです。実際にはほかの恐怖症とそれほど異なるものではありません。それまで是が非でも痛みを避けることを強化してきたため、痛みがどんどん大きく、さらに脅威的になるようなものだからです」。こうしたタイプの療法では、治療を受ける人はゆっくりとその恐怖の源に慣れていく。「患者は少しずつ恐怖の対象に近づくように努力し、そこにできるだけ長く我慢できるようとどまり、それからその近くにいることを我慢できるようになったら、それにもう少し近づけるようになります。それは、たくさんの運動療法や理学療法など、痛みや不快感に対し、許容できる範囲で日常的に再曝露するうちにごく自然に起こるのです」と博士は言う。それは寝室でも起こる。「あなたがおっしゃるマゾヒズムにも同じようなことが言えますよ。『実は、痛みに対する耐性を増したいの。痛みを取り入れたいの。わたしが痛みを経験したい、それから逃げたくはないと思うことは理にかなっているの』ということですよね」

結合組織の不調による慢性痛を抱えるベス（仮名）は、これを十分すぎるくらいよくわかっている。ベスは線維筋痛症［全身に激しい痛みが繰り返し生じる病気］を抱えており、その兆候は七歳ではじまっている。彼女はＢＤＳＭ愛好者でもある。「痛みがわたしの生活を縁取りし、わたしの生活は痛みに支えられています。生活が痛み以外のなにものでもないときもあるくらいです」。ベスはわたしにこう書いてきた。「わたしの性的経験はいつも痛みと喜びのバランスの上にあります。それは、わたしがとても敏感であらゆるものに痛みを感じるけれど、ときにはそれで最っ高にいい気分になるからです」

苦痛におぼれることは、ベスにとってリスクがある。「ＢＤＳＭ行為でわたしがあざになるほど打たれるとなると、それは少なくとも回復に一週間はかかるという選択をしたことになります。とても激しい痛みです。痛み以外のすべてを締め出しトランス状態のようになって、ときには人との関係を断ちます。殴られるプレイが終わると、わたしはエンドルフィンで満たされます。そのことについて考えたり理解しようとしたりもしない、ただその感覚がわかるだけの動物になるのです。これはめったに経験できない、最高のことで、体の回復に一週間かける価値があるものなのです」

彼女の病気は徐々に悪くなっているが、彼女はその状況でうまくやっている。「毎日わたしは、進行性の痛みと、自分に有害な痛みの境界を見つけています。毎日、それは違うところにあるからです。わたしが痛みを好きなのは、それがつねに身のまわりにあって、わたしがなんというか正気でいたいと思うなら、痛みを愛でることがわたしの唯一の選択だからだと思います」

ベスの話によって、とてもいい問いが浮かぶ。主観的な痛みに影響を与えるものは様々にあるが、マゾヒズムは実際には、そうした様々なものをどう助長しているのだろうか？　マゾヒズム――痛みを期待し、それを望むこと――とかかわりがあることで、脳内で痛みの経験が生じるプロセスはどのように変わるのだろうか？

「痛みから性的喜びやその他、精神的な快楽を得るのであれば、その人にとって、痛みが実際にはあまり脅威をもたらさないものだということでしょう」とハミルトン博士は言う。それを行う人が本来、快楽的な状況で痛みを求めているために、その痛みの経験はより喜ばしいものになるということだ。彼はまた、喜びを得るための意図的な痛みは、状況が変われば、よくない痛みへとやすやすと変わりうるとも言う。「マゾヒズムには、虐待状況へと変わりうる、独自の病的要因のようなものがあるのは明らかです。わたしは、実際に快感が失われ、突然、ひどく大きな現実の脅威に変わってしまう脳内スイッチのようなものがあると考えます」。この状況においては、「実際に楽しいとは連想されなくなる」ために、痛みの感覚は変化する。これが、セーフワード――BDSM行為を即座に終わらせる場合に言う、約束の言葉――に絶対的な力をもたせる理由なのだ。ものごとはある瞬間にすぐに変化し、合意はいつでも、どんな理由であれ無効にできる。そんなふうに合意を無効にできなければ、それは合意のうえでのBDSMではない。

ハミルトン博士は、ごくごくまれに、行為自体が病気と考えられるものがあり、重要なのは、その行為がその人の生活にもたらす影響についてだと言う。「マゾヒズムには、おもに否定的な感情のコントロール法となりうる様々なやり方があると思います。心理的に柔軟であることには、否定的な感情を受け入れることができ、それを強制的にコントロールしようとはしないという部分があると言えます。つまり、『わたしは今日、腹を立て動揺している。けれどわたしはそれについてなにもする必要がない』ということです。マゾヒズムは、それ自体は否定的でも肯定的でもないものですが、感情のシステムのなかでどう機能するかで病的なものとなりうるでしょう」。その行為が強制的で回避できないものだと感じるかどうか次第で、だ。

「感情調節という機能はみなに備わっています」とハミルトン博士は言う。そして一部の人にとっては、意図的な痛みは、感情調節において健全で支援的な役割をする。「わたしはキンク・コミュニティ［「キンク」は変わっているとされる性的行動や欲求の総称］の人たちを大勢知っています。彼らは自分なりにセルフセラピーの類を行っていると言え、そうしたセラピーには、以前に学んだ経験が生かされていると思われます。それは、痛みに対して、また力の格差や安全性について、彼らがひどい恐怖症を抱えたような経験です」。それなら、意図的な痛みは、扱いが難しい、特定のタイプの感情を求める安全な方法となる可能性がある。これは、BDSMが本来セラピーの性質をもっているとか、メンタル・ヘルスケアに代わって利用できると言っているのではなく、それを個人的成長のツールとして行える人もいると言っているのだ。性的行為における合意のうえでの痛みは、「それまでの人生経験のなかで、それがなければ恐怖や緊張感を抱く可能性があったものについて、少しだけ心理的柔軟性を得る一助」となるのだ。

こんなふうに考えてみよう。脳が痛みの主観的経験を刻む彫刻家だとしたら、マゾヒストやその他、意図的に痛みにふける人たちは、その彫刻家に頼み事をしているのだ。グレース（仮名）なら、これがよくわかるはずだ。

「そのときの状況や背景といった、その人を取り巻くコンテクストがすべてですよ」。グレースは笑いながら言う。彼女の明瞭な声が風鈴のように電話から聞こえてきて、駐車場に停めたわたしの車のなかではずんでいる。

グレースは何年ものあいだ、地元の活発なBDSMコミュニティで人気の支配役だった。グレースはわたしに、痛みのコンテクストによってプラセボ効果について考えさせられると語り、人が痛みの相互作用に関心を向けることで、その人の痛みの経験が形作られるのだと説明する。これは「期待感」と呼ばれる。

「プラセボ反応の一部なのです」と彼女は説明する。「この相互作用が自分に利益をもたらすのだと考えて痛みへと向かえば、痛みによる利益はさらに増すでしょう」

彼女はプラセボ効果とごくふつうのBDSM儀式とには、ある種共鳴するものがあると認識している。BDSM行為は期待感を伴うからだ。BDSMシーンの経験全体によい方向づけをするためには、「ああ、なにか大事なことが今起ころうとしている」といった期待感が欠かせない。こうした前向きな期待感を支えるのが、プレイする人の以前の経験と欲求だ。以前にその経験がよいものだったなら、そしてそれが今度もよくなると思っているならば、その行為は楽しいものだという情報を与えられているのだ。楽しみが保証されているという意味ではない。ものごとは瞬時に変わり、人生は不確実性に満ちている。それはただ、あなたがその行為を楽しむことが可能な状況にあるという意味なのだ。

「よいことに対する期待感はこんな感じです。『ここでなにが起ころうと、わたしはこの経験から深刻なダメージは受けないし、ハイになるだろう。それに、この経験には、いつもとても楽しい気分がついてくるだろう』」。なかなかいいことだ。わたしたちがこうしたことを予期し楽しむ能力は、期待感によって情報を与えられ、儀式によって支えられ、その経験をイメージできるラテックスやムチ、さるぐつわといったフェティッシュで大切な品々で強化される。「期待感には様々なものがあります。においや見えるものや音。儀式で生じるのは五感に訴える性質のものであって、そのなかで起こるもののひとつが痛みなのです」。そこで生じる痛みにとって、コンテクストは一番大事だ。それは、その意味をすべて理解しようとする脳にとって必要なものなのだ。

グレースは「それは君の思い込みだよ」という、軽蔑的なせりふに即座に不快感を表明する。「実際に、脳が介在しないで経験を得る方法はありません」。あらゆる背中の痛み、蚊に刺された痒み、ほんわかした気分――あなたの意識的な経験のすべては脳が巧みに作るのだ。
コンテクストこそ一番大事だ。「こうした自前のBDSMの儀式を行いながら、わたしたちは環境やコンテクストを整え、このプラセボ効果を生んできました。そうやって痛みにまつわるプラセボ反応を最適化しているような感じですね」。確かに、それは痛い。けれどわたしたちは、それがいい気分になるような設定もできるのだ。

それにグレースにはわかっているだろう。彼女は経験を積んだスイッチ（BDSM用語で、いつもは相手を支配するトップの役割だが、適切なコンテクストでは、反対の役割を受け入れるのをいとわないこと）だけではなく、経験豊富な鍼療法士でもある。ここでもコンテクストがすべてだ。そしてそれに儀式が伴う。

「BDSMにも鍼術にもとてもたくさんの儀式があります」とグレースはわたしに言う。儀式とは、潜在意識に向けて、なにか特別なことが起ころうとしているというシグナルを発する方法だと考えてみよう。卒業式の帽子とガウンはある特別な教育の期間が終わるというシグナルだ。棚のエッグノッグ〔牛乳や卵を混ぜて作る甘い飲み物で、クリスマスや新年の祝いに欠かせない〕は楽しい休暇の到来のシグナル。バースデーケーキのロウソクを吹き消すのは新しい一年への期待のシグナル。こうした儀式がもたらす連想は、例えば医師の診察室ではごくふつうに利用されており、そこでは白衣や聴診器が権威や知識だけでなく、助けや癒しが行われようとしているというシグナルともなっている。鍼術にもこれは当てはまる。鍼治療がはじまるという儀式――灯りを暗くし、穏やかな雰囲気の部屋、そして鍼による不思議な、あるいは不快な刺激――は、脳が鍼術についての認識を形作る一助となる。BDSMにしても同じだ。そしてバレエも。
「プラセボで肝心なのは、周囲の環境から自分のためになるものが得られるという期待感を誘発することです」とグレースは言う。最終的にプラセボは、薬であれ鍼術であれ、治療自体が実際に体におよぼす効果を増すことができる。その行為やそのときの状況が一体となってあなたに影響をおよぼすのであって、経験自体はその一部でしかない。儀式と期待感が調節ツマミの役割をもつのだ。

一般に、こうした状況においては、期待感は前向きなものをもたらす。「『ああ、鍼がちょっと痛くても、わたしにいいということはわかってる』といった感じです」。あるものが自分のためになるという期待感をもっている人たちは、期待どおりになるまで、一時的な痛みを、それが価値のあることだと確信してより我慢する場合が多い。トゥシューズもBDSMもそれに鍼術も、みなその点においては似ている。この三つが似ているのはこの点だけではない。生物学的に、同じメカニズムで作用するのだ。

「鍼術用の鍼を皮膚に刺し、それをひねると、さまざまなレベルで心身の一連のシステムに影響を与えることになります」とグレースは言う。「あなたは痛みを感じるニューロンやファシア〔筋膜など、人体を構成するものを包む膜〕のシステムや、炎症といった生化学的な反応に、局所レベルで影響を与えているのです」。シグナルが神経系を通って脊髄や脳に送られ、すると人体はそうしたレベルすべてで影響を受ける。鍼は痛みを感じるニューロンに作用する。パドルで打たれるときとよく似ている。そこからシグナルは脊髄に伝わり、そして、そこでペインマトリックス〔脳がもつと考えられている、痛みの伝達・認知・感情・制御の役割を担う一連のネットワーク〕というコンテクストにおいて痛みは分析される。

グレースが言うには、ペインマトリックスは、三つのものとかかわりがある。警告、場所、コンテクストだ。つまりは「痛いっ」という感覚、人体のどこで「痛い」が発生しているのか、それにあなたがそのすべてについてどう感じているかということだ（ここまで見てきたように、オーストラリア奥地でヘビに噛まれることや、その地をハイキングするときにある気まぐれな小枝は、人によって受け止め方が大きく異なる場合がある。これはコンテクストの問題だ!)。こうした情報のすべてが一体となって、個人的な痛みの経験が生まれるのだ。

しかし。痛みの主観性と期待感の重要性、前述のような痛みの経験方法に関する感情的なコンテクストを考慮すれば、こう思わずにはいられない。鍼が怖いのに鍼を打ってもらいたいと思うとき、その人にはなにが起こっているのだろうか。怖いのにあえてそれをするのだろうか、と。

「はい、まぎれもなくそれはイエスです。少々針恐怖症であっても、鍼術を受けたいと希望する人の多さについては驚くほどです。鍼術についてよく読んでいるか、ほかの人が鍼術について語ってきかせているからです。それか、かなりの痛みを抱えていて、鍼術が痛みに効くかもしれないと耳にしているのです」

針恐怖症の患者が入ってくると、グレースはふだんよりも安心させることに気を配り、自分の鍼療法士としての経歴を紹介するだけでなく、鍼術になにが期待できるかを説明する。「わたしたちは鍼術を受ける際の痛みや、それがどのような感じであるかを話し合います。患者が鍼術に実際に神経生物学上の効果があるのかどうかと考えているとしたら、それは本当に重要だからです」。彼女は患者に、嫌な感じだと思ってもいいのです、一時的に強烈な感覚に見舞われるかもしれませんが、たいていは気持ち悪いとか嫌な気分になるでしょう、と言う。

重要なのは、彼女が患者に、気味が悪い、嫌な感じだと思ったら、そう言うようにと頼む点だ。その時点で彼女は鍼を打つのをやめるのだ。「嫌な気分になったら、そう言ってください。そうすれば鍼を打つのをやめますから」。彼女が施術する人みなが、自分たちの状態はしっかりと把握されているとわかっている点がとても重要なのだ。

「わたしがまず最初に言うのはまさに、『あなたの鍼治療の施術におけるすべてを管理しているのはあなたです。わたしはこの状況のコントロールをあなたに譲り、なにかあなたが望まないことが起きたら、わたしに言えばそこでやめます』ということです」。これは基本であり、動かせない約束だ。「実際に、それで患者が見るからにリラックスするのもよくあることです」。その力を知っていれば、信じられないほどの違いが生じる。グレースは、一定の患者に対しては、鍼術はセーフワードの設定があるＢＤＳＭみたいなものですよ、と冗談を言うのだという。「あなたは鍼術という経験をどの時点でもやめることができるのですよ」と伝えるのだ。

これは、過去に選択権がなかったというトラウマを抱える人たちにとってはとくに重要なことだ。痛みを伴う可能性のある状況に対して、あなたはそれをコントロールできますよときちんと肯定すれば、その患者やプレイメイトに、基本的に、力をもっているのは自分たちなのだと知ってもらえるのだ。「患者たちは、それが自分たちのためになり、また自分たちのコントロールのおよぶ範囲にあり、以前とは異なる状況でその経験をすることもできると理解するのです。それは患者の神経系をリラックスさせてもくれます」

わたしは喉になにかがつかえるような気分だ。「それはとても癒しになるに違いありません」。停めた車のなかでわたしの声が響く。「つまり、わたしは医療的なトラウマがあるのです」。わたしには針恐怖症があることを告白する。わたしが摂食障害で死にかけていたとき（その原因の多くは何年も続けたバレエによるもの）、わたしはシカゴの医大付属病院に入院し、数回、医学生がわたしの同意を得ずに治療を行った。そのときのわたしの恐怖は言い尽くせない。とくにある日のできごとはきわだっている。ある研修医がわたしをベッドに縛り付け、静脈注射をわたしの首に刺したのだ。わたしは泣き叫び、血だらけになってやめてと頼んだ。彼女はそれをやめることなく、あとで清掃係に、わたしの血で染まったシーツを替えさせただけだった。

わたしはグレースに、鍼術（さらに言えばＢＤＳＭ）はわたしが癒される一助になったと伝える。喉が少々ひりつく。痛みを伴う行為を選択することは、わたしが回復力や柔軟さを身に着ける助けとなった。意図的な痛みを伴う行為に自ら合意することは、わたしの人生に大きな影響をおよぼしてきた。癒しが可能となるのは合意がある場合であって、わたしが求めているものは、合意なしでは存在しえない。

わたしはこれまで、完全に主体的なタイプの痛みを伴う行為に無限の魅力を感じてきた。わたしは面識のある理学療法士たちのことを考える。わたしに触れていいかと尋ね、体の癒し方を教えてくれて、わたしは負けはしない、最強だという気分にさせてくれた療法士たちだ。以前の療法士たちとは違ったやり方でわたしに注意を払い、的を絞って褒めてくれて、わたしの痛みを振り払ってくれた。

わたしはまた採血が必要なときに自分がどのように感じるかについても考える。わたしが腕の血管の状態がよくありませんと言うと、採血専門医が目をぎょろぎょろさせること。採血医がわたしの話に聞く耳をもたないと、わたしの血圧は急上昇すること。採血医がわたしの腕の血管を、わたしがそうしないでと言った通りのやり方で叩くと、泣き叫ぶのを我慢しておくのが難しいこと。そしてわたしの言ったことが正しいと、採血医が意地悪な場合、次の採血はたいていもっとひどく、いやがらせのようになること。わたしは痛みがどのようにして成り立つかについて考える。わたしは痛みから離れられないからだ。わたしは歯科医院でどんなふうに感じるかについて考える。麻酔がとっくに切れているのに、歯科医がそれほど早く切れるとは思っておらず、だから、リラックスしてなんて言われても……という状況を。

わたしは、陣痛に見舞われていて、硬膜外麻酔がちゃんと効いていなかったときのことを思い出す。看護師が部屋に入ってきて、わたしがそうしないでと言ったのに、カテーテル処置したこと。わたしには骨盤と膀胱のコントロールの感覚が完全に残っていたのに。それに、看護師がそこで処置するすべてをわたしは感じていたのに、だ。わたしは、硬膜外麻酔で脚がすっかり麻痺しているのでそこを離れられない。麻酔は正しい場所に打たれていなかった。そのときに抱いたのは、囚われ、傷つけられているという感情だ。

けれどまた、わたしは痛みを得ることでどれほど自由な気分になるかについても考える。あまりに何度も意思に反して傷ついたために、わたしは楽しみのために痛みに手を出してしまうのかもしれない。激しいののしり言葉を浴びたいと思う人と同じように。わたしは相手に頼んで尻を打たれている場面を考える。サウナを侮り苦しんでいるところや、鼻血が出るのではないかと思うくらいとても辛いものを食べているところを考える。自分の体で、とても多くのことを、とても様々な方法でやったり感じたりして生活するのは、どんなに楽しいだろうと考える。まったく同じ身体的刺激を受けたとしても、生じる気分はひどい苦痛から高揚感まで様々で、またなにも感じないことさえあるのはどうしてだろう。一度きりの人生はなんて気まぐれなんだろう。生身の人間のなかでは毎日、電流をたっぷりの感情へと変換することが行われている。そしてわたしの頭がそれに興奮することはやみはしないだろう。

グレースとの電話で、わたしは医学的なトラウマや鍼術、ＢＤＳＭや合意について考える。わたしは彼女がすごくキンクな行為で相手を支配しているところを思い描く。びくびくしている皮膚に彼女がそっと鍼を刺すところを想像する。痛みが、それを経験する人にとって唯一無二で、その人にふさわしく、主観的なものであることに思いをはせる。そしてちっぽけな少女だった頃のリーと、彼女の新しいぴかぴかのトゥシューズのことを考える。

第二章　人体に存在する痛みの電気回路

舌を半分に切ると様々なことが起こる。わたしがスマートフォンで流している危なっかしい動画では、手袋をはめた手が、太く血で満ちた舌をつかんでいる。この場面を目の当たりにすると、ヒルを思い浮かべずにはいられないし、たじろがずにはいられない。それにわたしが奥歯でタコス・デ・レングア［「舌のタコス」。牛タンが入ったタコス］を噛んでいるときのことを思わずにはいられない。頬をかみ切ると、口のなかに分泌液が出てどうなるかはわかるだろう。熱くてへんなものがどっと出てきて唾液と混じり、それが、食べ物を吐き出させようとするのか、噛み下す手伝いをするのか決めかねている。そう、そんな感じだ。

女性が椅子に静かに座っている。細く描いた眉をもつその顔は穏やかで、言葉は発せず、モンローピアス［上唇の中心から向かって左上につけるピアス］が光っている。唯一の動きは彼女の舌の裏で、心筋か、捕らわれた動物のようにぴくぴく動いている。紫色のインクが外科用メスの道筋を示している。助手の両手が震えている。ああ、それは手術には最悪の状況では？　ここで神経質になっているのがわかるのはこの助手だけ。そして、この女性がそうではないことは確か。濃いラインで囲った女性の目は閉じられていて、また閉じたままだろう。穏やかな大理石の像のようだ。外科用メスの持ち手はプラスチックで緑色をして、彼女の口付近を吐き気を催すほど長くさまよっている。ホラーショーのはじまりだ。

ついに、手術がはじまる。わたしを圧倒するのは血ではない。血なら毎月見ている。赤ん坊を産んだとき、あの巨大な産後用のパッドが、生理用ナプキンのように何枚も漏れるほど出血した経験もある。獣医の手術助手を務め、患部がよく見えるように動物の腹部から血を吸引したこともある。わたしは大量の鼻血をすっかり吐き出して、鉢植えの植物の肥料にしたことがある。けれど、自分の舌にクソ恐ろしいナイフを突き刺されるなんてことはやったことがない。わたしはこの動画を見ているあいだにもの（味気ないチキンサラダ）を食べるという判断、あるいはこの動画を見るという決断をしたこと自体を疑問に思っている。わたしは、こんなにも負担になることに脳が対処するときに生じる、地獄のような苦悩について考えずにはいられない。

その女性が自ら、こうした奇抜な拷問に耐え抜いているのを見ながら、わたしは耳障りなシグナルのことばかりに頭がいってしまう。そのシグナルは、彼女の脳の後頭葉のなかにある後角に向かっているに違いないのだ。彼女がまさにこの瞬間、なにを考えているかはわからないが、けれど、これは言える。彼女の舌の侵害受容器は、痛みを伝える電気シグナルを金切り声のように発しているのだ。

その仕組みはこうだ。

人体の神経系は、シグナルを発しそれに反応するために入念な構造になっている。人の基本概念を描こうとしたら、不規則で複雑な図形になるのと同じような感じだ。自身を守る暗闇のなかにある脳は、無数の感覚ニューロン［受容器からの刺激を脳や脊髄に伝える神経細胞］からのインプットに頼って外界からの刺激に対して反応し、体を守っている。この危険な世界で生存するにはそうするしかない。ごく基本的なレベルでは、脳になにが起こっているかを知らせるのは、末梢神経系――脳と脊髄以外の神経系の働きのすべてを構成する――での仕事だ。

この仕事のために、人体は特別な細胞で覆われている。感覚受容器と呼ばれるもので、こうした神経細胞は、音や触れること、熱、光、味やにおいなど環境による刺激に反応する。それぞれの専門に応じて、感覚ニューロンがもつ受容器をおおざっぱに分類することが可能だ。化学物質を調べる化学受容器、温度に対応する温度受容器、光に反応する光受容器、圧力や伸張といった力に対処する機械受容器といった具合だ。しかし、こうして分類したなかでも、それぞれの感覚受容器が反応する刺激はさらに細かく分かれる傾向があり、実際の反応のメカニズムがどういうものかは必ずしも明確ではない。例えば湿度受容器は湿度の変化に反応するが、それが機械的刺激を伝えるルートを経由してそうなるのか、環境中の化学物質の変化をとらえて化学受容器に似た働きをしているのか、研究でも明らかになっていない。

正直なところ、周囲の世界の様子を構築するために脳が頼っている、脳内の異なるタイプのあらゆる感覚細胞を解明する実験を考えるととてもわくわくする。舌の化学受容器は、口のなかでもぐもぐしている食べ物の塊の化学的構成を報告する。目の網膜内の杆状体（かんじょうたい）と錐体細胞は、あなたが探知できる色や光の強さを評価する。耳のなかの有毛細胞にある機械受容器は音の振動に共鳴し、脳がその振動を「金切り声」や「交響曲」あるいは「紙をくしゃくしゃにする音がもたらすＡＳＭＲ［自律感覚絶頂反応。聴覚や視覚への刺激で得る、一定の心地よさやゾクゾクするような反応］」と解読する。血管のなかの圧受容器は血圧を監視している。自己受容器は、例えば、ドライバーに行われる飲酒テストで、あなたが立ち上がろうとしているところだとか、指をどこに置いているかといったような、自分がどういう状況にあるのかを脳に知らせる。何千万とある嗅覚の感覚ニューロンは直接脳とつながり、細胞がそれぞれ特殊な嗅覚受容器だ。ペトリコール［雨のときに地面からあがってくるにおい］や香水や、あるいは知らない人の放屁の分子が鼻に漂ってくると、それはニューロンを刺激して脳にメッセージを送り、それから脳がにおいを識別する。

こうした仕組みはすべて、非常に簡単で理にかなったものに見える。が、神経系は電気信号を使って情報伝達を行っていることを思い出してほしい。このため、感覚ニューロンはみな、周囲を観察したものを電気信号に変換しなければならない。例えば、知らない人の放屁が鼻に漂ってきたような場合、そのにおいは鼻粘液に溶け込む。鼻腔内では嗅覚受容神経から細い髪のようなものが突起していて、行動するのを待っている。繊毛（せんもう）と呼ばれるこうした突起物は嗅覚受容器で覆われており、これが鍵と鍵穴のような特定の組み合わせを作る働きをする。重複するものはあるが、各嗅覚細胞とその繊毛がもつのはたったひとつのタイプの嗅覚受容器だ。あるにおい分子がそれに適切な受容器を見つけると、化学において、正しい鍵を適切な鍵穴に差し込むのと同じことが起きる。そしてその鍵穴のなかには、においの情報をまさに電気に変換するのに必要なあらゆる分子機構がある。その後電気信号は脳に送られ、脳がインプットを解釈して、ほら、あなたはあるにおいを経験するというわけだ。

素敵なデート相手があなたの腕にそっと触れると？　バン！　と電気があなたの脳へと伝わる。美しい日没が見えているだろうか？　それは中枢神経系からの贈り物で、人間の目が解読できる、かぎられた光のスペクトラムに基づいた電気刺激から生じるものだ。あなたの経験のすべては刺激にはじまる。その刺激が、電気を生むという生化学上の作用の引き金になり、またそれによって電気信号がニューロンを次々と伝って、それから脳に行き着きあなたの脳は「ふーむ、これはなんだろう」と考え、それから「バン！」という感覚を経験するわけだ！

（あなたが、本当にそんなことが？　と思っているとしたら、そう、もちろんわたしはとてもうれしい。感覚器官がこの世の非常に多様な経験を生み出すありとあらゆる方法。それをあれこれと深く考察することが楽しいとしたら、あなたはわたしの仲間だ。ミツバチにはUV光線が見える！　犬はいつもにおいをかぐことができる！　蝶は脚で味を感じる！　わたしはこうしたことなら何時間も論じることができる）

だが感覚器官の作用は、いいにおいの体臭を嗅いだり、ジムでゴミみたいなトラッシュ（音楽）をこっそり聴くときにとどまらず、とても便利だ。感覚器官はまた、悪いことが起こりそうなときにわたしたちにそれを知らせなければならない。このためには、脳は体がいつ害を受けることになるか知る必要がある。痛みの感覚を発するためだ。それはきわめて重要なシステムであり、わたしたちはもっと日常的に、思いやりをもってそのシステムに感謝すべきだと言いたい。先天的に痛みに無感覚な人は、身の安全を守るために必要なフィードバックなしにこの世界を渡っていくという困難に直面する。感染症による痛みを感じることができなければ、どうやって感染症にかかっていることがわかるだろう？　それが限界を超えているというシグナルがなければ、自分にとって安全なラインをどうやって学ぶことができるだろう？　痛みを感じることができない人は、骨折していてもなんなく歩くだろうし、平気で唇をかみ切るだろうし、合っていない靴を履いて足を血まみれにするだろう。そうした人々は、自分でつけたひどい傷に悩まされることも多く、それは大きく寿命を縮めるのだ。簡単に言えば、わたしたちは、身の安全のために痛みが必要だ。しかし痛み自体はそれほど簡単なものではない。

わかりにくいと思うかもしれない。わたしたちは痛みを即座に、簡単に感じるが、それはスイッチを入れたり切ったりするようなものではない。というよりも、痛みは複雑で主観的経験であり、脳自体が生み出すものだ。そう。あなたの脳が痛みの感覚を生み出す。だがそうするためには、脳は問題の存在を知る必要がある。ありがたいことに、有害なものの検出に特化したタイプの感覚ニューロンがある。侵害受容器だ。

侵害受容器は、彼らが体にとって有害だと――あるいは有害な可能性があると――考える刺激に曝されたときに警報を鳴らす感覚ニューロンだ。侵害受容器は、軸索と呼ばれる突起状のものがついた細胞体をもつ。この突起は細胞からくねくねと伸び、自由神経終末となる。こうした神経終末は化学物質や温度、機構的な危険に反応し、またほかの感覚ニューロンと同様、感知した危険を電気に変える。危険の限界値に達する――例えば熱いストーブに触れたり、つま先をぶつけたりする――と、侵害受容器が警報を発する。つまり、電気信号を生んで、それを送るとそこから脳に伝わり、そしてそれを脳が調べるのだ。

こうしたニューロンの基地はふたつの場所のどちらかにある。それは調査を必要とするのが体のどの部位かによる。顔の場合は、侵害受容器の細胞体は、頭のなかにある三叉神経節と呼ばれる神経体の集合にまとまっている。その他の部位の場合は、侵害受容器の細胞体は、脊髄の後根神経節に見られる。「神経節（ganglia）」という言葉の意味は覚えやすい。名前通りの意味だからで、細胞体のギャング（gang）であり、群れていて、電気信号を送る根なし草の活動拠点のようなものだからだ。

しかしこうした侵害受容器になぜふたつの拠点があるのだろうか。ひとつの拠点に集中したほうがもっと合理的なのではないだろうか。これを確かめるためわたしは、当時フロリダ州立大学の神経心理学者だったジェンズ・フォエル博士に話を聞いた。彼はドイツ語なまりの早口の英語で、寛大にも解剖学の復習からはじめ、脊髄伝達路と三叉神経の伝達路は大きく隔たっていることをわたしに思い出させる。「まず、一方は痛みのシグナルを体から集めてそれを脊髄に送り込み、そしてもう一方が頭（と）顔から情報を集めます」。どちらの伝達路も最後は脳の同じ場所にたどり着く。とはいえそこに至るまでのルートは異なる。

だがなぜ？

「三叉神経を経由するものを脊髄の後根神経節［体からのシグナルが処理されるところ］へと向かわせるために

は、顔からのシグナルを脊髄へと降ろして、それから脳へと送らなければなりません。それは神経組織の無駄遣いです」。それはまた、痛みのシグナルがより長く旅しなければならず、脳に届けるのにより時間がかかるということだ。「別の言い方をすれば、わたしたちの顔は脳の片側がつかさどり、体の残りの部位はもう一方の側がつかさどっています。このため顔とそれ以外は、脳への異なるルートをとるのです」

わたしたちの感覚ニューロンの軸索はこうしたふたつの拠点からくねくねと伸びている。軸索は細胞体から出ている細い突起で、これによってニューロン自身が電話の役割を果たしたり、末梢神経系――つまり、脳と脊髄以外――からインプットを受けたりすることができる。このシステムは植物の根のように広範に美しく広がり、体全体に侵害受容器を点在させている。わたしたちが気づくべき脅威は体の内外にあるため、こうした受容器は外部（皮膚や角膜、粘膜）にも内部（筋肉や関節、膀胱や内臓）にもある。それはまばらにあるわけでもない。皮膚には、身体内の筋肉や内臓の表面よりも侵害受容器が非常に集中していて、指先には多いと一平方インチ（約六・四五平方センチメートル）あたり一二〇〇個もあって、指先を紙で切っただけでももだえるほどの痛みを生じるのはこれがひとつの理由だ。なぜ体は、大半は暗闇のなかで触れられることもなく生きているゼリー状の脳のためではなく、それが収まっているこの防水容器のためにより優れた警報システムを欲するのか、その理由を解説するのは簡単だ。

湿ったやわらかな脳について言えば、血糊の動画に話を戻そう。外科用メスが女性の舌に接触して鋭利な刃を舌にそわせて動かしはじめると、その刺激は、侵害受容器の末梢部によって形成されている受容野に入る。この受容野が作動するには一定の激しさが必要であり、これはよいことだ。危険を察知する侵害受容器が誤作動すると、実際の脅威はなくても、体はすぐに大きな痛みを感じる状態になって大きな警報を発し、「オオカミ少年」のような事態になる。繁殖期にオスのカモノハシと不幸にもいさかいを起こした人に聞いてみるといい（やってみようかと思う人は多いかもしれないが、まじめな話、そんなことをしないように。カモノハシの毒は痛みの感覚を大きく増し、感覚過敏として知られる状態を生む。その毒によって侵害受容器が手当たり次第に発動し、痛みの感覚がなんの理由もなく、流血殺人の被害者という表現が控えめなくらいの悲鳴をあげるのだ。毒自体は人にとって致命的なものではないが、なかには不運にも、死ぬかと思うほどつらい人もいるようだ。これによる痛みは長く続き、モルヒネでさえ効かないほどだ。本当に地獄のようなつらさだという）。侵害受容器が、損傷を受ける可能性がある場合に発動することは、人体にとっては贈り物のようなシステムだ。つまり、気をつけるべきことがなにもない場合には通常は警告を発しないこと。これがわたしたちに、きっと、ごくあたりまえの平和をもたらすのだ。

だが今わたしが、ウエスト・アッシュヴィルの、楽しむことだけしか頭にない陽気な旅行客でにぎわうコーヒーショップで、言葉も発せずに見ているおどろおどろしい動画では、大胆不敵にも舌を裂かれている人物の侵害受容器はその目的通りに作動し、軸索を経由して、「くそったれ」と大きなシグナルを中枢神経系へと送っているようだ。外科用メスが切り裂きはじめると、彼女は深く息を吸い込み、鼻孔が閉じる。カメラは彼女の口のなかで起きていることをズームアップするが、彼女の目のまわりの皮膚にしわが寄っているのは見間違えようがなく、その痛みは、わたしが思っているよりももっとずっとたじろぐようなものだと知らせている。熱い火かき棒で刺されたり、漂白剤をひと口飲んだりしたときにも彼女の侵害受容器は同じように作動するだろうが、今、痛みの受容器が有害な刺激を電気エネルギーに変えているのは、外科用メスが人体に与えるダメージが原因だ。そして彼女の痛みのシグナルの第一波は脳へと向かっている。秒速約二〇メートルという高速で。

第一波が脳にそれほど速く到達するのは、敏捷な有髄Aδ（エーデルタ）線維――髄鞘（ずいしょう）と呼ばれる被膜で軸索が覆われたものが有髄線維――で跳躍伝導しているからだ。髄鞘は本来は脂質の層で、身体内の電気メッセージ――それが神経細胞体間のものであれ、筋肉へと送られる電気指示であれ――が目的地により速く到達するのを助ける。髄鞘はその性質を、ワイヤーをコーティングするプラスチックに例えられる場合が多い。その役割が同じような目的――つまりは電気絶縁体――をもっているからだ。しかし役割はそれだけではない。重要なのは、有髄線維を通るシグナルはその目的地に、無髄線維よりも速く伝わるという点だ。

　髄鞘がシグナルの伝達スピードを増すため、有髄Aδ線維を伝わる痛みのシグナルは、手助けしてくれる髄鞘をもたない線維で伝わるシグナルに比べると、より速く危険を知らせるシグナルだ。科学者はこうしたシグナルを一次痛と呼んでいる。一次痛はすばやく伝わる痛みだ。大きく騒々しくて、見逃されることがない。一次痛は、バズーカ砲や汗だくのバンダナがよく出てきた八〇年代のアクション映画のようにアピールし、その脳への効果も同様だ。Aδ線維から伝わるメッセージで連想する痛みはまず、ごく鋭い破裂のようなものだ。刺すような痛み、突くような痛みや電撃痛を思い浮かべてほしい。手を車のドアにはさんだときに目の前に白い光がフラッシュするような感じだ。一次痛には注意を向けることが必要で、これは注意を求める痛みなのだ。

　その一〇分の一の速度であるのが痛みの第二波の前触れとなるメッセージで、科学者はなんとも詩的に命名している。ご想像どおり、二次痛だ。これはC線維に到達するメッセージで、この軸索にはAδ線維のような髄鞘がない。髄鞘の手助けがないので、痛みのシグナルの第二波が伝わるのは第一波よりも遅い。そして痛みの第二局面はもっと長く続くが、一波ほど激しくはない。それが伝えるのは大きなダメージだ。二次痛はもっと行き渡るような痛みだ。燃えるようで、どくどくと脈打ち、痛く、けいれんし、胸が悪くなる痛みだ。一次痛はあなたの手が車のドアにはさまったことを知らせる。二次痛が知らせるのは、あなたの手の骨が折れているということだ。一次痛は、問題があると警告するために、発動する痛みの閾値がより低い。二次痛は、刺激の強さが、C線維を発動させるべきレベルにあるときに起こる。一次痛は、外科用メスがあなたの舌を切ろうとしていると知らせ、二次痛は、あなたの舌が突き刺されたよと言っているのだ。

しかしシグナルはどこへ行くのか？　舌の侵害受容器がダメージが発生しようとしているというシグナルを送りはじめると、メッセージは脳の神経のひとつである三叉神経という経路をたどる。痛みの刺激が顔の内部からきていることが、明瞭に伝わる伝導路だ。この経路をたどる場合、メッセージはあなたの頭のより深部へと行き、それから脳の底部へと進むが、脊髄本体へは行かない。これまでに見たように、顔と体ではシグナルを発するニューロンの基地が異なるという観点では、これは体からくる痛みのシグナルとはタイプが異なるシグナルだ。体の痛みのシグナルは、脊髄から発している脊髄視床路という経路を通る。そして、どちらの経路をたどるメッセージも視床へと向かう。視床は、脳の中央部にある灰白質の塊ふたつの一方で、これは感覚情報を脳のほかの部分へと中継する役割をもつ。わたしはこれを郵便室のようなものだと考えたい。インプットはここでより分けられて、脳の適切な領域へと送られて処理されるのだ。顔と体からの痛みのシグナルはどちらもこうしたごく小さな塊（異なるパーツではあるが）を経由して、ここから脳の最上部にある体性感覚皮質へと送られる。体によるシグナルの大半がそこで処理される。

そして、みなさん、ここここそが、ものごとが奇怪になる場なのだ。

「神経科学用語で言う『痛み』の研究がとても興味深いものであるのは、痛みが一〇〇パーセント主観的なものだからです」とフォエル博士は言う。電話を通して、彼のはきはきとした軽快なドイツ語なまりが聞こえてきて、早口で歌うこっけいなパターソングのように、言葉が驚くほどのスピードでぽんぽん耳に飛び込んでくる。やがて、彼は空港でわたしをひろい、巨大マグネットを見に行くつもりだと言う、それも明日。わたしが、痛みの研究にｆＭＲＩ（機能的磁気共鳴画像法）を使用することを話題にしているからだ。痛みは一筋縄ではいかないものだ。「［痛みは］あらゆる状況に応じて変化するのです」。ちょっと考えてみよう。痛みは状況次第である。わたしはそれについて、夜明け前の飛行機に乗るために目覚まし時計をかけながら考える。わたしは、午前五時三〇分に、空港ターミナルの容赦なく明るい照明の下で座りながら痛みについて考える。わたしは痛みについて、ノースカロライナ州のシャーロット・ダグラス国際空港で乗り継ぎ便へと走りながら考える。そして痛みについて、機内で出たホットコーヒーを手にこぼしながら考える。フォエル博士がわたしをひろい上げようと、フロリダ州タラハシー国際空港に到着する頃には、わたしは彼が考える痛みを理解する備えができている。

人体の痛みに対する反応について話す場合、侵害受容器が刺激されて起こる痛み（侵害受容性疼痛）のプロセスになるとかなりわかりやすく、わたしはよく理解していて不安もない。刺激があり、それから電気信号が軸索で伝わり、そして脅威――それが冷水であれ、スパンキングベンチ［尻を叩くプレイのための拘束用ベンチ］での二〇分であれ――に関する情報が脳へと到達する。しかし脳は脅威について知ると、痛みの経験を管理しより分け、指示を出すことに取りかかる。そして、ものごとが複雑になるのはこの部分だ。だからわたしにはフォエル博士が必要なのだ。

フォエル博士はタラハシー空港の外でわたしを待っている。空港を出るとき、わたしは彼の車の後部座席に切断されたプラスチック製の手があるのに気づく。まだ包装されたままの新しいものだ。翌週はハロウィーンなので、わたしはその手のことをたいしておかしいとも思わなかった。けれどちょっとあとになって、わたしは、その手はバーでよく披露される「ラバーハンド錯覚」のためのものだと気づく。つまりこういうものだ。ラバーハンド（ゴム製の偽物の手）をテーブル上のフタのない箱に入れ、その箱の下においた別の箱に、参加者の本物の手を入れる。どちらの手も同時に同じ速さで、少しだけなでる。これを数分間続けると、人の脳は偽の手を自分のものと考えはじめる。それからおもしろいこと――錯覚――が起きて、突然偽の手を鉛筆で突くと、参加者は哀れな悲鳴をあげるのだ。

タラハシーは暑く、太陽が輝き、わたしが出てきた寒く湿った山岳地帯とは正反対だ。医学生の大群が移動し、その白衣は、彼らが選んだ職業の約束事を忠実に守っていることを知らせている。フォエル博士は大学内のショップでわたしにコーヒーを買ってくれて、わたしたちは屋外の中庭で一緒に腰をおろす。南にある太陽が輝いている。それに慣れないわたしの肌がチリチリとするのを感じ、わたしはおどおどと、日陰に入りたいと申し出る。わたしたちはすぐに移動する。フォエル博士は申し分のないホストで、熱心に問いに答え、わたしのフロリダ滞在をできるだけ快適なものにしようとしてくれている。わたしは虫刺されをひっかく。

わたしは、FSU（フロリダ州立大学）の研究用fMRIマシンを理解するためにここにいる。科学者がどのようにして、脳が痛みの経験を生み出す方法を研究しているのかをもっと理解するために。わたしは、脳に危険だと知らせるために神経系がなにをするかは知っているが、脳がその脅威に反応しはじめると、なにが起こるのだろうか？　そこから先は、正直言って、いったいどうなるのかわからない。それから、どうすればそれがわかるのかも。

とくにわたしが興味を引かれるのはドイツで行われたある研究だ。ヘルタ・フロル博士率いるドイツの研究チームが、巨大な磁石を使ってマゾヒストの脳内をのぞいたのだ。結果をまとめた論文「マゾヒストにおける痛みの文脈変調——頭頂弁蓋と島皮質の関与（Contextual Modulation of Pain in Masochists: Involvement of the Parietal Operculum and Insula)」は、ジャーナル・オブ・ペインという楽し気な名の雑誌で二〇一六年に発表された。とても内容の濃い圧倒されるような論文で、畏敬の念を覚える。フロル博士とそのチームはマゾヒストたちをMRIに入れ、マゾヒストの脳が実際にどう働くのか、違いを探した。

核磁気共鳴画像診断（MRI）は、強力な磁場のなかで人体に電波をあてて、人体からの電気信号を受信し画像とするものだ。強力な磁場で電波をあてると体内の水素原子が移動するため、このあとの、移動していた組織が元の位置に戻ろうとするときの動きを見て、表皮下になにがあるのかを正確に調べる。機能的磁気共鳴画像（fMRI）はMRIの特殊なタイプで、脳の活動を評価するために用いる。フォエル博士はこう説明する。「fMRIが見るのは、脳内のあらゆる部分の血液中の酸素濃度の違いです」

フォエル博士は、これが意味するものを特定するのに慎重だ。この機械は血流ではなく酸素濃度を見ているが、このふたつには関連性があると繰り返す。関連はある、しかし同じではない。機械にとっては、どれだけの量の血液が脳内にあるかは問題ではない。それが見ているのは、血液が現在酸素を含有しているかどうかだ。「わたしたちが脳に関して理解しているのは次のようなことです。［もし］ある領域が非常に活発に活動していれば、より多くの酸素を使おうとするでしょう」。フォエル博士は言う。活動が増加すれば必要とする酸素が増えるという意味であり、つまりは、酸素が豊富な血液が、それを必要とする脳の領域に流れるだろうということだ。「酸素が使われても血液が酸素分子を再分配しているあいだは、基本的に酸素量を表す曲線に大きな変化はありません」。活性化を表す曲線だ。「おわかりのように、たくさんの酸素が使われ、それから基準値に戻ります。それが、つねに、脳全体で起こることですが、けれどある特殊な目的でほかより活性化している領域ではその差が大きいのです」

あなたがなんの変哲もない古い壁を見ているとしよう。施設の軽量ブロックの壁だ。それからマンガ本を手に取ると、壁を見ているときよりもっと複雑な視覚刺激を処理するために備わっている脳の領域の活動が増す。脳のこの領域が始終活性化していたとしても、マンガ本を読むことは壁を見つめることよりももっと活動を要するため、より酸素を含む血液が活性化の場に出入りする。ｆＭＲＩが調べることができるのは、この酸素を含む血液の増加（と使用！）であり、これによってわたしたちは、特定の作業を行っていたり、特定の感情を抱えていたりする場合に、脳のどの領域がより活発なのかがわかるのだ。

痛みもそうだ。

であれば、正確には、痛みは脳内のどこで生じ、脳内のどこで経験しているのだろうか？　そう、それはよい（複雑な！）質問だ。研究者が「ペインマトリックス（痛み関連脳領域）」と呼んでいるものがある。第一章でグレースが言っていたものだ。ペインマトリックスとは変わった名だが、ヘビーメタルバンドやウォシャウスキーの映画のポルノパロディではなく、侵害受容性疼痛につねに反応することが観察されている脳の領域のことを言う。これには脳の、血圧や心拍数といった自律機能にかかわる、襟のような形をした前帯状皮質（ぜんたいじょうひしつ）が含まれるが、この部分はさらに注意や感情制御といった仕事でも役割を果たしている。また視床は前にも書いたように、大脳皮質で処理するために、感覚シグナルを中継する役割をもつ。そして脳の奥にあるのが島皮質。これは前頭葉（わたしたちの実行機能を受けもつ）と、記憶や言語に重要で耳のそばにある側頭葉とを分ける外側溝のなかにある。脳の多くの部位と同じように、島皮質は、愛から痛み、中毒や感情まで、異なる様々な作用を受けもっており、現状認識に重要な役割をもっているようだ。これを考慮すれば、痛みの刺激があるあいだにこの部分が活性化しているのも理にかなっている。

しかしちょっと待った！ ペインマトリックスという考え方にはいくらか異論もある。痛みを伴う刺激に反応する領域は、それ以外のインプットにも反応するからだ。この点ははっきりしているので、おそらくペインマトリックスは痛みにかぎらず、注意を向けるべきもの全般を受けもっていると言えるのではないだろうか。それはわたしたちが、例のｆＭＲＩ装置でスキャン（科学者が承認しボランティアが受け入れた拷問のような時間）したときに、酸素を含む血液で明るくなるこの領域の活動を割り引いて見るべきだと言っているのではない。それは、なんというか、この小さな塊が活動していることを示す明るい色には様々な意味が含まれているため、これだというひとつの意味を見定めることは難しく、これだけを、確認と区分の目印とはできないということなのだ。

痛みが脳内のどこにあるかについて、研究者たちが意見を戦わせるのはこれが初めてではない。ひとつには、わたしたちが単にその明確な答えをまだ知らず、また体が痛いとき——あるいは脳が痛みを生み出すとき——に実際にはなにが起こっているのか、これだと評価する簡単な技術をもたないのがその理由だ。いや、誤解しないで。わたしたちにわかっていることはたくさんある！ 痛みの研究の世界には、慢性痛も急性痛の反応にしても、感情と体の情報をつなぎ合わせようと一生懸命努力している研究者たちが大勢いる。脳が複雑だということなのだ。

体が痛いときに脳が行わなければならないあれこれについて考えてみよう。まず、どんな身体反応をするか指示しなければならない。「わたしはここを離れるべき？ このままここにいる？ 走る？ 叫ぶ？」。それに感情的に痛みにどう反応するか評価しなければならない。それを予期していたか？ 痛みに感情的に反応することで、戦場にいるときやサメに噛まれたような場合に、生き残りの確率が変わってしまうだろうか？ わたしは足を止めて泣くべきか、行動を起こすべきなのか？ 痛みに反応しているあいだに脅威のレベル評価をすることは、生き残りにきわめて重要だ。またその状況を分析するために、できるだけ落ち着きを保っていることも。愛やストレス、不安など――これらはみな痛みの知覚を変える。それに、自分の体に痛みがもたらされるところを目撃することは、感じる痛みのレベルを下げる助けとなる（細かいところに目がいく読者なら、ＢＤＳＭ行為の際に目隠しすることで、痛みの感覚が増すことにお気づきだろう）。このため、わたしたちがつま先をぶつけるたびに、脳が次々と繰り出す多種多様で巧みな反応を考慮すると、痛みを経験する際に活動しているのは、脳内のただ一点だけではないと考えるのが自然なように思える。

わたしが性的マゾヒストの脳内の活動に着目したドイツの論文に目を向けるのは、こうした考えからだ。ペインマトリックスについて理解したうえで、脳の異なる領域が様々な痛みの局面にかかわっていることを思い出すことが重要だ。フォエル博士もわたしにこう言った。「［脳内の］いくつかの領域が痛みのプロセスに関係しており、その一部は異なる痛みの要素に反応するようです」。シグナルを処理し痛みの感覚を生むのに異なる領域がかかわっているとすれば、おそらくは、性的マゾヒストの脳の活性化は、痛みを喜びとして楽しまない人とは異なるということになる。フロル博士とそのチームの研究――性的マゾヒストの痛みのプロセスはほかの人たちとはどう違うのか――は、この点を前提としている。また違いがあるとしたら、その違いとは、マゾヒストの脳が身体的痛みのシグナルを処理するその方法自体なのか、それともシグナルに対する脳の感情的な反応なのだろうか。

「例えば体性感覚皮質は身体的な痛みの刺激に明確に反応し、そのためその活性化は、必ずしも痛みの感情的評価とともに変化しているのではないと考えられます」とフォエル博士は言った。わかりやすく言うと、「その領域は、マゾヒストとそうではない人とで異なる反応をするはずがないのです。彼らが経験する身体的な痛みは同じだからです。マゾヒストとそうでない人たちとのあいだで異なるべきは感情的評価なのです」。

このため、研究者たちがマゾヒストとそうではない人たちの体性感覚皮質に違いをみつけたとしたら、マゾヒストはそうではない人たちとは基本的に異なる方法で痛みの処理をしているという解釈も可能だっただろう。しかし、彼らが見つけたのはそうしたことではなかった。このあるべき基本処理において、ふたつのグループに違いは見られなかったのだ。一方で研究者たちは、マゾヒストは、記憶と認知に関係する領域である、上前頭回（じょうぜんとうかい）と中前頭回（ちゅうぜんとうかい）［どちらも脳の前頭葉にある］が活発に活動しているのを発見した。「基本的な知覚処理は同じですが、痛みの認知理解は異なるようです」。つまり、痛みは同じだが、マゾヒストの痛みに対する感情的反応は異なるというわけだ。これは、グレースが言っていた、期待と儀式が経験全体の重要な要素だという内容と符合する。「実験中に思い出す大きなマゾヒスト的経験があって、それによってその実験にマゾヒストが親近感を抱くとしたら、これこそほぼ予想どおりの結果なのです」。おおざっぱに言えば、痛みと性行為が喜ばしい意味をもっていることで、その連想がない場合とは少々異なる方法で脳を活性化させるのだ。研究では、実験の参加者が様々なイメージを見ているあいだに痛みを受け、そのイメージの一部はＢＤＳＭ関連のものだ。そして案の定、マゾヒストの脳はこのテストのあいだ、少々異なる様相を呈したのだ。

フォエル博士がわたしに説明したように、マゾヒストとマゾヒストではない人の脳は痛みの刺激のプロセスがごく似ており、明らかな違いは、それ以前に痛みに関する経験があることと痛みになじみがある点に関連したもののようだ。つまり、ｆＭＲＩの観点から言えば、基本的なプロセスの多くは同じに見える。それは、マゾヒストの脳では、それ以外の活性化があるのだろうということだ。またその活性化とは、痛みに対する欲求――それは快楽を求めて苦しむことに慣れ親しんでいることから生まれるもの――をもっているることと関係があるのではないか。マゾヒストの脳がより活性化するのは、そのイメージや痛みによりなじみがあるからだ――これはちょっとした鶏が先か卵が先かの論争のようだが、それでも、おもしろい発見で足がかりにすることはできる。マゾヒストの脳では少々違うことが起きている。それがなぜなのか、わたしたちには確実なことはわかっていない。

もちろん、この研究にはいくらか注意すべき点もある。被験者がわずか三二人と少ないのだ。マゾヒストだと自認する一六人と、そうではない一六人だ。性的マゾヒストと認める条件がとても厳しい点についても述べておく。次のような条件だ。「研究に参加するのは、自身を従属的な役割を明確に好むマゾヒストと考え、オンラインにとどまらず実生活で、性行為全体の五〇パーセント超を痛みに関するマゾヒズム的活動（ムチ打ちなど）で行う人物であること」。この参加条件なら、わたしが痛みを与えるのも受けるのも楽しむスイッチだという点に基づけば、マゾヒズムに関する書の著者であるこのわたしは除外されることになる。それに、「性行為全体」（それがなにを意味しているのであれ）の半分超を痛いプレイで行うなんてことを受け入れていたら、わたしはそのうち病院送りになるだろう。また、タブーや非主流な行為だとみなされている性的欲望をもつ人々を研究することの難しさを考慮する点も重要だ。大半のマゾヒストは研究対象としてふさわしいとしても、おそらくは、ｆＭＲＩのなかで、科学者が見つめる前でポルノを見ても超わくわくするわけではないだろうし、また同様に、ある程度の性的な露出に対しても、参加者たちにはそれぞれ自身がもつ判断基準がある。

フォエル博士とわたしがＦＳＵの地下室で話を終える頃、ｆＭＲＩはまだゴトゴトとファントムスキャン［ファントムは人間の代わりとして用いられる模型］を行っていて、話題はマゾヒズムへと変わった。すると仕事中の彼の同僚が間髪入れずにわたしを見上げて微笑んだ。彼女はわたしに、辛いソースが片頭痛に効くのだと言った。

脳の活性化と侵害受容［侵害受容器を刺激して脳に伝わる］とをむすびつけることは簡単なように思え、また多くの点でそうだが、しかしやっかいな問題がないわけではない。フォエル博士が掘り下げたがる問題だ。興奮すると、彼の話にはアクセントが少し強い部分が混じり、今話しているのは内容の濃い情報なんだと理解する手がかりになる。その情報とは、体がいかにして痛いというシグナルを出すかと、実際に痛んでいることとの違いについてだ。「だから、人は痛みと侵害受容とを区別するのです。侵害受容は測ることができるからです。人は神経の活性化を測定でき、神経全体を抽出して、それを刺激しシグナルを数値化することなどができます」。痛みについてはこうは言えない。「体に侵害受容があることがつまり痛みがあるという意味なのではありません。戦場にいて重傷を負っているかもしれませんが、けれどそれを感じない場合もあります」。あるいは、痛みを受けることを非常に気にしていて、痛みに対して敏感になる人もいるだろう。つまりそうした人の脳は、侵害受容とはほとんど関係のないものごとに基づいて、痛みを伴う経験をより強烈に生み出すのだ。

「侵害受容と痛み――このふたつはある程度仲間なのは確かです」。彼は黙想する。「けれど、そうですね、ふたつは違うのです」。一方は体の電気警報システムと言え、他方は、その警報に伴って発するあらゆる反応と言える。彼の声が興奮でうわずる。「それにあなたは侵害受容なしに痛みを感じることができるのですよ！」

ちょっと待って、なんですって？

幻肢痛の研究で博士号を取得したフォエル博士は、こう言う。「手足を失くし、神経シグナルはまったくありません。なのに人はまだ痛みを感じるのです」。これはとてもよくあることで、ごくはっきりとした痛みを感じることがある。「彼らは、腕全体をなくしてから二〇年たっても、『ああ、かわいそうな指が痛む！』と言うのです。それはなんというか、痛みが脳で起き、侵害受容がどこかほかの場所で起きているという意味で、それで気味悪く感じ、混乱するのです」

それに、痛みについてはそれだけが気味悪いことではない。痛み以外のほかの感覚は間断ない刺激にさらされると、インプットに対して恐れ多くも鈍くなる。ヘビーメタルのコンサートの音量や香水のにおいがそうだ。これは適応と呼ばれるもので、わたしたちの体はこうして雑音からシグナルを解析する。自分が慣れ親しんだ脳に関するかぎり、感覚入力［感覚器官が刺激されたときに生じる意識経験］が変わらず同じであれば、その重要性は低くなる。わたしたちはなにが起きつつあるのかおおまかにわかっているからだ。例えば視覚だ。わたしたちの眼球はつねに上下左右に動いている。これは見ている画像を新しくするための方法であり、こうしてわたしたちは画像を見続けることができる。一方でカエルは上下左右に動く目をもたず、このため動きだけしかとらえることができない。自身の眼球を指でやさしく押さえておけば（押さえるときは、どうかまぶた越しに！）、テストしてみることが可能だ。うまくやさしく目をつかむことができたら、もう一方の目を覆って、頭を動かさずじっとしておけば、目の前の画像は徐々に消えるだろう。新しいインプットがないからだ。これはパーティーでやればすばらしいかくし芸になって、そこに集まっている人たちがあっという間に、まったく変な光景に様変わりするだろう。

わたしたちの痛みの感覚はこれとは反対のことを行う唯一の感覚のようだ。「だれかがあなたにちょっとした痛みを一日中与える状況にいるとしたら、あなたは自分の体がそれに適応して、あまり痛みを感じなくなると思うでしょう。けれど、真実はその逆です。あなたの侵害受容細胞は痛みに対しより敏感になるのです」。これにはすぐに、わたしがバレエで長期にわたって履いていた血まみれのトゥシューズと、時間が経つにつれ、わたしのハンバーガーの肉のような足がどろどろになるような感じがしたことを思い出す。「これに対して進化論をもちだすとしたら、それは理にかなっていると言えます。あなたの体は、あなたにそうした状況から逃げ出すようにと教えているからです。だから警報を次々に出すのです」

さらに、痛みへの感作［繰り返される刺激によって、それに対する反応が大きくなっていくプロセス］によって、わたしたちは同じような状況に置かれた場合にはっとしたり、それを予期したりすることができる。「普段、同じような傷を負っているときに［あなたの反応が］いつも同じような状態だったとしても、ある時点で過度に敏感になって、けいれんを起こすかもしれません」。体はいつ痛みが来るかを学ぶ。あなたが以前に痛みを感じたのと同じ状況にいるとしても、あなたはより強い痛みを経験することになるだろう。あなたの脳は痛みがやって来ることを知っていて、その脅威を思い出すからだ。それは、わたしたちのほかのすべての感覚が行っていること――前に述べた適応反応――とは正反対だ。それとは違い、脳は痛みを生み出そうとしている。そしてあなたがそれを無視すればするほど、脳が生み出す痛みは大きくなるのだ。

しかし、侵害受容器についてはどうだろう？ 人体の執拗な電気回路であり、慎重にメッセージを運び、警報を鳴らす侵害受容器は？ わたしたちが痛みとして経験するものの多くは侵害受容器とは関係がないとはいっても、しかし体は苦しい経験をする際に侵害受容器にまるごと頼っている。これはどういうことなのか。ほかの感覚が比較的客観的な性質であるのと違い（わたしたちが思うほど、わたしたちの感覚は客観的ではないという説得力のある議論がなされてはいるが）、侵害受容を痛みの経験へと解釈することは非常に主観的だ。侵害受容性の痛みの経路について語るのはそう難しくない。わたしたちはそれをかなりよく理解しているからだ。わたしたちはその痛みの引き金を引き、それを見守り、それを測定することができる。その痛みの経路は、わたしたちがそれなりに要約できるほどには、比較的単純で機械的な仕組みだ。わたしは舌が半分に切られるのを見て、侵害受容器の命令を伝えるシグナルをほぼ可視化できる。どの感覚神経が作動し、どれくらいの速さでそのメッセージが目的に到達するのかを解説することができる。わたしができないのは、痛みが、それを経験している人にとってどんな感じなのかだ。もし侵害受容が痛みの指示器でないなら、それならば、なにが痛みの知覚に影響を与えているのだろうか。「そうした類のものはすべて……」と、フォエル博士の声がしりすぼみになる。わたしの問いがとりとめのないものだとその声は語っている。「痛みの知覚に影響するのは、体、あるいは生理学上の覚醒、あるいは感情の状態です。性的興奮、交戦地帯にいること、愛、なにかに感情的にかかわっていること。そのすべてが痛みの限界値を上げるでしょう」。感情的で刺激追求型のマゾヒストであるわたしはすぐにそれを認め、痛いほどの鳥肌が立つ（それは喜ばしいこと）。痛みの電気回路はとてつもないシステムだが、それは痛みのはじまりのときだけだ。痛みは生物学的なものだが、それは個人的で、身近で、変わりやすいものでもある。フォエル博士はわたしに、なんらかの感情にとらわれていたり、性的に興奮している人に客観的な痛みの刺激――「電気ショックや同じような強さの熱レーザー、あるいはその類のもの」――を与えると、彼らが感じる痛みは実際よりも強くなく、そうした感情や性的興奮にない人よりも高い痛みの限界値を示すでしょう、と言う。人の脳は、その人の感情に基づいて、異なるタイプの苦痛を見せるというのだ。

わたしはヘルタ・フロル博士の研究が大好きだ。それは脳内では痛みがいかに無秩序で複雑かを示しているからだ。わたしがとても苦労しながらも博士の論文を理解しようとしている理由、わたしがフォエル博士に会いにフロリダまでやってきて、検査技師に経頭蓋磁気刺激法［磁気を利用して脳に電気刺激を与える］でわたしの腕をぴくぴくさせてもらっているのは、それにわたしが神経心理学の論文を何時間も読み漁っているのは、それは脳が無秩序だから、それ以外に理由はない！　この電気による情報伝達のショーを行う、重さ三ポンド［一・四キロ足らず］のやわらかく脂肪たっぷりの塊。どういうわけかわたしたちマゾヒストは、侵害受容のまっすぐで無駄のないシグナルをハイジャックでき、それを自身のゼリーのようなやわらかい脳内で処理し、無数のフレーバーをもつ痛みに調整し、単に「痛いっ」というよりもっと大きなごほうびを得ることができるのだ。

こうしてわたしは、自身のマゾヒズム経験を一種のバイオハッキングと考えるようになった。それは、特別な経験を手に入れるために、意図的なやり方でわたしの体内の電気化学を利用するというものだ。痛みに関するわたしの反応――生来のものであれあとで身に着けたものであれ（あるいは両方）――のなにかが異なる。そのおかげで、わたしはちょっとした喜びを生み出し、解放感を得ることができる――何キロもの登り坂を走り抜くことであれ、タトゥーを入れたり、快楽を得るために泣くまで頬を殴られたりすることであれ。わたしにとってとてもおもしろいと思えるのは、痛みの基本的身体反応がとても似ている点だ。一般に、わたしたちの肉体は、どのような場合にもほぼ同じように作用する。しかし、痛みに対するわたしたちの感情的反応は？　わたしたち個人の痛みの経験の仕方は？　それは個人によって、その時によって大きく異なる。合意や雰囲気、欲求、不安、記憶、期待、愛――こうしたもののすべてが侵害受容の最終的な結果――痛みを伝える電気回路――に影響する。だから、いい気持ちを味わうために意図的に不快な経験をするという儀式にはまる人が大勢いる。このパターンを探そうとすると、それはいたるところにあった。

マゾヒズムというコンテクストにおける痛みの主観性について考えると、わたしの頭はくらくらする。苦しみたいと望めばその行動自体についての脳の解釈が変わるのは、どういう仕組みなのだろう。わたしはそうしてくれと頼むから、痛みを小さく感じるのだろうか？　それとも、楽しさや興奮を求めて受ける刺激に過敏だから、よけいに痛みを感じるのだろうか。体は自身を守りたい。そして傷つくことのあとには、多数のプロセスが生じる。エンドルフィンが分泌され、アドレナリンがどっと出る。とても嫌なもののあとにいい気分が続くのだ。

舌を切る動画は終わりに近く、女性の顔は真っ赤な血を噴き出す青白い月のようになっている。手袋をはめた指が彼女のぴくぴく動く舌の扱いに苦労していて、裂けたばかりの傷部分でガーゼが赤黒くなっている。まだ口のなかに手があるのに、彼女はもうしゃべろうとしている。彼女の顔からつばと熱い血がゴミバケツのようなものに流れ込む。彼女は舌を切ったばかりの口を開け、赤いプラスチック製のカップから水をすする。水や血で口をグチュグチュいわせ、彼女はちょっとのあいだ顔を上げる。そして水で頬をふくらませ、子犬のようにぴくぴく体をゆする。そしてそれから、そのあとで、彼女は微笑むのだ。

第三章　聖者の苦しみ

木立の上では夜の闇が薄紫色になりかけて夜明けが近いことを知らせ、小さなネズミの足にもそれが届く。朝目覚めて最初に気づくのは、かび臭いワラのマットレスのにおい。ノミに噛まれたところも、ベッドの前の汚れた羊毛の布で歯をぬぐったあとの、むっとする口の味もそうだ。あなたは用を足さなくてはならないが、でも、ほら。起きてすぐ、まばたきしながら出ていくには、朝の空気はあまりに冷たくぴんとしている。けれど、日が昇って温度が上がる前には、絶対に済ませなければならない。あなたが用を足しているトイレは水洗式ではなく、陽があたる日中は尋常でなくにおいが増す。

時は一三四九年。あなたはやせて発疹が出ていて、栄養不足でワクチンも打ってはいない。肩の痛みはこれ以上にないほど激しく、ぼろぼろになった体の内を支える筋肉は、最近の重労働に悲鳴のようなメッセージを発している。大きな、身を切るような悲しみに見舞われ、隣人は悲鳴をあげている。あなたの耳にはすぐに、木の手押し車がガタゴトという、聞きなれた音が聞こえてくるだろう。あなたは首の横をそっと手探りする。指は顎骨の端の下をあちこちと、神経質そうにさぐる。おできには触れない。けれどおできがあるような感じがしてしょうがない。鼠径部がひりひりとすることもあるだろう。寝ているときにはしょっちゅうつつき、ひだをこすり、ひとりのときにはわずかな時間もそれに触れ、確かめているからだ。空気は死の悪臭で満ち、町は死者であふれかえっている。クロバエが死者の鼻を出入りし、もうだれも最後の儀式をしようとしない。そんなやさしさを授ける者はだれも残っていないから。

ここにあるのは疫病だ。不幸にも、あなたもこの時代にいる。

状況はあっという間に変わりうると言ってもおおげさではない。死のささやくようなメッセージがドイツの田舎全域に広がるさなか、その町は静かなる恐怖におびえながらも、何か月も、日々の労働をせっせとこなしている。気をつけるようにという町の外からの忠告の声は聞こえてはいたが、それがここに到達する以前には日々の生活は約束されていて、明日が必ずやってくる世界での生活は豊かだった。なかには、全滅という状況がすぐそこにしのびよっていて、ここでやっていくのは難しいという人たちもいる。しかしあなたは違う。あなたは人よりも簡単に、そんなことはないと自分に思い込ませ、自分にとって日々の生活とはこうだと思うことを続け、木を伐り、水を汲み、スープを料理し、子を作り、悩み、火をおこし、不満を言い、酒を飲み、いつもと変わらず用を足す。墓穴掘りをする以前には、あなたは羊毛を採るために恩知らずの羊の群れの世話をし、タコのできた手で羊毛のゴミや汚れを取り除き、洗っていた。今や、あなたは大きな溝を掘っている。そこは隣人たちでいっぱいになり、泥のなかから青白い顔が見上げ、その死者にはみな、赤ん坊のこぶしくらいのリンパ節の腫れがいくつもあって、それがくっつきあい顔かたちが変わっている。マリーとその赤ん坊はその穴のなかで向かい合っている。死んでからまだ間もなく、銀色がかった青い顔をしている。ふたりがそこで一緒になるには、だれかが穴に降りて、まわりの死人を何人か動かさなければならなかっただろう。穴の底の死体の山は時間が経ち、ふくれあがってびしょびしょになっている。腐っている。マリーの赤ん坊は母親のそばで永遠の眠りにつかなければならないはずで、またそれで十分だろう。あなたはどちらが先に亡くなったのかも覚えていない、母親か赤ん坊か。あなたはおそらく今週、マリーの家族をさらに埋葬することになるだろう。

あなたはこれにもう慣れただろうか？　病にかかって五日で命を落とす者もいれば、三日、あるいはその日に亡くなる者もいる。いつ命が尽きるのか、何日待てばわかるのか。ヨハネスはあっさりと逝ったほうが慈悲深いと言うが、あなたは、さっさと死んでしまうことが死にいたる最良の方法であるかどうか、よくわからない。最後の時を迎えるのが、そんなあっという間のことでいいのだろうか（いや、そうではない、こんなふうでいいはずはない）？　酒を飲み地獄へ落ちようとする快楽主義者は、酒でもうろうとして最後の時を迎える。彼らに一理あることは認めなければならない。けれど、これは神の復讐だと聞く。悔い改め、ほかの人たちを救うのはわたしたちの務めではないのか？

疲弊した町のはずれにいるあなたに、低くリズミカルな音が聞こえてくる。それは、亡くなった人たちの体全体にバクテリアが無秩序に広がるにつれて、遺体の腐敗が進みガスが出る音を一時的にさえぎってくれる。それが近づいてくると、連祷を唱える声と、足をひきずりながら歩く音だとあなたは気づく。大勢の足音だ。

放牧地をくねくねと進む黒いヘビのように、何十人、いや何百人もの人がやってくる。おそらく三〇〇人はいるだろう。大半は男性で、男性が先に立ち、女性は後方にいる。二列になって肩を並べ、彼らは一団となって教会へと向かっている。あなたは教会の鐘の音をいち早く聞きつける。それは緊急に鳴らされた鐘で、救済の到来を知らせるものだ。あなたは今、この集団がなにかを理解する！　彼らのことを聞いたことはあった。うす汚れた放浪者たち。地獄に堕ちた者の魂を救う人々だ。

放浪者たちは、この町唯一の石造りの教会の周囲に厳かに集まる。彼らは輪になりはじめ、そうしながら腰まで裸になっていく。彼らは輪になってぐるぐると回り、するとだれかが合図を出す。すぐに彼らは地面にくずれ落ちた。大半はあおむけになり、ひれ伏す者もいて、無防備だ。そうではない人々は丸くなり、なかには腰に両手をあてて肘を張っている人もいる。あとで気づいたが、ひとり、三本指を上げた者がいて、それは偽証した罪人を意味している。あなたは突然、群衆が奇跡を見ようと押し合いへしあいしているのを目の当たりにする。いつもお守り用にもっている花はどこだ？　花を身に着けていないと、危険にさらされているような気分になる。夢のなかでどうにもできないような感じだ。

その行列の指導者は背が高くやせていて、とがり屋根のような男だ。彼は悪臭を放つ人々の周囲を歩きまわりはじめ、町の広場の小石の上で奇妙な姿勢を取っている人々を見下ろしながら慎重にポーズをとっている。それは大文字の「M」、つまりはマスター、監督者。はいつくばりたいと願うすべての人にとって、はいつくばることを可能にしてくれる者だ。彼のことを進行役のようなものと考える。いまいましいムチをもった進行役だ。

マスターは集まった肉体の周囲を歩きまわり、彼らをムチ打ち自分の足元にひれ伏させる。教会の鐘は鳴り終えており、空気は革のムチが皮膚を打つ音で満ちる。彼がムチ打ったところはそのあとに、暴力の痕跡であるピンク色の細長い腫れ——彼らが寄せ付けないと主張するリンパ節の腫れと同じように、体内から膨れ上がるみみずばれ——を残す場合もある。あまりに速くムチ打たれると、水を吸いすぎたトマトのように皮膚が裂け、細かい血しぶきが空気中に飛び散り、汗と皮下脂肪や死体のにおいと混じり合った。ムチ打ち苦行者たちの顔は、ねじれてしわくちゃで絶望的な様相を呈し、あるいは口をぽかんと開けトランス状態に陥ってリラックスし、あるいは大粒の涙を流し、あるいは叫び、あるいは笑い、またしくしくと泣いている。音とにおいの襲来が夜明けのように町のすみずみを満たす。あらゆるものを包み込む。

マスターは懺悔する人々を一度にひとりムチ打つ。人々は、ヨーロッパを席巻している病を追い払おうと、静まり返って厳かにムチ打ちを待っている。何年ものちに疫学者は、このときの死者の総数はヨーロッパ大陸の人口の六〇パーセントにおよび、少なく見積もっても、ヨーロッパの住民三人にひとりがペスト菌（*Yersinia pestis*）の感染で命を落としたと評価することになる。今わかっているのは、まさにウェールズ人詩人のユアン・ゲシンが語っている状況だ。「そこから発せられるいまわしい、死人のような悪臭」を免れる者はだれもいない。「脇の下の腫れ物にわたしは苦悩する。それは大きく腫れあがり、恐ろしく……それはリンゴのような形をし、タマネギのようにも見え、その腫れ物はだれも逃しはしない」

健康な人も若い人も、敬虔な人であってもペストから逃れることはできない。ペストは神からの罰であり、そのために人は見取られずに死ぬのだと言われている。あなたは臨終の秘跡が重要視されている文化に生きている。罪の赦しもなしに突然命を落とすことは新しい恐怖だ。答えも、頼みとするものも慈悲もないことによる絶望は恐怖を引き起こし、人々は「なにか」を、「あらゆること」をしなければという思いにとらわれている。それが、ブレザレン・オブ・ザ・クロス［Brethren of the Cross、中世期のカトリック教団のひとつ］がここにいる理由だ。彼らはのちに黒死病として知られるものに対する答えなのだ。

マスターが懺悔者たちへのムチ打ちを終えると、彼らは立ち上がって狂乱したように自分をムチ打ちはじめる。これについてはいくらか聞いたことがあるだろう。何百人もの人々が自分を打つとまったくの混乱そのもので、屠畜場のようなにおいがあたりに充満する。みな、三～四本の革ひもでできた自前のムチをもっていて、それぞれの革ひもの先には金属の鋲がついている。ムチ打ち苦行者は、真剣に自分の皮膚をムチ打って自身の苦悩を神に捧げることで、人類を救おうとしているのだ。彼らはわたしたちに、あなたたちに、そして彼ら自身に、自分たちが苦しむその状況を捧げているのだ。それは、快適な感情やよりよい生活を得、より幸福な結末を迎えるための手段なのだ。ムチ打ち苦行者が表すのはカタルシスであり希望だ。活路なのだ。彼らがしていることはまた、この当時の水準から見てもきわめておぞましい。悔い改めをする者は三三日間の放浪のあいだ入浴を禁じられ、あるいは汚れた服を着替えることさえできないのだ。

ムチ打ち苦行者たちは狂乱のようなムチ打ちを続け、そのなかの数人が励ましの歌を歌う。一四世紀のドミニコ会修道士であるヘレフォードのヘンリーによると、ムチ打ち苦行者のなかには金属の大釘をムチの先につけてそれを体に深く食い込ませる者もいて、その金属片は一度ひっぱったくらいでは体から引き抜けないという。町の人々の多くが歌にくわわる。布をもって大勢の体から飛び散る血を受け、血まみれになったぼろ布を目に押し当てている人々もいる。マスターは信心深い人々のあいだを歩き、罪びとすべての魂のために祈るよう求めている。消耗しみみずばれを作ったムチ打ち苦行者たちは、弱々しく祈りを唱えながら地面にあおむけに倒れ込み、そしてまた立ち上がり、同じことをはじめる。悔い改めの痛み(pain)は、ラテン語で「罰」を意味する「poena」を由来とする。

「中世版Airbnb［宿泊施設や観光体験などの手配が可能なサービスを提供する、アメリカのオンラインマーケットプレイス企業］みたいなものだよ！」。ショーン・マーティンはeメールでこう説明する。彼は多作な作家であり『黒死病 *The Black Death*』の著者だ。この書は、この本のタイトルである疫病の流行のあいだに起きたムチ打ち運動を詳細に取り上げている。一四世紀後半のドイツのムチ打ち苦行者たちの物資調達や補給に関して考察を行っている人がいるとしたら、それはマーティンだ。彼はわたしに、ムチ打ち苦行者たちはヨーロッパ中の人家の長椅子で寝て宿泊の問題を解決したことを教えてくれた。「中世の旅はそれ自体がつねに困難で、旅人は宿屋か、そうでなければふつうの人の家に泊めてもらわなければならなかっただろう」。こんな人たちが自分の家の玄関に姿を現すところを想像してほしい。手にはムチとキリスト受難の十字架をもち、目は篤い信仰心で熱を帯び、またおそらくは実際に熱がある。

しかしなぜこんなことが起こっていたのだろう。なぜ人々はヨーロッパ大陸を移動して通りで自分をムチ打ったのだろうか。

「中世のムチ打ち苦行行進は、一三四〇年代の黒死病といった危機に対応して起こった。また一二五九年にもイタリアでムチ打ち苦行者の一団が現れたことが初めて記録されている」と彼は説明する。一三世紀のイタリアの集団の場合は飢餓に対するものだったという。どちらのケースも、苦行者の一団は敬虔さを見せて神をなだめようとした。彼はわたしにそう言う。「肉体の苦行――さまざまな方法がある――はユダヤ教とキリスト教の伝統において長い歴史をもつ（洞窟や砂漠の隠者、柱の上で生活する登塔者、毛織の粗く固い服を着たり、断食をしたりする僧などなど）。だからこれは、中世の人が災害を防ごうとして行動を起こすとしたら、かなり標準的なことだっただろう」。マーティンが使う「苦行（mortification）」という言葉はこれにふさわしい語だ。ラテン語の「処刑する」という意味の「mortificare」から来たこの言葉は、疫病に対するムチ打ち苦行者がヨーロッパのあちこちに現れるようになった一三〇〇年代後半に、英語では使われはじめた。肉体の苦行――世俗の人々が、体を拒絶しもっと精神的な道を求める――という概念は、旧約聖書にも新約聖書にも出てくる。コリントの信徒への手紙で聖パウロはこう言う。「むしろ、自分の体を打ちたたいて服従させます」（コリントの信徒への手紙、九：二七）。イエスの苦行が象徴するものは、この当時の宗教生活のほぼどの場面にも満ちていて、そのため信者の一部が磔刑の十字架とともにムチを手に取っていても不思議ではない。つまり、意図的な痛みとは、当時の生活においてよくあることだったのだ。

「人々がものごとを罪の結果だと考えるその程度は、現代の感覚からすると異様なほど大きいが、そうした考えはかなり広く行き渡っていたようだ」とマーティンは書いている。「ものごとがうまくいかなければ、うまくいきますようにと神に願うためになにかをしなければならなかった――それはかなり基本的な考えだったようだ」。彼は、中世のカトリックにとっては、祈りや告白といったより一般的な悔い改めがあったと書いている。中世の人々みなが、激しい行いで悔い改めを示そうとしていたわけではなかった。「ムチ打ち苦行者はこうした悔い改めの極端な例だったのだ」

しかしムチ打ち苦行者のみが極端だったわけではない。それはキリスト教時代ヨーロッパに多数あった、懺悔を追求する行動のひとつにすぎなかった。ムチ打つことにかぎったものではなかった。悔い改めようとする人々は、ありとあらゆるマゾヒスト的行動を神の名において行っていた。例えば、一三〇〇年代から一五〇〇年代にかけての女性神秘主義者だ。こうした神秘主義者（大半は女性だったが、すべてそうというわけでもなかった）は、ムチ打ち苦行者たちの出現と重なる時期があるが、食事を摂らなかったり、棒でさるぐつわをしたりして自身を罰していた。彼らの苦行とは「基本的に、自分には体は必要ないので、自分自身を小さく、神のようにしたいという望みでした」と、聖遺物の専門家で作家のエリザベス・ハーパーは言う。「それは自身の体の否定なのです」

やせ衰えた修道女には、禁欲生活を貫き自らミイラ化する仏僧「即身仏」が思い出される。あるいはジャイナ教の「サッレーカナー」――自らに食事の量を減らしていくことを課し死にいたる――もそうだ。精神的な高みを追求して肉体に苦行を強いる行為は、どの時代にも世界中で見られるものだ。

ムチ打ち苦行者たちの苦しみが公衆の前で対外的に行うものであるのに対し、シエナのカタリナのような、務めとして自身に断食を課した修道女の苦行は個人的で内なるものであり、大衆の前で声高に訴えるのではなく、神と直接つながるものだった。このつながりには実際的な目的があった。女性はカトリック教会では力をもたないのが伝統だったが、当時、信仰心の篤さそれ自体は価値あるものだった。またそうした価値は力にもなる。ハーパーはこの身体的な拒絶を、神秘主義興隆のカギとしている。「つまりは、人々と自分を切り離し、神とじかにむすびついているのだと言うことで、男性優位の社会であっても精神的な力を得、社会に通用することが可能だという考えです」。ハーパーは、神秘主義者は、自分たちの肉体は生来罪をもつという教義を利用して、「わたしはほかのだれより自分の体を嫌っている」という苦行に身を捧げることを通じて力を手に入れたのだと言う。「それは今なら狂っていると思えるような多くの方法で行われましたが、当時は、わたしが思うに、お偉方に衝撃を与えて信じ込ませるためにそうすることが必要だったのです」。つまり、神と直接つながるとされる行為を信じていたのだ。

わたしは、この時代の宗教上、意図的な痛みを求める例は、ムチ打ちや飢えを課すことだけなのでしょうかと尋ねる。「ほかの苦行もあったのは確かです」とハーパーは、毛織の粗く固い服である苦行衣を着る習慣を例に挙げて言う。苦行衣は、あなたのお気に入りの心地よいパジャマとはまったく正反対のタイプの服だ。それは粗く、ちくちく痛む動物の毛でできた衣服で、皮膚をひっかくため苦行者の肌は擦りむけ痛み、不快感を与えるのだ。聖パトリックからカール大帝まで、その苦行衣を身に着けた有名なキリスト教徒は大勢いるし、その習慣は今日も多くの人々が四旬節のあいだに行っている。しかし自身の体をひりひりとさせることくらいで意図的な痛みのレベルになるのだろうか。古代のユダヤ人たちにとって答えはノーだ。自傷行為を禁じるトーラー［ユダヤ教の律法］においては、喪に服したり苦行を課したりする期間に苦行衣を身に着けることは、自傷行為の立派な回避策だったのだ。レビ記一九：二八にはこうある。「死者を悼んで身を傷つけたり、入れ墨をしてはならない。わたしは主である」。それにわたしたちがみな知っているように、旧約聖書の「主」はおろかなふるまいはしない。同じような記述はユダヤ教の聖典タルムードにもある。聖なる書において、理由なしに行動を禁じることはあまりない。バアル〔古代シリア、パレスチナの男神〕はじめ、アブラハムの宗教より以前の古代の神々を信仰する人々は、儀式として、自身の肉体を切り、あいた傷口に灰を塗り込んで入れ墨をしたと言われていた。このためユダヤの自傷行為に対する禁止は、おそらくは信者を守るというよりも、異教の習慣を行わせないという意味があったのだろう。

インタビューのこの時点では、わたしはもっと驚くような話は出てこないと思っている。ところが違った。「意図的に嫌いなものを食べることをとても重要だとする聖人は大勢います」。ハーパーはこう言って、彼らの宗教的マゾヒズムは飢えにかぎったことではなかったのだと説明する。「有名なところでは、シエナのカタリナは膿を――」

通話が途切れる。わたしの問題多きスマホの受信状態は最悪で、この修道女が口にしていたのがどんな膿なのか知りたくてたまらないわたしは、宙ぶらりん状態だ。わたしはハーパーに電話をかけなおす。「通話が切れる直前の、『有名なところでは、シエナのカタリナは膿を――』ですが……」。こう言うわたしは、膿の部分を聞きたくてたまらないんだと思われないように気をつけていた（本当はすごくそれを聞きたかった）。

「ああ、シエナの聖カタリナはほかの修道女の胸にできた腫瘍の膿を口にしていたのよ」。なんてこと（こんな貴重な初耳情報をここで聞けるなんて！）。

カタリナはまた自身で食を断ち命を落としたことでも有名で、彼女は聖餐のみで命をつないでいた。彼女は水を飲むことさえもやめた。「カタリナは自ら命を絶ったと言えます」。カタリナは、ほかの女性たちが苦しくも模範とした最初の神秘主義者のひとりで、功罪相半ばする結果をもたらした。「一部の女性は、カタリナを範とし際立つ聖人となりました。一方でカタリナを範とした女性のなかには少々間違ったやり方でそれを実行したことで、厳しく非難されることになった人たちもいました。こうした点は非常に興味深いことです」。この違いは最終的に、聖人崇拝にはふたつの方法があることに行き着く。つまり「イミタンダ（imitanda）」と「アドミランダ（admiranda）」だ。「『アドミランダ』は、聖人と同じことをやるだけの精神的な覚悟は自分にはできていないと理解し、聖人たちを遠くから敬うこと。『イミタンダ』は、聖人を範として実生活を送ることです」。ハーパーは、一部の宗教的助言者は「イミタンダ」をやめさせようとするが、「死せる聖人と同じことをしてはならない。あなたも死ぬだろうから」と言ってすむほど事態は単純ではない。その理由を理解するためには、痛みのメカニズムと飢えの苦しみを理解することが役に立つ。

ほかの痛みと同じく、飢えは、やってはいけない行為をやっていることで気分を高揚させる可能性がある。ハーパーはわたし同様摂食障害の経験があり、自分の摂食障害という経験を理解する手段として、こうした神秘主義者の研究を行っている。飢えるという習慣は生ける肉体にとって最終的には有害ではあるが、切迫した、苦しみを伴う現実の空腹に直面した際に自分の体がドラッグを放出すること、それは自分を陶然とさせる調合薬であることを、わたしたちはどちらも知っている。それは危険なのだ。

例えば、飢えと、とりわけドラッグのMDMA――エクスタシーとしても知られる――との興味深い類似性を追った研究を見てみよう（この研究がわたしのでっちあげではないことははっきり言っておく）。二〇〇七年に刊行されたPNAS（米国科学アカデミー紀要。略さず書けば「Proceedings of the National Academy of Sciences of the United States of America」だが、PNASのほうが言いやすい）に、フランス国立科学研究センターのヴェラリー・コンパンとそのチームが行った実験が掲載されている。ネズミを使って、飢えとエクスタシーが同じ作用で食欲の抑制を行うことを証明するものだ。ここにわかりやすくした説明をあげる。

エクスタシーを摂取する人はみな、それが食欲抑制の効能をもつと知っている。わたしはかつて、ドラッグの効き目が切れようとするときに缶詰の油っぽいドルマ［ブドウの葉やキャベツで肉や米などを包んだ料理］を食べようとして、それが口のなかで動きまわる感覚にとても胸が悪くなり、床にぶちまけそうになったことがある。コンパンとそのチームの研究者たちは、エクスタシーがなぜこうした状況を、わたしやその他、ハイになったあとすぐに食べ物を口にしようとする人々の多くにもたらすのかを知ろうとしたのだ。それを理解するために、彼女は報酬の感情に関連する脳の領域である側坐核を調べた。そこには食欲調整にかかわるセロトニン受容体がびっしりとある。エクスタシーはこの受容体も含め、体の多くのものに作用する。そこで、この愛すべきドラッグを、セロトニン受容体をもたないよう遺伝子操作したネズミに与えると、ネズミはＭＤＭＡを摂取したとしても食欲が減退しない。このドラッグが、「食べるな」という感情を生じるものに刺激を与えてはいないのだ。だからネズミは食べ続ける。そして遺伝子操作していないネズミの場合、科学者がこの「食べるな」のメッセージを発する受容体を刺激すると、どうなるか。ネズミは空腹ではなくなるのだ。

さて、ここがおもしろいところだ。こうした「食べるな」受容体を刺激すると、ＣＡＲＴと呼ばれるペプチドを放出することにもなる。血流中のＣＡＲＴレベルの増加は、実験の対象者が、ＭＤＭＡといった精神刺激薬を摂取したときや拒食症の場合に見られている。またＣＡＲＴの増加によって動物は食欲が減退する。基本的に、研究者が発見したのは、飢え（拒食症によるもの）と、ドラッグ（ＭＤＭＡなど）でハイになることとの生物学上の類似性だ。類似性についてはその説明で完全なわけではなく、それぞれが多幸感をもたらす経路が似ている（あるいは異なる！）かどうかを探究する余地もある。しかし、飢えた修道女というコンテクストにおいては、この発見は興味深く、語るに値する。

「わたしがよく考えているのは、食べることを抑制すれば、［あなたの］精神的エネルギーと達成感がすごいことになるという点です」とハーパーは言う。「こうした断食や異様な食事の摂り方――基本的には管理された拒食症と言えます――を行っているIT系の人たちについて書かれたものを読むと、『ほんとそうね、もちろんあなたはすごい気分を味わってるようね』といった感じで、びっくりするのです」。ハーパーは、ツイッター社の創業者でガリガリの、昔の飢えた聖者そっくりのジャック・ドーシーが行う断続的な断食をもちだしてこう言う。つまり、その効果が切れるまでは、すごい気分なのだ。摂食障害は、あらゆる精神的病のなかでも致死率が最悪だ。

拒食症ではMDMAのエクスタシーのような気分になるのだろうか？　いや、明らかにそれはない。しかし拒食症患者が、脳の報酬中枢にそれと共通のシグナル経路をもっているという事実はよく知られていて、そこには治療用の医薬品開発につながる可能性も見え、これは大きな意味をもつことだ。拒食症は治療がとても難しい。宗教的断食や、断食者の多くが経験するという多幸感についての話には興味深い問題がある。なんといっても、断食は痛みを伴うからだ。

飢えを生み出す際に働くメカニズムはいくつかあるようだ。全体的なレベルでは、胃がけいれんし、胃壁に胃液が強力に作用する。神経生物学上は、脳の視床下部内にある神経の複雑なネットワークが精力的にインプットを受け取り、飢えに関するシグナルを送っている。また、エンドカンナビノイド・システム［身体機能を保つために働く複雑なネットワーク。エンドカンナビノイドは脳内のマリファナ類似物質］とエンドルフィン・システムがどちらも、飢えと飽満のシグナル発信を調節するのにかかわっているように見える。このふたつは、外因性のカンナビノイド〔大麻に含まれる化学物質〕やエンドルフィンにも精通し反応する。

わたしが現代の摂食障害についての議論で欠落していると思うのは、それが非常に痛みを伴うという点だ。ファッション業界の人々やトップバレリーナたちのやせた体という美学に注目し、それを責めるのは簡単だが、この種の苦行を痩身という結果だけに関連づけて考えることは、この病気の根本にあるものを見逃すことになる。摂食障害の経験がある人々にはそれがわかっている。一四世紀の神秘主義者はそれがわかっていた。自身がミイラ化するまで飢えた仏僧はそれがわかっていた。食べる物が十分にない人たちはそれを理解している。空腹は本当に痛みで人をさいなむのだ。そして痛みにくわえ、それとは別の様々な感情が得られる。「こうした観点からみると、痛みにはなにかがあります。道徳的に優れていなければならないと考えるカトリックの人々においてはとくにそうです」とハーパーは言う。

「『そう確信している』という状況を、現実の日常生活の類にみつけるのはとても難しいですね」とハーパーは言う。この場合の「確信している」は、「確固たる信仰」をもっているという意味だが、それはまたその人自身やその歩む道に疑念を抱かないということにも関係する可能性がある。確信は感情だが、痛みはそれへの手っ取り早い方法となりうる。「あなたが自身に痛い思いをさせているとき、それは脳のその部位を活性化させ、ある種の報酬が与えられます」。それは報酬に直結している。それは自身の制御だ。それは恐ろしいほどあなたをハイにする。

多くの宗教的助言者——とくに現代の——が「アドミランダ」と「イミタンダ」との線引きに慎重なのはこのためなのだ。「食べなかったり、自身をムチ打ちしたりしたからといって即ハイになるというわけではありません。実際には自身の誇りや満足感の問題だからです」

これだ。精神的なものを体で経験することは、それがムチ打ちであれ飢餓であれ、串で刺すことであれ、確かにあなたをハイにする。しかし自ら行う自己の救済には教会の権威――およびその銀行口座――はかかわっていない。媒介者である教会を省くことになり、そのため教会はそれを厭うのだ。

教会が認めるものかどうかにかかわらず、さまざまにある悔い改めのスタイルのすべて――ムチ打ちや飢える修道女や、粗く固い布の服を着る罪深い人々――に共通するものがある。罪だ。そう、罪。わたしの耳には今も、わたしのカトリック教徒の祖母がそれについて語る声が聞こえてくる。罪。とても多くの信仰心のバックボーンであるもの。けれど罪と痛みの関係とは？　なぜ、悔い改めを行う人々がそんなにも大勢、正式な教義がそれを認めていないのにもかかわらず、痛みを求めているのだろうか？

二〇一一年にサイコロジカル・サイエンス誌で発表された論文「肉体を傷つけることによる精神の浄化――痛みによる罪悪感減少効果（Cleansing the Soul by Hurting the Flesh: The Guilt-Reducing Effect of Pain）」で、ブロック・バスティアン博士とその同僚が、痛みと贖罪感との関係を検証した。そして案の定、彼らはじつに興味深いものを発見した。

この研究の参加者は、ふたつのうちひとつについて書くよう求められた。ほかの人を拒否、あるいは除外した例か、当たり障りのない相互関係についての例だ。答え終わったあと、彼らはどれほど罪悪感を抱いたかについての質問に回答した。そのあとがおもしろい部分だ。彼らは氷水に手を突っ込まなければならなかった。そう、ともかく彼らの一部は。統制群（コントロールグループ）に与えられたのは室温の水だ。

この経験について記録されている感想は次のようなものだ。「こんなことやったことある？」、「なんてこと、氷水に手をつけるなんて？」、「最悪です。容赦ない冷たさが伝わってきて、ダメだ、おかしいという気持ちが高まって、行動を促す警報ベルの不協和音が鳴る」。三分超手を浸けていた参加者たちはあまりに長く耐えられるとして失格とされた。とはいえ三分間は非常に長い時間ではない。このことでわたしには、ノースカロライナ・スクール・オブ・アーツのバレエ・プログラムでのある夏のことがすぐにフラッシュバックする。サディスティックな理学療法士がわたしを、背中の傷の治療に役立つからと氷風呂に胸までつからせたのだ。一四歳のわたしは絶望的な気分になり、ボルトを何本も袋に入れて脱水機にかけたみたいに、わたしの歯はガチガチと音をたてた。スタンド式の金属製バスタブに入ったわたしの乳首まで氷があって、冷たい水の上で静かにひょこひょこと動くゴム製の小さなアヒルを胸のなかで呪う。バブルバスやセルフケア、温かさといったのどかなイメージをもつアヒルは、わたしの苦しみをあざけっているようだ。ほんとに、痛い！　わたしは冷たいのが好きではない。冷たさが大嫌いなことについてはこの本のあとの章でもっと詳しく書こう。

とはいえ罪の研究に戻ろう。研究者たちは、自分の罪の記憶について書いた人々が手を氷水に長く浸けると、罪の記憶について書かなかった人たちよりも氷水をもっと冷たくつらいと感じ、そしてそのあとには、「罪悪感の大きな減少を経験した」ことを見出した。もう一度確認する。罪悪感を抱く人々のほうが氷水をより痛いと感じ、とてもつらいと言った。そしてその後は罪悪感を以前よりも感じなくなった。しかしなぜ？　D・B・モリスの著書で本書の参考文献でもある『痛みの文化 *The Culture of Pain*』には、「痛みは昔から、本来は純粋に身体的なものだと理解されているが、体、心および文化が交わるものと述べるほうがより正確だ」とある（意図的痛みがもつ社会的、生物学的な意味に関する書の著者として、わたしはこの説に同意したい）。この論は、人々が痛みに意味を与えるのだという考えに基づくもので、バスティアン博士は、人々は誕生のときから社会に適合し、天罰という考えのなかで痛みを受け入れるのだと論じている。注意深く見守る神の威光がくわわると、贖罪としての痛みはより道理にかなったものとなるのだ。「わたしたちがその論文で明確に述べているように、それは痛みと正義との関係であると強く思います。痛みに耐えると、それが正義感を与え、自分を罰しているような気分になりうるのです」。バスティアン博士はこう言う。罰するという行為は様々なレベルで悔い改めに関連している可能性があると説明する。「人は自身にはっきりと『わたしは痛みによって自分を罰しているのだ』と言うわけではありません。そうではなく［彼らは］、例えばきついジョギングなどをやります。それは努力を要するものであり、罰を受けることで正義を回復させる、それに値する行為なのです」。バスティアン博士が罪と痛みに関する論文で述べているように、「歴史は、浄化を行う目的での痛みの儀式、あるいは自傷行為で満ちている」。

このテーマに関してはすばらしい本がある。『ムチ打ち苦行者あるいは修行の利点に関する歴史――「ボワロー修道院長のムチ打ち苦行者の歴史」に関する意訳と解説――ソルボンヌの博士ではない著者による *The history of the flagellants, or the advantages of discipline; being a paraphrase and commentary on the Historia flagellantium of the Abbé Boileau, . . . By somebody who is not doctor of the Sorbonne*』と事務的に題された、ジャン・ルイ・ド・ロルムによる書だ。この書は自分で与える痛みに関する大作だ。古代シリアやギリシアのムチ打ちや、ムチ打ちによる救済や自己鍛錬から、黒死病流行時のムチ打ち苦行者の行進の流行までを取り上げ、ときには不気味、ときには退屈だが、多くは説教的な解説を行う。しかし白状すべきことがある。この書に書かれていることでわたしの頭にしっかりと残りそうなのは、なぜだか小文字の「s」の代わりに「f」を使っている点だ。

「suffering of the saints（聖者の苦しみ）」が「fufferring of the faints（ふぇいじゃのふるしみ）」となっていて、見た途端、カチッと大きな音がしてわたしの脳幹に収まる。脱線してしまったが、けれど本当に、宗教的な悔い改めの行為でマゾヒスティックなものにはとても多くの例があるのだ。

スパルタの少年たちが、成人の儀式の一環として一日中ムチに打たれたという話がある。痛みを伴う儀式には、マサイ族の割礼の儀式や、アマゾンに住むサテレマウェ族による、刺されると痛みがあるサシハリアリの洗礼や、アメリカの友愛会の一部で行われ、時には命にかかわる、酒に酔ったうえでの尻叩きの儀式などがある。スパルタでは年に一度、少年たちが「女神ディアナの祭壇の前で一日中ムチで打たれ、死に至ることも多い。彼らはその苦痛を陽気に受け止め、ときには楽しんでさえいる。いや、彼らは互いに勝利を目指して努力している。そしてより長く耐える者、一番多くムチ打ちを耐えることのできた者が、勝利を収める」。これは「コンテスト」と呼ばれた。

続けよう。ヘロドトスは、女神イシスを称える祭におけるエジプト人のムチ打ちについて書いている。「(ヘロドトスが言うには)断食をして備えると、彼らは犠牲の行為を女神に捧げはじめ、互いをムチで打ち合う」。祭では、数千人の男女が通りで打ち合ったという記述がある。三千人もの人々——フィラデルフィアのメトロポリタン・オペラハウスの収容人数とほぼ同じだ——が歩道に群れて、神々や子どもたち、犬たちの眼前で聖なるムチ打ちの試合を繰り広げる様を想像してみてほしい(それに参加してみる？　あなたがモッシュピット［ロックコンサートで客が激しく踊るステージ前の場所］についてどう感じるか次第だと思う)。

アプレイウスによる劇的な説明もある。アプレイウスは著書『変身物語』あるいは『黄金のろば』で、自身をムチ打つだけでなく、腕を切り裂くシリアの聖職者について書いている。「要するに、彼らは自身の腕を両刃のナイフで切り裂くのだが、それは彼らが絶えず行っていることなのだ」。こうしたシリアの聖職者たちはほかの人々の罪を声高に言い立て、そして自身を死にそうになるくらいなぐるのだ。それはわたしが思うに、目が釘づけになるような景観だっただろう。同時代には、これは単になぐっているふりであり、こうして弱者や迷信深い人々に深い敬意を抱かせているのだと言う人もいた。聖職者はこうした痛みを伴うショーを、自身の敬虔さを見せるためではなく、人々から金をせしめるためにやっているとして非難されてもいた（これと同じ主張はのちの、中世のカトリックのムチ打ち苦行者に対してもなされた）。こうした主張はいくらかは真実かもしれないが、敬虔さと金儲けとのあいだの明確な線引きはどこにあるのか、だれにもわかりはしない。わたしはまた、金を取って痛みを伴う見世物を行うのもありだと言いたい。マゾヒスト的なサイドショーは今日にも生き残っていて珍しいものではないが、本書ではあとの章でこれについて見ていく。

ああ、ルペルカリアを忘れてはならない。この古代ローマにおける攻撃的な祭は、肥沃とそのシンボルである神、パンを祝うもので、ルペルカリアは裸体とムチ打ちで満ちていた。裸の男たちがムチを手に通りをうろつき、女性たちの手や腹をムチ打つ——なかには妊娠中の女性もいる！　——女性たちの多産や安産を祈願してのことだ。また、この祭を本当は好ましく思っていない人たちのために、教皇ゲラシウス一世が五世紀にルペルカリアに代えて、あがめるべき殉教者を祝うキリスト教徒の祭を制定したことはみなさんも知っているはずだ。その殉教者はかつて列聖され、聖ヴァレンタインとなった人物だ。ヴァレンタイン・デーからキリスト教色が薄れると、そうした性癖をもつ現代の民にとって、その日はふたたび、ムチ打ちするのにぴったりの祝日となった。

延々と続くと思えるほど事例は多く、本当にキリがないのだ。ギリシアの哲学者ペレグリーノスによる道化のようなムチ打ち——彼は自身の体の一部の切除をムチ打ちという変わったやり方で行った！　それにスペラヌスという哲学者は、自身を公共浴場でムチ打ったことで知られていた！　新しい女子修道院長を選ぶ選挙がある前に、物事の理解を深めるために自身をムチ打った修道女たちもいる。

それから歴史のなかだけではない。今日にも痛みを伴う儀式は多数行われている。復活祭のイースター・サンデーにフィリピンで行われる磔刑、スペインのムチ打ちの行列、それにヒンドゥー教徒のタミル人による目をみはるような「カヴァディ」の儀式。カヴァディの儀式では信者が列を作り、様々な形の「カヴァディ」を行う。「カヴァディ」とは「苦行」を意味する。なかにはミルクが入った壺を運ぶなどおだやかな苦行を行う者もいるが、そうではない人々は自身の体を長い金属の串で刺すのだ。この儀式の行列で行う肉体への苦行では、ヴェル［ヒンドゥー教の戦いの神がもつ槍］に模した串を、頬や唇、舌など顔の一部に突き刺すなどする。なかには小型の槍を使う者までいる。行列は数日かかることもある。

しかし待ってほしい、少々つじつまがあわない。こうした、宗教にかかわる意図的痛みの例を振り返ると、そうであるはずなのに、悔い改めと罪に関するものがすべてではないことは明らかだ。わたしがここで見ているもの、そしてこのテーマについてこれまで見てきたものに言えるのは、しっかりとむすびついているのは痛みと悔い改めではなく、むしろ痛みと宗教のほうが深くむすびついているということだ。それなら罪と赦免は、もっと大きなしきたりの一部にすぎないことになる。こうした深いむすびつきはなぜ存在するのだろうか?

この特別なパズルのピースは、ブロック・バスティアン博士とそのチームによる別の論文に見つかる。二〇一九年に協力者のショーン・マーフィーと発表した「感情的に極端な経験はより意味をもつ（Emotionally Extreme Life Experiences Are More Meaningful）」というタイトルの論文では、わたしたちは、その感情価（つまり、わたしたちが受け取る感情がどれだけよいか悪いか）に基づいて経験に意味をあてがうのではなく、激しい感情や瞑想をもたらすような極端なできごとに意味を与えるのだと書かれている。断食をして数日間瞑想したり、難しい山頂を目指し踏破したりする人にとってはこうした主張は自明だと思うが、調査や研究によって主張を裏付けようとするのはどんな場合もよいことだ。

バスティアン博士はわたしに、「人は、感情的に強烈な経験が一番有意義なものだと思うのです」と言い、ハーヴェイ・ホワイトハウスによる、人が儀式を通じてつながる方法についての論文を引用する。「わたしたちがこの論文から知ることのひとつに、痛みはしばしば儀式において一般的に使われており、それは、なにか意味のあるものを表す、ということがあります。痛みに導かれて、人々はなにか重要なものとむすびつくのです」と彼は言う。「痛みは多くの点で、自身のアイデンティティを確認する識別票と言えるのです」

儀式とはアイデンティティに関するものであり、意味を生むものであるというのがそのまさに重要な部分だ。子どもたちの乳歯を歯の妖精にあげることであれ、特別な祭日に、祖母の年代物の陶器を大家族の食事で使うことであれ、暗い冬のあいだに明るい灯りで装飾することであれ、あるいは食事の前に口をつぐんで感謝することであれ、わたしたち人間は絶えず儀式を用いる。わたしたちはとくに考えもせず、小さな儀式を日々行っている。スキンケアのルーティン、仕事にやる気を出させるもの、一日のはじめにやることなどなど。わたしたちの殺風景な生活を彩る儀式もある。結婚式や婚約、誕生日のパーティーや妊娠の祝い、葬式、新郎が独身最後の日に友人と過ごすバチェラー・パーティー、離婚後のどんちゃん騒ぎなど、どれもそうだ。それなら、痛みと、自身のアイデンティティを確認する有意義な経験とにはどんなむすびつきがあるのだろうか？

痛みにはなにか特別なものがある。わたしはこのわかりきった秘密をあなたと共有しよう。痛みは生きている。紛れもなく、今この瞬間。バスティアン博士はそれを「マインドフルネスへの近道」と呼ぶ。『痛みをもつ体『*The Body in Pain*』でエレーヌ・スカリーは、痛みはわたしたちのアイデンティティを破壊することができ、自己意識をあいまいにするという考えを述べている。このテーマについて意義深い研究を行っているロイ・ボーメイスターは、マゾヒズムについても自己からの逃避手段であるとして、同様の意見を述べている。

わたしにはこれが、限界を超えた状態に達することだと言っているように聞こえる。

わたしは例の離れ家での自分について考える（その瞬間、わたしの頭はたったひとつのことでいっぱいになる。わたしの頭蓋骨のなかで風船をふくらませ、それが頭蓋骨のなかいっぱいになって、頭のなかにあるのは、その風船のなかにあるものですべて、という感じ。この前、そのことだけを考え、感じていたのはいつだろう？　ほんとに、頭にあるのはこれだけ、というのは）。

「わたしたちの感覚がそのとき、過去、現在、未来のどこにあったとしても、痛みは即座に、情け容赦なく、わたしたちを今現在へと連れてきます」とバスティアン博士は言う。痛みはわたしたちを今この瞬間に集中させる。そうやって、今ここに存在し、わたしたちの忍耐力を試し、わたしたちはなにかを得るのだ。「そうした瞬間にあるのが精神的超越（悟り）である場合が多く、わたしは痛みは情け容赦ない力でわたしたちをそうした瞬間につれていくものだと思うのです」と彼は言う。「痛みに付随し、精神的経験の類をする人もいます」

バスティアン博士は、「神経化学上、快楽を受けもつ経路が内在するのはきわめて明白であって、それを介して痛みは快感を放ち、それを増すことができる」と確信しているという。また同様に、もっと抽象的なものがあることについても慎重に述べている。マゾヒズムの身体的経験、つまりは意図的痛みを伴う行為から生じるもろもろを身体的に経験することについて、専門家が静かに考察する話を聞くのはうれしいものだ。「本当に正義を確立するという感覚、世界に意義を生むという感覚、社会的つながりがあるという感覚。これはすべてが前向きな感覚で快感を生むことができるものですが、しかし同じく、そうした即効で快感を得られるもののなかには、痛みを伴うプロセスもあるのです」

わたしは、調査とインタビュー、それに個人的経験を通じて、痛みを楽しみのために用いるのは、人間の日々の生活の一部なのだと確信している。わたしは、痛みを求めそれからなにかを得ようとする能力はわたしたちに組み込まれているのだと考える、わたしたち霊長類の体にインストールされている、化学物質使用マニュアルのループに埋め込まれているのだ。

バスティアン博士は自著『幸福のもうひとつの側 *The Other Side of Happiness*』でこう書いている。「痛みを楽しむことは異常であるだけでなくふしだらだという直感的イメージは強い。だが、あなたがその仮定をじっくりと分析すると、わたしたちの直感の多くについてと同じく、その点について、少しだが見えてくるものがある。わたしたちは人生において多くの物事から喜びを得るし、その喜びをわたしたちに提供してくれる行為を求めるものだ。であれば、痛みから喜びを得ることとなにがそう違うのか」。長年、このふたつは密接にむすびつき、重なり合って、そのためわたしはふたつのあいだに線引きしないようにしてきた。「しかし、喜びの経験と痛みの経験とにつながりがあると理解することで、わたしたち『みな』が、痛みから喜びを得ているという事実があらわになるのだ」

そしてみなさん、だれもがそれをやるというのが真実なのだ。「わたしたちは、より極端な、あるいは性的なマゾヒスト習慣がある人々をよからぬものと見ているかもしれないが、痛みを楽しむ行為で一般に受け入れられているものは非常に多数あり、その評価や判断は一様ではないのだ」

わたしたちは極端な例に目を向け——ムチ打ち苦行者、神秘主義者、修道僧たち——そしてそこから、わたしたち自身の意図的に苦しむ能力と、わたしたちの「それは適切なタイプの痛み」を得るための性癖なんだというつぶやくような主張を振り返る。わたしたちは痛みが罪悪感を減らしてくれるのを見、痛みが意味を生み、痛みが変化を表し、痛みが特別な場合に用いられるのを確認する。こうした意図的な痛みには、聖なるものと世俗的なものがある。つまり、だから、狂信的信者による絶望的なムチ打ち苦行ではじまる章が、ほぼからっぽのアリーナのコンクリートの床にたどりつくのだ。そこでは頭上高く、女性が膝を吊り下げられている。

アッシュヴィル・タトゥー・コンベンションはガラガラの入りだ。土曜の夜一〇時なのに、それに、ステージではパフォーマーが押し合いへし合いしているというのに、だ。わたしの周囲には退屈そうにスマホをいじる人たちがいて、その肌にアーティストたちが針を使っている。そうした人たちはみな一様にもたれかかった姿勢なので、胸にタトゥーを入れてもらうために枕と毛布、本を持ち込んでいる人は、昔気質で非凡な才能をもっているように見える。こうした人々はみな、なにか痛いことに耐え、その代わりになにかを得るために金を払っている。永久に残る芸術、エンドルフィン、自律。様々だが、彼らにはみななにかひとつ理由がある。そしてタトゥーの施術は痛むという点は否定できない。タトゥーマシンの聞きなれたヒューッという音に、わたしの肌は、またやろうかと言っているみたいにちくちくとするけれど、わたしはそれを無視する。そんなことよりわたしは調査中なのであって、ハラーズ・チェロキー・センターの地下室の硬いマッサージ・テーブルで大の字に横たわるような気分ではない。

この建物は奇妙な構造で、ブルータリズム建築〔一九五〇年代に世界で流行した建築様式〕のコンクリート製空飛ぶ円盤といったところだ。外側部分は映画のセットに使われたこともある。不可解なことに、ヤシの木を植えてメキシコの空港代わりに使ったのだ。わたしはかつてこの建物の上階で、バレエ「くるみ割り人形」の「チョコレート（スペインの踊り）」を演じたことがある。温かくライトアップされた講堂でモスクワ・バレエ団と踊ったのだ（それにサラーも一緒だ！）。ここのどこか下階にはジェットバスを売る店がある。わたしがそれを知っているのは、だれかが店を宣伝するために外の歩道沿いに黄色い看板を立てていて、それが数十センチおきに何ダースも並んでいたからだが、けれどジェットバスは目にしていない。ここについて語ることはほかにはなく、この建物がもつエネルギーはなんとも奇妙だ。

ステージ上には高価な衣装を着たひとにぎりのパフォーマーがいる。おそらくは、この熱意のない観衆のために脱ぐには見合わないような報酬しかもらっていないだろう。それにそんな観客の前ではきっと、冷たい蛍光灯の灯りの下の悪夢を耐えたところで、少しでも埋め合わせになるようなものを得ることはないだろう。サイドショーのパフォーマーがステージ脇で道具箱を開けており、彼女の網タイツの下にはトイレットペーパーを小さな四角に折ったものが数個見え、血がついている。観客がステープルガンで小額紙幣を彼女に貼ったせいで出た血だ。背が高く不機嫌な顔をした女性はウェンズデー・アダムス［『アダムス・ファミリー』のアダムス家の長女］のような衣装を着て、ショーツをはきくすくす笑っている大柄な男性にラップダンス［膝の上で行うエロティックなダンス］をしてあげているが、しかしそれ以前に、彼を椅子に電気コードでしばり、顔を覆っている。別の女性はステージ上でバナナを丸ごと食べている。フィナーレには巨大なバルーンが登場する。わたしが言ったように、ここにあるのは奇妙なエネルギーだ。そしてわたしは人が飛ぶのを見るためにここにいる。

ダンサーたちが踊り終わるとすぐに、スティーヴ・トゥルイットと彼のボディサスペンション・チームが出てきて、残っていた数人の観客の一部を移動させはじめ、まばらな「観衆」のなかに一定の広さのコンクリート床を確保する。そこで彼らはフックで人を吊るすのだ。スティーヴィー・ニックスの楽曲「エッジ・オブ・セブンティーン」が大音響でアリーナに流れる。がらんとした部屋に耳障りな音楽が響き渡るが、ほとんどだれも聞いてはいない。自分でも、こんなものをわざわざ見ようとするなんて、どういうことなんだろうと思う。轢死現場や手術動画を見る刺激追求型の人間にしては、わたしは実際にはとても敏感でやわなので、膝を吊り下げられている人を見たら自分が変な反応をするんじゃないかと思う。つまりわたしは、熱気球が出てくる漫画を見たら、高所恐怖症のせいで足が震え、涙が出てくるような人間なのだ。マゾヒズムには様々な形があるのだ。

わたしは、装備係がロープを操作して、しわのよった無表情な顔を寄せ合って真剣に打ち合わせしているのを見るうちに、低レベルのアドレナリンが分泌されるのを感じる。まだ見たことはないが、吊るされる人は、床へと落ちれば惨事になるほど高いところまで上がろうとしている。この見世物には準備が非常に重要だ。それにわたしは最前列に座っている。まぁ、最前列にはわたしととなりの小学二年生しかいないが。教会にいるような奇妙な気分だ。

最初に空中に上がる人は背中の上部にふたつ穴があいている。それは彼が、「スーサイド・サスペンション」と呼ばれるやり方で宙に浮くことを意味している。直立姿勢で吊るされるのだ。フックそのもので吊るすのではなく、二本の太いバーを肩甲骨の上のそのふたつの穴に通す。装備係は彼にロープをつけて、彼は開けた場所へと歩いていく。びっしりとタトゥーを入れたやわらかな体はシャツをまとわず、人工的な灯りの下で青白く見える。わたしは顔に血がのぼるのを感じる。それから足にも。まるでわたしの体が、わたしが顔を赤らめているのか、気を失おうとしているかわからないかのようだ。男性が彼を空中に吊り上げはじめ、背中の穴で彼の肌が引っ張られている。わたしはロープで吊るされたことがある。決して自分の肌を使ってはいないが、それでもわたしは目まいがする瞬間を知っている。床に着いているのがつま先だけとなって、そして、床に触れてないなんてありえないと思えるその瞬間。それから突然、彼は上昇する。

カーキ色のカーゴパンツと茶色の革のブーツを履いてわたしの頭上でぐるぐる回っている男性は、インスリンポンプの細いカテーテルをズボンのポケットからひらめかせている。彼は、観衆の上の、目がくらむようなところにいる。彼の顔ときたら！　微笑んでいる！　足を少年のようにばたつかせ、息をのむ観衆の上を大きく回りながら、彼はこれといった特徴のないメタルミュージックに合わせてぶら下がっている（わたしは今ここで、そのときのことについて考えているが、観衆が本当にその部屋で沈黙していたのか、それともわたしの耳にあまりに血が流れ込んでほかの人たちの声が聞こえてこなかったのかはわからない）。わたしは彼のぴんと張った肌を見てゾクゾクする。こんなことありえない。彼はなんと落ち着いて見えることか。安全にぶらさがっていられるのは装備係のおかげで、その装備係は、飛び上がってロープをさらに手繰り寄せ、そして飛び上がっては、われらが宙吊り男性をさらに高く引っ張り上げようとしている。宙吊り男性の背中には全部で四つ穴が開いている。ふたつはバーを通すためのものだ。そのうちのひとつ、左からふたつ目の穴が出血しはじめている。この男性にはまったく不快そうな様子はみられないが、肌に開けた穴で吊り下げられればとても大きな痛みがある。体が部屋の上を揺れるにつれ、穴の周囲の肌が変化している。明るく白い半月色になっているのは、その部分の背の肉が、わたしが思うよりも強く引っ張られているせいで、背中上部の肌にブドウ酒のような赤い色が広がり、穴を炎のように取り囲んでいる。彼が実際に考えていることはなんだろう？　背中は紫色になり、肌の下に気泡がたまった状態にもかかわらず、幸せそうな顔をしているこの男性は。

わたしたちがＣＪＣと呼んでいる友人はわたしに、四点で吊り下げるスーサイド・サスペンションの経験について詳細に、図解入りで教えてくれた。フックを背中につけるのは、明らかに一番痛みの小さい部分だからだ。フックを背中につけたあと、CJCは体重が均等にかかるように装備係と五分間調節し、それから飛び上がる。フックに体重がかかりはじめたときは痛みが耐えがたいほどで、それから背中に非常に特殊な感覚を覚えた。「皮膚を補正したり切り開いたりしているような感じがして、フックをかけた部分から、皮膚が裂けるときの小さな紙のような音が聞こえてきて、引っ張られるにつれて、皮膚の下で吸引されているという感じがしたわ」。しかし時間とともに感情は変わった。

「体重がしっかりとかかると血流が遮断されて、皮膚は麻痺しはじめ、わたしには緊張感が残った」。彼女がわたしに言うには、一番難しいのは、地面に降ろされるときだった。「わたしは、自分がなにかをするのに、重力という感覚がどれほど大きいかを全然わかっていなかった。わたしが人生のその時点までやってきたことがなんであれ、つねに重さという感覚が情報を与えてくれていた。けれど今やそれがない。それは痛くはないわ。ただ心がおじけづいてるみたいな感じで、自分が知っているたったひとつの真実をあきらめかけているといったような。いったん空中に上がるとエンドルフィンが流れ込んでいるのを感じて、背中の張りが、胸をぎゅっと締め付けられているような感情に変わったわ。それは、信じられないくらい幸福で、少々恐ろしくもあったかな」

わたしは彼女に、空中で揺れているときになにを考えていたのか聞いたが、そのときの感情を明確に説明するのは難しい。「そのときの感覚がどんなものなのか把握しようとしたけれど、頭のなかがどんな状態だったのか、全然うまく説明できないわ。放り投げられてしまったみたいな感じがしたけど、でも重力がない状態は、これから地上に戻るってことも教えてくれてた」

CJCは三〇分ほど空中にいて、それから背中の穴の部分がどんどん気持ち悪くなってきたので降りた。

地上に戻ると、フックのせいで皮膚の下にサンドペーパーをかけているような感じがした。それは焼けたように痛み、皮膚は引きつっている感じがした。CJCはフックをはずすのを手伝ってもらった。フックをはずす女性はCJCに、空気を、つまりは背中の皮膚の下にたまった空気を押し出してほしいかと聞き、CJCはそうしてと頼んだ。「彼女が空気を押し出すと、空気が筋肉の上を滑っていったりとどまったりするのを感じたわ。皮膚の下の空洞から空洞へと空気が移動すると、体のなかの腱が次々と滑るように動いているような気がした」。その後、彼女はわたしに、それはトラックにひかれたような感じだったが、とても明るい気分になったと言う。背中を吊るされたことで彼女は「総じて以前より幸せ」になり、その感情は「一か月以上」続いた。

宗教的な悔い改めのための超絶的な痛みと、人が痛みに関して体がもつ調和のとれたメカニズムを様々に用いて、あらたな自己認識、新しい感覚を見つけようとすることには、大きな類似点がある。ボディサスペンションの経験のある大勢の人たちと話して、わたしは聖なる経験と自己確認という糸が、空中にいる時間によってつながり輪を作ったことに気づく。意図的な痛みはテストであり、実験場となる可能性がある。それは楽しいものでありうるのだ。

リー・Sがその感情をこう表現している。「一度空中に上がったら、ほぼ体から離脱しているような経験だった。幸福感が頭と体に満ちて、もう痛みは感じなかった」。彼は、それが緊張と否定的な感情の多くを解き放つのを感じ、またそのときの彼は、自分の周囲に完全に身を任せなければならなかったと言った。彼はそれを、自分の体のコントロールを手放せばどんな感じがするのか調べようとしてやったのだ。「こんなに新しい体験だとは思っていなかった。空中にいるとき、ちょっと涙が出たくらいだ」

もちろん、肌にフックをつけて吊るされることは、身体改造のコミュニティで流行の最先端というわけでも、コミュニティの人々の大のお気に入りというわけでもない。近年、刺激追求型の痛み愛好者のコミュニティでは人気だが、本来これは、ノースダコタ州の先住民であるマンダン族の習慣だった。

とくに、この種の肉体を吊るすものはオーキーパが由来だ。オーキーパとは毎年夏に行われていた四日間にわたる宗教儀式で、部族の儀式のなかでも一番重要なものだった。太鼓の音とそれに合わせて踊ることを介して、部族の誕生と、彼らの聖なる起源を語る儀式だった。住居であるロッジのなかでは男たちが断食し、祈り、苦しんだ。ネブラスカ大学リンカーン校の『グレート・プレーンズ百科事典 *Encyclopedia of the Great Plains*』で、レスリー・V・ティシャウザーはこう書いている。「若い男たちは一般にその勇敢さを示すために拷問のような苦しみを経験した。背中や胸の皮膚を切り、そこに長い木串を通して、それにかけたロープで彼らは梁から吊るされた。彼らの体には、太ももやふくらはぎに刺した別の木串にバッファローの頭蓋骨をぶら下げておもりをつけた。その苦痛はこのうえないものだが、泣き叫ぶのは臆病者のしるしであり、一番うまく痛みを耐えられた者がマンダン族のリーダーとなることができた。女たちはロッジのなかに入ることを許されなかったが、一部は屋根に上って、そこで断食を行うのだった」

これは「マンダン族を苦悶と流血の儀式によってひとつにまとめる」ために存在した。

一八三二年に、画家のジョージ・カトリンがこの聖なる儀式を目撃し絵に描いたが、その時点でオーキーパは何百年も行われていたのだ。この儀式は一八八九年か一八九〇年にフォート・バーソルド居留地で行われたのが最後ではないかとされており、その後は、先住民に対する集団虐殺を行い恐怖政治を敷いた合衆国がこれを禁止した。

そのおよそ一〇〇年後、現代のボディサスペンションの父として知られるアレン・フォークナーがマンダン族の聖なる儀式に触発され、ムーブメントを起こそうとしてその活動をはじめ、世俗的なボディサスペンションを広めた。本来行っていたのではない部外者が、恐ろしく、トラウマとなるような現実を知り、理解しておく点は重要だ。人を吊り下げるサスペンションの習慣は白人入植者によって無理やり止められ、のちに部外者が復活させたものでしかないのだ。この点についてはもっと深く話し合うべきであり、白人のわたしはそれに耳を傾けなければならない。

近年は、人々はありとあらゆる理由で宙吊りになっている、と言うのはボディピアスとボディサスペンション実践者のブライアン・ベルチャーだ。彼は、それを人々がやる理由は、宗教的であれフェティッシュなものであれ、好奇心その他であれ、純粋に個人的なものだと言う。彼にとっては身体的なものがその理由だ。「俺がやるのは、自分の体の痛みの限界をもっともっと超えていくっていう興奮が欲しいからなんだ。トランス状態になって、そのあとに高揚感がくるんだ」。彼はそれをドラッグをやったときになぞらえるが、ドラッグのような不快な副作用はないものだ。「ボディサスペンションのおかげで、俺は実際にドラッグをやめた。ボディサスペンションとプルで十分ハイになったんだ」

わたしは彼に、皮膚にフックをかけて人を吊るすというのはどんな感じかと聞く。「吊り上げてやってるときは、宙吊りになったやつがうれしそうに、幸せそうになってるのを見るのが一番の報酬だ」。痛みと快感と言えば、二〇年近い経験のあるボディピアスの施術者である彼は、そのふたつが交わるのを何度も何度も見て、そうした気分を味わってもいる。「痛みが激しいほど大きな興奮を得られるというのは、個人の痛みの許容レベルによるものかもしれない」と彼は言う。「ちょっと痛いけどいい気持ち、というのがほんとのところだな」。彼はわたしにこれまでのベストな経験のことを教えてくれる。彼がアトランタのBDSM大会で経験した、記憶に残る痛みだ。「俺は仲間のグループとチェストプルをやっていた。三〇分か四〇分くらいやっていると、完璧な体外離脱の経験がはじまったんだ」（チェストプルとは、胸にフックをつけるが、吊るすのではなく相手と引っ張り合うこと）。「俺は、フックを自分の胸の肉から剥ぎ取ろうとするみたいにして、強く、もっと強くと引っ張った。引っ張っているうちに俺は膝をつき、体が後ろにそりかえりはじめた。この時点で俺の意識が肉体から離脱しはじめたんだ。俺は自分の体の上をただよい、第三者みたいに自分を見ていた。それはとてもシュールで、撮っていた動画のなかでは俺の体は揺れはじめ、そしてショック状態になった。それがすべて終わると、俺の肉体と精神はまたひとつになって、俺は三日近くもハイな状態が続いたんだ。このときの痛みと快楽の感情は、それまで経験したことのないようなものだった」

タトゥーの大会に話を戻すと、わたしは次の人が宙に舞おうとするのを熱心に見守っている。彼女は背が高く、少々震えていて、過度に警戒している。わたしは、痛ましい決意に満ちた修道女について考える。禁欲主義者とその欲望を厳しく抑えた生活について。それになにかほかのもの——もっと大きな、痛み以上のものを得るために痛みを感じるという行為について考える。ムチ打ち苦行者の聖なる儀式は、そのやり方自体は、汚れた皮膚が血まみれになるのを見ていた群衆にとっては、とても世俗的に思えたに違いない。女性がロープの方へ進むと司会が観衆に言う。「みんな、ご婦人は乗り気じゃないけど、せいぜい応援してくれるよな」。彼はマイクに向かって笑いながら言う。観衆も同じような態度だ。ほんとに嫌なやつ。聖なるフック、卑俗な男。

わたしはこの男のクール・エイド［アメリカの赤い粉末ジュース］みたいなもじゃもじゃの赤いあごひげをつかんで彼のくすくす笑う口に突っ込んで、それを食べさせ、口のなかにはりつけて、歯に全部くっつけてやりたいと思う。けれどわたしが今日目にしようとしているのは、わたしが思い描くちょっとした復讐よりももっとずっと価値があるものだ。その女性は膝を立てて床に座り、トゥルイットが彼女の膝にロープをつける。しっかりとついたら、彼が彼女の体を背後からそっと抱きかかえる。彼女の穴をあけた膝が頭よりも高く上がりはじめると、トゥルイットが彼女の脇の下に腕を入れて、体重を支えている。彼女のなにも履いていない足は細く優雅で、足の裏は埃っぽいアリーナの床の汚れで灰色になっている。ロープが彼女を吊り上げるにつれ、彼女の脊柱が立ち上がっていき、上下さかさまになって、その手はトゥルイットの二頭筋をつかんでいる。そこにいくまで永遠かと思うほど時間がかかるが、ある一瞬、わずかの躊躇（ちゅうちょ）もなくふたりは離れる——この一番難しい部分でぐずぐずしたい人なんていないだろう。そして彼女は宙に浮く。

　膝の皮膚で吊り下げられると、その長く赤い髪が頭から床に向かって垂れ、手は背中でしっかりと握っている。トゥルイットは手袋をはめた手を彼女の背中にあてて押し、彼女は弧を描いて揺れる。彼女は目を閉じ、天使のような、夢見るような笑みを浮かべている。わたしは、こんなにも彼女がやわらいでいるのを見てハイになる。

　ボディサスペンションやその他、体に施す荒っぽい行為には、わたしにとって大きく注目せずにはいられない一面がある。人は、雲の上にいるかのような、「別世界にいる心地」へとたどり着けるのだろうか。痛みは大きな多幸感への道を開くことができるものなのか。わたしはこうしたことを際限なく考えている。人間はつねに、さまざまなレベルでこの痛みのゲームをプレイし、一度それを目にすれば、そちらに目のを向けないでいることは難しい。

　わたしは、わたしの目の前でロープに吊るされ悶えている優雅な体について考える。わたし自身の欲求について考える。人々は好奇心をくすぐられるが、嫌悪感も抱いている。そうした気持ちが人々の目の奥できらりと光る。一〇〇万年たとうがフックから吊り下げられはしないだろうけれど、「だれが」「なぜ」

こんなことをやるのか、それについては知りたいと渇望する人々の目に。わたしは、人がマゾヒズム行為を行う理由はたったひとつではないと思っているし、その理由は、一個人のなかでもつねに変わらず同じものだとも思っていない。膝の上の皮膚で吊り下げられるという不安定な状態で、彼女はフックにかかった虫のように体をよじらせている。わたしは彼女を見て、彼女が感じている喜びはとても大きいに違いないと思う。あんなに激しい痛みで得られるのは、どれほどの報酬なのだろうか。

第四章　溶岩をくわえた口

カリフォルニア州オーバーンで開催されているカウンティフェア［カウンティ（郡）規模の祭］の埃っぽい駐車場にレンタカーを停めたわたしは運転席にいて、両手はわずかに震えている。カップホルダーにおいた冷たい水のボトルが汗をかいている。資本主義末期の使い捨ての遺物であるペットボトルは、わたしたちよりも長生きするだろう。わたしは自分がトウガラシを食べる動画の前口上を何度も何度も撮っていて、わたしの肺は興奮で音を立てているようだ（わたしは怖い）。車の座席は闇に包まれ、そしてダッシュボードの上のアイコンが放つ光はすべて赤く、わたしは宇宙船にいるような気分になる。これは不吉であり、また今にふさわしい気分だと思う。わたしがこれからはじめようとする旅のことを思えば。わたしは繰り返し動画を撮って時間稼ぎをしている。ああでもない、こうでもないと、ハンドルに挟むスマホの位置を変えては、それに向かって繰り返し繰り返し快活に話しかけている。わたしはこれを書いている今でさえも、時間稼ぎをしている。今でさえも、激辛トウガラシのキャロライナ・リーパーにかじりつこうとする、自分のサディスティックな体験を完全に再現しようとすると口が重くなる、そんな感じだ。

不思議だ。これは世界でもっとも辛いトウガラシ。指で緑色の軸をつまむ。本体はイチゴのように無害に見え、大きさも色合いもイチゴと同じくらいだ。それを見ると、わたしは幻覚剤のＬＳＤや、「シュードモナス属」のとくに猛毒の細菌が入った試験管、あるいはすごく意地の悪いプラスチック製ムチをもっているときと同じような気持ちになる。あるものごとがもつ力、そこから外に放つ力は、その呼び声に呼応する耳にしか届かない場合が多い。わたしは意図的にマジックマッシュルームを摂取したこともあるし、意図的ではなく摂取したこともある。それに白状するが、わたしはそれがもつ貴重な性質のことを知ると、そのすばらしい経験をもたらすちっぽけなマッシュルームを、以前よりも畏敬の念をもって扱った。

わたしはこのトウガラシがどんなものか知っている。わたしはだれがそれを育てたかを知っている。グレグ・フォスター。一分間でリーパーをもっとも多く食べた世界記録の保持者だ（トライしてみようと思うなら、一二〇グラム、トウガラシ一六個分だ）。わたしはこのトウガラシが辛いということを知っている。そのスコヴィル値（二二〇万で、辛さが中程度のハラペーニョのおよそ六〇〇倍だ）を知っていて、それがわたしにどう作用するかも知っている（非常によくない作用だ）。わたしは世界一辛いトウガラシを食べたらどんな感じなのか、数え切れないくらいエッセイを読み、YouTubeで男性がマリファナパイプでこれを吸っているのを見、そして「Hot Ones（辛いヤツ）」というタイトルのYouTubeで、イドリス・エルバやポール・ラッドといった有名人が、インタビューを受けながら激辛チキンを涙目でやっと飲み込んでいる場面をいくつも見た。わたしは世界クラスの激辛トウガラシ大食い選手と話し、トウガラシに含まれる辛味成分であるカプサイシンに関する科学論文をいくつも読み、乳製品とアルコールは辛さからくる痛みをなだめるのに使えることを知っている。わたしは、できるかぎりの準備をしたと思う。

それなのにわたしはビールもミルクセーキも、カプサイシンの分子をわたしの口の受容体から遮断してくれるものをなにも持ってこなかった。おろかな人間。それでもわたしは完全なる経験がしたいのだ。

「体内にずっと入れておくとしたら、あなたがなにをするにしろ、あなたは、そう、人生で最悪の夜を過ごそうとしているということになります」とイギリスのトウガラシ・クィーン、シャヒナ・ワシームは言う。彼女は七一のトウガラシ大食い競争に参加した経験からわたしにそう言う。彼女はトウガラシを食べたあとに吐き出すのに失敗したことが一一回あり、それは彼女が「カプサイシンによる胃けいれん」を起こしたことを意味する。消化管内のカプサイシンが引き起こす胃部不快感だ。「そうなったら、立ち上がれず、文字通り床に大の字になって寝転がり、助けを乞い、冷や汗に熱い汗、いろんな汗を流して、死んだほうがましだと思うでしょう」。彼女はわたしの目を見て真剣に説明する。「痛いです。何度も刺されたみたいな感じで、最悪の感覚です」。彼女は言う。そこから教訓を学んだと。なにが起ころうと、彼女は吐き出さなければならない。「吐き出しても、結局は燃えるようにひりひりします。けれどこう思えるのです。『まぁ、一二時間床に寝転がって、立ち上がれず、泣き叫んでもだえ苦しむよりはこっちのほうがずっとましだ』と」

二〇一九年ペッパー・フェスティバルへようこそ。

シャヒナとわたしは、カリフォルニア州のカウンティフェア会場にある、ほかとは離れて立つ小さな建物のなかでしゃべっている。あたりに見えるのは、注文を待つボランティア、日陰に入るミュージシャンたち、一人分のポテトチップスの袋の列、アイスタブから出した濡れたビール瓶、それにトウガラシ大食いの選手たち。トウガラシ大食いの選手たち――実際ここには、地球上で最上位に位置するトウガラシ大食い選手が数人参加している。シャヒナは今日のメインイベントの主役のひとりで、わたしの向かいに座っている。彼女は生き生きとして、頭が切れ、印象的だ。今日の司会者はみな、彼女の小柄な体格についてコメントするだろう。彼女がクマみたいな巨体ではないことが、この意志の戦いでは不利に働くとでも言うように。それはアメリカの生まれながらの男性が言いたがることで、彼らは、小さいことは本来、競争では不利に働くという頭しかない。たとえそれが身長にはなんの関係がない競技会であっても。「失礼ですが、これはトウガラシ大食い競技会であって、フットボールの試合ではないんですがね」。TikTokのスター、アトミック・メナスは大男だから人気があるのではなく、激辛のものを飲み込めるからそうなのだ。シャヒナは神経質になっている。彼女はわたしに、今日の対戦相手、ダスティン・「アトミック・メナス」・ジョンソンは、口のなかでトウガラシの痛みを感じないといううわさがあることを教えてくれる。この世界では比較的新参者のメナスは、一か月前に開催された、エド・カリー第一回国際トウガラシ大食いコンテストで優勝し、世界的なトウガラシ大食い選手たちに突如として仲間入りした人物だ。トウガラシの世界に不案内な人のために言うと、エド・カリーはキャロライナ・リーパーの開発者だ。それはわたしがまもなく初めて経験するものだが、現在のところ、世界一辛いトウガラシという記録をもっている。

しかしダスティンはうわさを否定している。「俺だってひりひりはするよ。正直言ってそれがなければ、辛い食べ物を食べようなんて思えないし」。わたしが質問したとき、彼はこう返事をよこした。「俺が思うに、なんであれ、感情を出さずにコンテストに参加することで、俺は自分に酔ってるようなところがあるんだ」と彼は言う。彼は「感じたことをあまり外に出さない才能がかなりある」らしい。けれど、彼は競技会後に吐くことはふつうはない。「食べたものが完全に消化されるまでけいれんはたいして起こさないんだ」。わたしには、彼の痛みに対する冷静さが、どの程度、対戦相手を不安に陥らせるための計画的なパフォーマンスなのかはわからないが。彼は文章を書かせると饒舌だけれど面と向かうと口数が少なく、トウガラシ大食い競争界の人々をおじけづかせている。その日、もっとあとになって、「冷静なダスティン」

と「感情の人シャヒナ」はプラスチック製ピクニックテーブル上で戦い、水やその他辛さを抑えてくれるものの助けを借りず、陽気で夢中になった観衆の前で激辛のトウガラシを口に詰め込むのだ。観衆は冷たいビールを飲みながら、彼らが苦しむのを見るためにそこにいる。

建物の外では、フェスティバル会場をちらほらと人が動きまわっている。フードトラックがいて、バンドのステージがあり、休暇用のパッケージ旅行を売る人、スノーコーン〔カップに入れたかき氷〕や、Tシャツを売る人たちがいる。マリファナの配達は、オーバーンでは厳密に言えばできない。とても残念だ。このイベントの主催者であるリック・トレースウェルが白いテントのなかに立っていて、その背後にはなかにビニールを敷いた段ボール箱の山がある。明るい色のトウガラシがあふれんばかりだ。だがメインイベントは、今のところはともかくは、バウンスハウス〔空気で膨らませて建物にしたものの中や上で跳ねて遊ぶ、子ども向けの遊具施設〕のそばにある、がらんとして低く長い平屋の建物のなかで行われている。ホットソース・エキスポがそのイベントだ。

屋内でイベントがあるのはありがたい。激辛のイベントが九月の昼日中、焼け付くような太陽が届かない涼しい場所で行われるとは皮肉ではあるが。建物内部では、壁際にトウガラシを原料としたぴり辛のホットソースの販売業者のテーブルが並んでいる。そこでは業者が自社の製品を提供し、辛い物好きな人たちとおしゃべりしている。バタークラッカーにクリームチーズの塊と一緒にのせた、ハチミツで甘味をつけたトウガラシジャムから、カプサイシンを濃縮させた、涙が出ること間違いなしのトウガラシチンキ（エキス）まで、ありとあらゆるものがある。あるテーブルで激辛のハバネロソースをなめて水を飲んでいるときに、わたしはそのテーブルの向こうにいた男性に、なぜ剣をもっているのか聞いてみる。彼は剣を飲み込んで、わたしにそれを喉から引き抜かせる。引き抜くとき、わたしは彼の喉の筋肉が刃のまわりでぴくぴくするのを感じる。すると彼の隣にいる人は、釘がいっぱいついたベッドを引き出し、それに横になるので、わたしに胸の上にのるようにと言う。わたしはペッパー・フェスティバルが大好きになる。

今日ここにいる人たちには、ひとつだけ、はっきりとした理由がある。それは痛み——彼ら自身のもの、あるいはほかのだれかの痛みだ。今のところ、この建物のこの場もそうだ。カプサイシンに対する耐久性が異なるカップルがサルサソースを味見して大騒ぎになったり、真っ赤になっているのに平気そうにふるまう人、真っ赤になって平気どころではない人がいたり。トウガラシやそのソースをまったく口にしない、ただの見物人はごくわずかだ。しかしそれでもこの会場にいて、観衆のなかの痛みでゆがんだとてもたくさんの顔を眺めている。だがこのあとその痛み自体が、トウガラシ大食いコンテストの出し物になる。しかし痛みがショーであるか個人的なものかに関係なく、今日のこのフェスティバルでは、痛みは小さな分子、カプサイシンがもたらすのだ。

カプサイシン、さらに言えば、カプサイシンを含む有機化合物カプサイシノイドに関しては多くの誤解がある。わたしは、カプサイシンが喉や胃を焼いて穴をあけるという話を聞いたことがあるが、それは事実ではない。また胃酸逆流や胸焼けにも関係がない。わたしは、カプサイシンのせいで血を吐いたり血尿が出たり、ほかにもこれが目に見える損傷を与えるという話も聞いたことがある。けれどあなたが純粋な、結晶化したカプサイシン——そんな形だときわめて危険だ——を摂らないかぎり、そんなケースはない（あなたに出血性の胃潰瘍があってトウガラシを食べたあとに吐くなら、吐いたものには血が混じっているだろうが、その血はトウガラシのせいではないと言っておこう）。カプサイシンアレルギーはまれで、その影響を受けるのは人口の一パーセントにも満たないが、洗剤やアメリカツタウルシやニッケル製の装身具と同じく、カプサイシンは一部の人には接触皮膚炎を生じる可能性がある。しかしたいていの人にとっては、辛いトウガラシを食べることは有害ではない――ひりひりするだけだ。それに驚くべきことだが、激辛韓国料理「ブルダック」やナッシュヴィルスタイルのホットチキンを食べて感じるひりひりとした痛みは、あなたの舌にある味蕾とはなんの関係もないのだ。

分子を人に例えるとしたら、カプサイシンは賢いクソガキだと言えるだろう。バニリン――特別なラン科植物の莢果［種子の一種］に含まれる分子で、バニラのクリーミーで特徴的なフレーバーのもと――と一部の分子構造が同じであるカプサイシンはトリックスターだ。カプサイシンはあなたの口の味覚受容体――「甘味」、「酸味」、「苦み」、「塩味」、「うま味」といったシグナルを発する――に意地悪をするわけではない。カプサイシンが作用するのは、TRPV1と呼ばれる温度受容体なのだ。

とくに、カプサイシンは熱に擬態する。カプサイシンは、実際に熱いとき（heat）に脳に警報を出す感覚神経に作用する――この「熱い」とは「辛味（flavor of heat）」ではなく、実際の運動エネルギーの熱（heat）だ。あなたが激辛のトウガラシを食べると、カプサイシンは特定の受容体とむすびつく。それは、コーヒーがとても熱いときに脳にそれを知らせる受容体だ。今日の競技者たちが世界一辛いトウガラシを大量に食べはじめると、その脳は、とても熱く危険な物質――溶岩、熱い石炭、本物の火などなど――があるという警報を発する。しかし実際にはそうした脅威はない。だから、トウガラシ大食い大会とは、そこに座り、現実にはない危険から悲鳴をあげて逃げ出すことなく、まさに本物の痛みに耐えるということなのだ。

（ミントも同じように作用し、冷たいという偽の感覚を与える。しかしミントとトウガラシが作用するのは異なる受容体だ。だからペパーミントキャンディのアルトイズとハバネロは効果を相殺しない。ふたつを同時に食べると、口のなかで、関節炎用クリームのアイシーホットの食用版を作ったような感じになる

だろう）

トウガラシがどれほど辛いのか、人はどうやって正確に判定するのだろう？　なんといっても、「世界一辛い」という呼称は多くが望む栄誉であり、また人によって辛さは感じ方が異なるものだ。このため、トウガラシはスコヴィル値に応じてランク付けされる。このスケールはトウガラシの辛さを計るものであり、それにはスコヴィル辛味単位（ＳＨＵ）で示される数値を用いる。このテストをするにはいくつか方法がある。まず、テストするトウガラシを乾燥させ、それからごくごくわずかな乾燥トウガラシ粉末を砂糖水に溶かす。そして味覚テスターが辛さを感じなくなるまで砂糖水で薄める。辛さがゼロになるときの砂糖水の希釈倍率が、トウガラシの辛さを表すスコヴィル値となる。

これは元来あったテストで、アメリカの薬剤師ウィルバー・スコヴィルが一九一二年に開発したものだが、主観的であるため評判がよくなかった。今日では、高速液体クロマトグラフ（ＨＰＬＣ）を利用する。これは液体サンプルの「中身」の分離、識別、定量化を行う新しい方法だ。ＨＰＬＣを使えば研究者は、人間の口の、規格が一様ではなく相対的な感度に頼ることなくカプサイシンの濃度を評価可能だ。

だったら、このスケールはどんなものなのか。最低のスコヴィル値、ＳＨＵ〇をもつのはピーマンだ。ピーマンは甘味と青っぽい風味をもつトウガラシで、辛さはまったくない。マイルドな味のエメラルド色のトウガラシ、ポブラノは約一二五〇ＳＨＵ。昔からある本来のタバスコソースは三七五〇ＳＨＵで、多くの人がおいしく味わえるレベルの辛さをもつハラペーニョが約五〇〇〇から八〇〇〇ＳＨＵだ。

もっと高いものを見ていこう。カイエンペッパーは五万ＳＨＵ。ハバネロはその三倍（一五万ＳＨＵ）。インド軍がトウガラシ弾（カプサイシンで相手を無力化する手榴弾）の原料とするブート・ジョロキアは驚きの一〇〇万ＳＨＵだ。

しかし世界一辛いトウガラシ、キャロライナ・リーパーは、なんと二二〇万SHUだ。素早く計算するのが好きな人のために記しておくと、これはハラペーニョの辛さの四万四〇〇〇パーセント。トウガラシスプレーはこれを上回り、五三〇万SHUにもなることがあり、さらに純粋な、混ぜ物のないカプサイシンの結晶は一六〇〇万SHUという値を記録している。

ペッパー・フェスティバルでわたしはアマチュア、プロ両方のトウガラシ信者に囲まれている。彼らは一様に、痛みを味わうことを目的とした調味料の味見用スプーンをすすっている。毎日、世界中で、世界の人口の約四分の一が、少なくともちょっとは口が痛くなるような味付けの夕食を腹に詰め込み、激辛カレーのファールやバッファローウィング［鶏の手羽を揚げ、辛いソースを絡めたもの］、ソムタム――鮮やかな赤色のくるんとしたトウガラシが全体に散りばめられているタイの辛いサラダ――といった辛い辛い夕食に涙目になっている。激辛ソースが今ブームになっている。二〇二一年には、辛いソースやスープの市場が合衆国だけで一六億五〇〇〇万ドルに上ると考えられている。だからいったいなぜ、人々はこんな痛いほど辛い食べ物をわざわざ食べるのだろうか？

「痛みは楽しさをもたらす可能性があるのです！」。ポール・ロジン博士の耳障りな声がうれしそうに弾んでいる。「わたしは、それはごくごく一般的なことなのだと言って差し支えないと思います。日に何度もそれをする人が何百万人もいるのです」。まぁ、自分には痛みの刺激を欲する性向はないと言うロジン博士とは違い、わたしはマゾヒストを自認していて、いたるところにマゾヒズムが見える。わたしはそれを探している。それを見つけようとしている。わたしはそれに取りつかれている。だから、ロジン博士の理論も、わたしがそれを理解する手助けをしてくれる基礎研究のひとつなのだ。彼は「良性マゾヒズム」理論の研究の父だ。わたしが「痛みから快感を得ている人たちはとても大勢います」と言うと、うれしげにうなずくロジン博士は、待ってましたとばかりに話をはじめる。彼の論では、それは痛み自体から得る快楽ではないからだ。「痛みによる快楽」は、痛みがやむことによる解放感が引き起こす喜びである可能性がある。「もちろんそうしたことを楽しまない人もいはしますが、そうでない人は痛みからの解放を楽しんでいるのであり、このため意図的に不快なものを経験するのです。それはその痛みが終わることが非常に喜ばしいからです」。彼はわたしに言う。「それは痛みを楽しむというのと同じではありません。そうでしょう？」。そうなのだろうか？

この問いは宙ぶらりんになる。それは大きな問題で、この本の内容すべてに影響する。よく考えてみれば、実のところわたしは、痛みを楽しもうとすることが、そうした黒か白かというようなはっきりしたものだとは思っていない。人が故意に痛みにかかわるのが、彼らが痛みの感覚を好きだからではなく痛みが終わるという興奮を好きだからという理由からだとしたら、わたしはそれはマゾヒズムの性質としてふさわしいと思う。科学的裏付けがあってこう思うわけではないが、何年もかけて、意図的に苦痛に手を出す何百人もの人たちから話を聞いてきたからだ。そうした人たちが意図的な痛みについて語るとき、ほぼ全員が、痛みの次に来るもの、痛みのあとにどう感じるかを語るからだ。自身を思うままにできている感覚。エンドルフィンの放出——それは体内醸造のモルヒネをひと吸いするのと同じ。生成された乳酸で筋肉がぴんと張り、行為が終わったあとも快感が長く続く。刺激追求型の人々は自分の体を使って限界をテストし、とてもすごい気分を感じ、自分を追い込む。厳密に痛いという感覚を得るために痛みを求めるマゾヒストもいるが、わたしの経験では、痛みをなにかほかのものを感じるツールとして使う人がとてもたくさんいる。不快な感情を得ることでより気持ちよくなるということだ。

二〇一二年の「悲しみを楽しむこと　および良性マゾヒズムの例（Glad to Be Sad, and Other Examples of Benign Masochism)」という論文で、ロジン博士は痛みと喜びとの交点に目を向けている。というか、まさにそのふたつが大きく重なっていることについて。ロジン博士とその同僚たちは研究の参加者に、二九の本来は好ましくない経験（悲しみ、口内の熱傷、恐怖、疲労困憊など）を、どれほどその経験が快感だったかに基づいて、一から一〇〇までの点数で評価するよう求めた。そう、ロジン博士とそのチームは、人々が、好ましくない経験をどれだけ楽しんだかを聞こうとしたわけだ。そして彼らは、五〇点付近を楽しんだかどうかの分岐点とし、参加者の半数がこうした経験を「楽しんだ」ことを見出した。つまり、好ましくないと感じることを楽しむ行いはノーマルでごくふつうのことなのだ。「マゾヒストは苦痛を楽しみますが、どのような苦痛を楽しむかは、彼らがもつマゾヒズム的性質の違いによるのです」とロジン博士は言う。

けれど、それだけではない！ ロジン博士とその同僚は参加者に、好ましくない経験から最大の楽しみを得たのは「どんな場合」だったかを聞いた。するとやはり、参加者の四分の一から三分の二にあたる人々が、好ましくない経験で一番よかったのは、「限界まで我慢できた」という部分だったと答えたのだ。つまり、多くの人々（わたしも含め！）にとって、不快な感情における楽しみは、わたしたちが我慢できる限界点でまさにピークに達するのだ。絶対もうこれ以上は「無理」となるところが楽しいのだ。

社会心理学者のブロック・バスティアンは自著で、幸福における苦痛の役割について書いている。「良性マゾヒズムとは、こうした、前向きなものと好ましくない感情が同時に作用して衝突が生じ、それによって得る喜びの特性を明らかにするものだ」。神のため、あるいは性行為のために自身をムチ打つことであれ、自己評価あるいは贖罪のためにマラソンを走ることであれ、味わうため、あるいはひりひり感を求めてトウガラシを食べることであれ、そうした行為はみな、その人のマゾヒスト的行為へのかかわり具合に応じたものなのだ（注意深い読者なら、「あるいは」という記述に気づくだろう。まるでこうした習慣が、さまざまなタイプの動機や報酬の組み合わせによるものではないかのようだ！）。

「真のマゾヒストは実際に痛みを楽しむ人たちで、その痛みとはその人の体を脅かすものではありません」とロジン博士はわたしに言う。けれどそれなら、「真の」マゾヒストとはどういう人なのか？　性的マゾヒズムと良性マゾヒズム、またその他の意図的な痛みのあいだのどこに線引きするのか。

「わたしはこうした性質について、大きくて、包括的かつ断定的なことを述べようとしているのではありません」。わたしはロジン博士に言う。「わたしはただこの興味深いものを異なる多くの角度から見て、みんなに自身の生活における痛みの役割について考えてもらおうとしているのです。けれどわたしは自己啓発本を書くつもりも、マゾヒズムの一般理論を論じるつもりもありません」。わたしはなぜそうなのか、その理由のいくつかに目を向けようとしているだけなのだ。

だから、それならなぜ、人は辛い食べ物が好きなのだろうか？　「わたしは、その答えがひとつだとは思いません」とロジン博士は言う。「良性マゾヒズムはそのひとつですが、けれどこうした行為が、積極性や、自身の生活において大事な人たち、親や兄弟と関連があるというのも事実です。ご存じのように、それに関しては前向きな要素がたくさんあります。それにわたしはひとつだけで説明できるとは思いません」

わたしはロジン博士に、なぜそんなにも多くの人々が、トウガラシを食べるととてもいい気分になると語るのかについて尋ねる。すると彼の答えには、わたしがこの話題についての調査で足りていないと気づいていたものがそのまま映し出されていた。「わたしはだれもがそう思っているとは思いません」と彼は言う。「人体でエンドルフィンが分泌されることは見つけ出すことができます。それを調べることができるのです。だからなにが起こっているかを調べることも可能で……」。その声は次第に小さくなり、それから彼は手短に、ランナーズハイをもたらすエンドルフィンの分泌の研究を行おうとしていることについて述べてから、またトウガラシの話題に戻る。つまり、人は辛いトウガラシを食べることからなにを得るのだろうか？「なにしろ、わたしたちにはわかっていないのですよ。それは驚くほどわかっていない領域なのです」

「今朝はトウガラシを三三個ほど味見したんだ」と言うエド・カリーは、自分のトウガラシ会社、サウスカロライナ州フォートミルにあるパッカーバット・ファームズの販売店舗のカウンターの向こうに立っている。そう、パッカーバットだ。カリーは激辛のトウガラシを毎日食べているとわたしに言う。毎日欠かさず。彼はトウガラシチンキをコーヒーに入れさえする。この時期はトウガラシ農場にとっては最盛期で、すべてのトウガラシを収穫して、次々と舞い込んでくる注文に応じるのは時間との競争だ。だから、彼は夜明け前からずっと起きている。わたしは、朝起きて一番にすることが口いっぱいにカプサイシンを含むことだというのがどんなものか想像できない。カリーはわたしに「爽快な気分だよ」と言う。「まず最初に、これは痛くなる辛さのようだなと思うトウガラシを、ひと口だけかじってみる。けれどそれくらいのトウガラシでも、君をノックアウトするに十分だよ」。それは、全体にでこぼこして、小さな丸い歯がついたような見た目のトウガラシで、そして世界的なトウガラシ栽培者であるカリーはそのトウガラシのことが十分すぎるほどよくわかっている。それに彼は食べたあとどんな感じなのだろう？「ああ、俺は元トウガラシ中毒なんだよ。だからとってもいい気分さ」

世界一辛いトウガラシの開発者であるカリーがトウガラシ依存症であることは偶然の一致ではない。「高揚感がやってくる。いい気分になる。それからエネルギーをもらえるんだ」。カリーは魅力がありしゃべりやすい相手だ。ひょうきんで、とても賢いウサギのようなせかせかとした知性にあふれ、自分が手掛けているトウガラシの話になると目がキラキラとする。「だから、そうだ、俺はふつうでは手に入らないものを求めているんだ」

彼のスタッフが駆けまわっているので、わたしたちは店舗の裏の事務所に移動する。わたしは顔がほてっている。インタビューに先駆け、わたしは勧められた激辛ソースを六種ほども試食したからだ。そのひとつは成分の九四パーセントがキャロライナ・リーパーという代物だ。それはとても濃くて、そのため小さなプラスチック製スプーンで瓶からかき出さなければならなかった。指ぬき一杯分のリーパーのペーストの炎のような辛さが、わたしをペッパー・フェスティバルの駐車場へと連れ戻す。そのあまりの辛さに涙が出てくるが、けれどこの辛さは駐車場での辛さとはまったく違う。わたしはキャロライナ・リーパーに手を出してしまったことで、トウガラシの辛さによる痛みにこれまでにない限界値を経験し、その値は永久にゆがめられてしまった。

カリーはわたしに、彼の中毒は一〇代後半にはじまったのだと言う。辛いトウガラシに出会ったのは、カレッジに入学したときだ。「俺は人が命を落とさずにすむ方法を探していたんだ」と彼は言う。そしてトウガラシがもつ抗酸化性と、人を心臓病とガンから救うのに役立つ力がある可能性について語る。カリーがホットソースを作りはじめたのはあとになってからのことで、中毒の深みにはまり、苦労してそこから戻ってからだ。実際、彼は将来の妻に、ピーチサルサの瓶を捧げてプロポーズした。のちに、彼に自作のソースを売るよう働きかけたのはその妻だ。そして、彼が作ったソースを脳天まで突き抜けるような辛さだと評したのは教会の女性たちで、そのとき口にした言葉「パッカーバット（puckerbutt）」［一部で使われている、身もだえするほど辛いことを意味するスラング］が彼の会社の名となるのだ。

カリーは、わたしが多くの人々の口から聞いたのと同じせりふを言う。カプサイシンは「大量のエンドルフィンとドーパミンを君の体のシステムに放出する。それによって人は基本的にランナーズハイの状態になるんだ」。科学はこれを認めることにおいて残念ながら後れをとっているが、痛みはエンドルフィン反応を生じ、そして辛いトウガラシは痛みを生じる。それゆえ、おそらく辛いトウガラシはエンドルフィンの放出を生じさせる。推移的推論を用いれば、わたしはこう言ってもいいと考える。確かにわたしはそれを経験した。だがこの本を書いている時点で、わたしたちはまだ完全に確信しているわけではない。科学者よ、わたしはあなたたちの研究をじりじりして待っている！

「君が激辛のトウガラシを食べるとしたら、実際君はいい気分になる」と彼はわたしに言う。「君はハイになる。俺みたいに。俺は元トウガラシ中毒だけどね。俺はトウガラシで最高にハイになる。それは認めよう。トウガラシを食べすぎることがあるんだ」と彼は笑う。「そう、俺はスポンサーにそうしたことを説明しなければならなかった。だけどだからって俺に害があるわけではないんだ。トウガラシには人を害するものはなにもない。君のどこかに穴が開くことなんてない。君がダメージを受けることはないし、そう、修復できないほどのものはなにもない。それは感覚にすぎないんだ」

カリーは、愛するトウガラシによる痛みの効果に免疫があるわけではないようだ。彼は確かに、今もカプサイシンによるけいれんを起こす。「それは避けられないんだ」と彼は言う。「それは心理的反応のひとつで、だれにでも起こる。我慢強さに関係なくね。けいれん、汗、鼻水、涙、息切れ、つば」。彼はわたしに、超激辛のトウガラシを扱った日は、午前いっぱい、顔がほてって体は熱を帯び、じっと座っているだけだと言う。それから彼は、自分にとって、トウガラシは信仰の延長にあるのだと言う。

カリーは敬虔なキリスト教徒で、信仰に関する話をするときは、深く、誠実な感謝の気持ちを見せる。

それは友好的で健全さを感じる話し方で、出身地のアメリカ南部でわたしが宗教に関してあれこれと経験したことの多くは、そうした感じではなかった。彼は自分の人生、自分が栽培するトウガラシ、自分の信仰、自分の会社、自分の家族に対し尊敬の念でいっぱいのように見える。彼は誇らしげにスタッフのことを自慢し、その多くが彼の家のカギをもっていると言う。血縁関係のあるなしにかかわらず、ここではみんな家族なんだ、と彼はわたしに言う。彼のトウガラシのせいで生じた痛みについて消費者が送ってくるeメールのことを話すときには、少年のようにくすくす笑う。

わたしが彼に、自分が作ったトウガラシで世間の人たちが痛いと言うのを知ってうれしいかと聞くと、彼は満面の笑みを浮かべる。「ああ、いつもワッハッハさ」。カリーはうれしそうに、わたしにニヤリとする。わたしは、カリーは良性のサディストということになるのかな、と胸の内で問いかける。

それから辛いトウガラシを栽培しスリルを求めることや、彼の仕事の成果であるトウガラシに対する生理的反応について、脇にそれながらあれこれと会話したあと、わたしはカリーに、快感を得るために身体的痛みの反応とエンドルフィンのシステムを使う人についてどう思うか聞いてみる。しばらく考えてから彼はこう言う。「自分の体に穴をあけて吊るされる人のことはわからないよ。いいかい、ただ理解できないってことだ。それが間違ってるとも、悪いことだとも言ってるわけじゃない。それについてはわからないんだ。俺はそんなことをしたいとは思わない。だけど彼らはきっと、俺と同じでハイな状態になろうとしてるんだろう」

ペッパー・フェスティバルに戻ると、熱気と期待と、フード・トラックから出る食欲をそそる蒸気であたりの空気は揺らめき、胃痛をもよおすような土っぽいにおいも漂っている。おもにヘビメタファン、老夫婦、アメリカ西海岸の人としか言いようのない人たち、それに頑丈で日焼けした六〇代の女性たちが円形劇場に集まりはじめ、自分たちのビールにトウガラシチンキを入れながら歩きまわっている。その近くでは男性が大声をはりあげている。「ヘイ、すっごくひりひりすることうけあいだよ！」。トム・ペティのカバーバンドがセッティングを終えており、その前にはブルースのバンド、そしてその前にはカーズのカバーバンドがいた。

トウガラシ大食い競争の時間だ。まず一二人でトウガラシを食べる競争。食べるトウガラシの辛さを増していって最後に残ったのが勝者だ。次に、ダスティン・「アトミック・メナス」・ジョンソンとシャヒナ・「UK・チリクィーン」・ワシームの国際マッチ。シャヒナは神経過敏になり、びくびくとして落ち着かない。ダスティンは冷静で堂々と、平然としている。フェスティバルがはじまってからずっと、ダスティンにはなにか「違う」ところがあると、ひそひそとささやかれ、あるいはかなりおおっぴらに語られている。シャヒナだけではなく、ほかのだれとも違うなにかが。トウガラシに対する先天性の無感覚とか、最先端のドーピング（それがどんなものかはわたしも想像できないが）といったタイプのものだ。ダスティンは、自分はほかの人と違わないと言っている。シャヒナのマネジャーは彼女のそばでバタバタと動きまわり彼女の気分を上向かせようとしており、ふたりは小声で口早に話している。競技会のあいだ、彼はテーブルの前でひざまずき、低い位置から彼女に話しかけ、彼女を応援し、励ましている。あとで知るのだが、彼はシャヒナの夫だ。シャヒナはとても神経質になっていて、こちらにまでそれが伝染する。彼女はアメリカのトウガラシを食べたことがないとわたしに言った。一方、ダスティンは、世界一辛いトウガラシの一大供給地であるカリーの農場で開催されたトウガラシ大食い競争で勝ったばかりだ。

まずはアマチュアのショーだ。その競技会にはあとになってグレグ・フォスターがエントリーしていた。

現時点で、キャロライナ・リーパーを一分間でもっとも大量に食べた世界記録の持ち主だ。競技会前に、彼がわたしに自分で栽培したリーパーをくれたとき、わたしは彼にどういう経緯で大食いに足を踏み入れたのかと聞いた。彼のくすくす笑いは轟音のようだった――フォスターは大柄で恐怖を抱かせるような人物だ――彼はわたしに、元トウガラシ中毒なのだと言った。カリーと同じように。初めて食べてみたゴーストペッパー（ブート・ジョロキア）が、彼が言うにはパラダイムシフトを生じ、価値観がガラリと変わった。だから、なぜトウガラシで？「おもしろいからさ。空に舞い上がった凧みたいにハイになるんだよ。すごいショーさ」

彼は以前に、おそらく今日は競技会に出ないと言っていた。だから、彼が気持ちを変えたのを見てうれしい。ちょっとした心理的かけひきを使い、グレグは自分の座る場所の前、テーブルのほかの競技者から見えるところに、一クォート［約〇・九五リットル］入りのミルクを置いている。競技者は試合中、液体を摂ることは一切許されていない。水さえもだ。脂肪分たっぷりの乳製品を飲んでほっとできるのは、試練が終わったあとでしかない。だから、グレグのミルクは苦しむ人たちをじらし、あざけるためにそこにあるのだ。

最初の競技は一二人で行われ、一二ラウンド制だ。競技者たちは、ステージの下の地面に置かれた宴会用の長い折りたたみテーブルに、最後の晩餐形式に着席する。そして次のような順序でトウガラシを食べる。

ラウンド一　　ハラペーニョ（八〇〇〇ＳＨＵ）
ラウンド二　　フレスノ（一万ＳＨＵ）

ラウンド三　ハッチ（三万SHU）
ラウンド四　カイエン（五万SHU）
ラウンド五　ファタリー（二〇万SHU）
ラウンド六　ハバネロ（二〇万SHU）
ラウンド七　スコッチ・ボンネット（二五万SHU）
ラウンド八　チョコレート・ハバネロ（八〇万SHU）
ラウンド九　ゴースト（一〇〇万SHU）
ラウンド一〇　トリニダード・モルガ・スコーピオン（一四〇万SHU）
ラウンド一一　キャロライナ・リーパー（二二〇万SHU）
ラウンド一二　7ポットプリモ（一五〇万SHU）

こうしたトウガラシは世界中から集めた激辛品種の代表だ。もっとも、今となってはどこにでもあるトウガラシだけれど、昔からずっとこうだったわけではない。ビヤダギ（トウガラシ）ぬきのおいしいコチカリー［インド、ケララ州のチキンカレー］、あるいはテンシントウガラシぬきの湖南料理を想像するのは難しい。しかし長い歴史のなかでは、メソアメリカで何千年も前から栽培され食べられてはいるものの、トウガラシは、世界の料理に比較的新しくくわわったものだ。クリストファー・コロンブスが一四九二年にアメリカ先住民の大虐殺の種(タネ)をまく以前には、新世界の外でトウガラシのことを知る者はだれもいなかった。コロンブスが本来の目的地であるインドで見つけようとしていた宝物のなかにあったのが「ブラック・ゴールド」、つまりはペッパーコーンだ。しかし彼はインドではなくカリブ諸島を発見した。それにノマド生活を送る元弁護士、ジョディ・エッテンバーグがそのエッセイ「トウガラシ略史（A Brief History of Chili Peppers）」に書いているように、コロンブスはそこで見つけたトウガラシの仲間の果実（ピメント［pimiento］。パプリカのこと）を黒コショウ（ピメンタ［Pimenta］）と混同し、また「アヒ」（トウガラシ）をスペインに持ち帰ったがほとんど注目を集めなかった。しかし人々はまもなくこの小さな赤い実の価値に気づき、それはインドと中国で大きな人気を博した。そしてそれで十分準備は整った。ポルトガル人が一五〇〇年代後半に熱心にトウガラシ貿易に取り組み、そしてトウガラシはポルトガル帝国のおかげで世界中に広まったのだった。[1]

一五〇〇年代後半から一六〇〇年代にかけてトウガラシが世界の料理のステージに登場して以降、人間はそれをより辛くする方法を見つけ出してきた。例えば、今日のショーのスターで、カリーが開発した辛さの世界記録をもつキャロライナ・リーパーは、パキスタンと、カリブ海に浮かぶセントヴィンセント島から贈られたトウガラシの種子に由来する品種だ（このときの交配では、ほかにも数種のトウガラシが誕生している。カリーは意味ありげに、これらに名をつけていない）。中央アメリカおよびメキシコにルーツをもつトウガラシは世界を征服し、今や母国により辛くスパイシーなものになって戻った。トウガラシを愛し、自然に生じるカプサイシンの限界値を押し上げようとするコミュニティが栽培に尽力してきたおかげだ。現在カリーはあるトウガラシ、ペッパーXを開発中で、そのスコヴィル値は三〇〇万SHUにものぼるが、まだ認証されてはいない。この本が刊行される頃には、世界一辛いトウガラシの記録が塗り替えられているかもしれない。そしてわたしの前にいる競技者たちは、きっとそれに挑戦するだろう。

今、ここカリフォルニア州オーバーンのトウガラシはごく薄いビニール袋と段ボール箱からこぼれ出て、人々を傷つけようと待ち構えている。今日のこの時点では、わたしは、競技者がどんな状況に直面することになるかわかっている。わたしはすでに世界一辛いトウガラシを味見したからだ。わたしはぞくぞくしながら見守っている。

最初のトウガラシ数種は比較的容易に喉を通る。プロのシャヒナとダスティンがそのちっぽけな悪魔のような宝石を、意欲に満ちた一二人に手渡す。だれも手袋をしていない。青白い足がテーブルの下でパタパタ動く。ひとりの男性が汗取り用のバンダナを着けなおしている。トウガラシが辛くなるにつれ、競技者は前後に揺れはじめる。一二人のなかには、心配そうな人、怒っている人、単にいらいらしている人もいる。観衆は夢中になって観ている。期待通りの苦悶のショーが展開している。緊張！ 意志の力！ このコンテストは格闘スポーツがもつあらゆるドラマの要素を有していて、なおかつ脳が受けるダメージはそれより小さい。人はほかの人が苦しむのを見るのが好きだ――サッカー、ボクシング、総合格闘技、ロデオ、バレエ、TV番組の『アメリカズ・ファニエスト・ホームビデオ（America's Funniest Home Videos）』［日本の「加トちゃんケンちゃんごきげんテレビ」中の「おもしろビデオコーナー」の米国版］や「ジャッカス」、ホラー映画。それにNASCAR（全米自動車競走協会）レースでのクラッシュでさえ視聴率稼ぎに十分だ。それに、まぁ、こうしたのぞき見を楽しみたいなら、トウガラシ大食い競争は穏やかで安全な手段なのだ。けれどとてつもなく印象的なものでもある。わたしたちが見ているのは受け身の痛みではない。そんなものにわたしは心を動かされない。わたしたちが見ているのは、自発的な、自分で選択した痛みだ。競技

1　トウガラシは、現在の合衆国東海岸にメキシコからまっすぐに、いち早く到達したわけではなく、奴隷貿易を通じてのものだったことはよく知られている。トウガラシはアフリカの一部で大きな人気を博しており、ポルトガルの奴隷商人たちが、アフリカで捕らえて連れて行った人々に食べさせるために持ち込んだのだ。

者たちはいつでもやめることができる。彼らの苦しみは自分のコントロールがおよばないところにあるのではない。だからわたしはこの競技を、不道徳という罪悪感なしに見ることができ、そして不運と勝利の劇的なドラマを楽しむことができるのだ。また、失敗することもある。競技者が脱落しはじめる。ミルクや水やその他、彼らのために用意されたものはない。負ければ、そこには飲み物もアフターケアの計画もないというサディスティックな状況が待っている。

断念しかけている競技者たちがいる。グレグ・フォスターは自分だけ用意したミルクの容器を手に、ぷいっと席を立つ。五人になり、四人になり、三人。わたしのそばの男性がびくりとしてわたしの足元近くの芝生に嘔吐する。腰ばきしたバギーパンツは今や観客の視線を集めている。彼は傷つき、嫌な気分になっている。目は赤くなり、胸は波打ち、大きな失望感に頭を前後に揺らして、立っているのに船酔いしているように見える。二位の競技者、つまりは最後から二番目、勝者の前にやめた人物も、わたしのそばに飛んできて芝生に嘔吐する。彼はカリフォルニアの太陽のもとで汗をかき、顔は濡れ、ゆがんでいる。胃酸と銅のようなにおいがする。酸っぱく鼻孔につんとくる匂いだ。周囲には水もミルクもアイスクリームもない。小柄な中年の退役軍人がこれを見て、なにか手当てになるものを探そうと走っていく。わたしがそのふたりの男性に、すぐに手に取れる唯一の液体であるわたしのビールをわたすと、それからさらに盛大な嘔吐がはじまる。

この場を救うヒーローがアイスクリームを手に戻り、最悪の事態は過ぎ、笑いが起こる。吐しゃ物のそばでお気楽な会話が交わされるうちに、シャヒナとダスティンが一対一の対決をはじめる。わたしの周囲の男性たちが、コカインのライン［コカイン粉末を細い筋（ライン）にして摂取すること］を一本か二本やったときにやってくるリラックス感について話している。なにか効き目の速いドラッグをはじめたときに起こる

「ヒューッ」という気分——わたしが競技会を見ているときの気分がそんな感じだ。最初の競技の参加者たちは少し前は静かで、多くの人がわたしに言ったように、神経質になっていた。けれど今や、食べかけたトウガラシのかけらをあごやTシャツにくっつけたまま、彼らの口からは言葉がぽんぽんと出てくる。

ダスティンとシャヒナは黙々と食べている。ダスティンはシャヒナの隣に座り、ルービックキューブをひねっている。シャヒナはすでに少々動揺している。そのほっそりとした肩は、彼女のいくつもの消化器官のなかで悪夢が繰り広げられていることを吐露している。彼女はわたしに、自分はまちがいなくダスティンとタイブレークまでもちこむことができると言った。どんなトウガラシも飲み下す能力に自信をもっているると。彼女は口をぱくぱくさせている。金魚か、不穏な量のメタンフェタミン［覚醒剤の一種］を摂っている人のようだ。彼女は、激辛のトウガラシを食べるときのことをこう言う。「なにもかもがほんとにわたしの口のなかで燃えているの。オーブンかなにかで肌をちょっとやけどしたときの感じ。『風にあてなきゃ、風にあてなきゃ』って思わない？　口のなかはそんな感じなの。外の空気にあてて冷まそうとするのよ」。わたしは、彼女がその食べ方を頑として続けるところが好きだ。「人は言うのよ。『見て、あの人エチケットがなってないわ。口を開けて食べてる』って。そうじゃなくって、わたしはね、あんまり痛くて口を閉じられない、そんな感じなのよ」。彼女が一番恐れているのは、トウガラシをふたたび口に入れられなくなることだと言う。

シャヒナはとことん勝利を追求しており、その競技会の前に、彼女の七一勝一敗というほぼ無傷の記録について、ふたりでじっくり話をした。一敗は、彼女の話では早食い競争のときのもので、トウガラシ自体はそれほど辛くなかった。彼女は、そのときの厳しい戦いを詳細に語った。彼女はこの敗戦をいまだに「気に病んで」いて、このときのことを熱心に語る彼女を見て、わたしがこれまでに会ったなかで一番競争心の強い人のひとりだと思う。

シャヒナとダスティンはふたりに出されたトウガラシ——親戚があなたに残り物をもたせるときに入れるような、プラスチック製の小さなタッパーウェアに山積みになっていた——をすべて食べる。ふたりは途中で止まることなくすべてのトウガラシを、水も飲まず、脱落もせずに食べつくす。ある時点で、ふたりはホットソースを飲む。ドラマーがステージ上に登場してお約束のドラムロールを鳴らす。その音は、わたしたちの前の一台の折りたたみテーブル上で繰り広げられている、地獄のような光景をきわだたせる。カメラがふたりの周囲をうろつき、人々は自分が応援するほうに大声をかけ、ああなんてこと、シャヒナはすごくつらそうだ。

タイブレークの時間だ。どちらも辛さにギブアップしなければ（ふたりはどちらもギブアップしていない）、ふたりは超激辛の早食い競争に突入しなければならない。シャヒナがとても神経質になっていたのはこのタイブレークについてだ。過去に、彼女はトウガラシをもつ手を口に持っていくことができなくなったことがある。辛すぎると思う限界点に達して、体自体が、食べようとする彼女の努力を受けつけなくなるのだ。「あなたの体が拒否するのよ」と彼女は言った。「磁石の同じ極同士みたいな感じ」

息を切らし、身震いしながら、ふたりは早食い競争をはじめる。シャヒナはこちらが不安になるようなスピードでトウガラシを次々と口に入れていく。彼女は楽しんではいないし、そう見えるが、観衆は金切り声をあげ、彼女はただただ両手で、取りつかれたようにトウガラシを口に突っ込み続けている。

しかしアトミック・メナスはついに崩壊しかけている。彼の頑丈で肉づきのよい顔が必死さのせいでピンク色に上気し、目は閉じられ、冷静さは失われている。辛さで溶けているみたいだ。彼はそれでも猛然と、ひどくつらい苦行のように見えるにもかかわらず、トウガラシをガリガリと噛んでいる。ドラムロールが鳴り、日は傾きかけている。観衆の声はだんだん大きくなって、トウガラシによって燃え上がる炎が尽きそうな頃には絶叫になっている。シャヒナの夫は彼女の前に膝をつき、両手を自分の落ち着きのない太ももに押し当て肩をこわばらせ、彼女をじっと見つめている。接戦だ。ふたりの前のトウガラシは同時になくなり、ふたりの口は、生のトウガラシとそれが砕けて溶岩のようになったものでいっぱいだ。ふたりの脳は「逃げろ」、「火事だ」、「もうだめだ」と叫んでいる。だれもが汗をかき怒鳴り、人々は立ち上がり、競争は頂点に達しようとしている。

シャヒナは必死に飲み込み、口を大きくあけ、そして終わる。彼女の勝ちだ! 群衆は熱狂する。人々の歓声があがる。シャヒナとダスティンはどちらも疲れ切っているが、試合は終わりだ。そしてミルクを飲まなければならないし、食べたトウガラシを吐き出す世話も必要だ。早食い競争にくぎ付けになっていた観衆はすぐに散りはじめる。みな、駐車場で予想される混雑を避けようとしている。わたしの足元には吐しゃ物があり、勝者となったシャヒナは子ネズミのように震えている。わたしがシャヒナにおめでとうと言うと、彼女は茫然とし、心ここにあらずという感じで顔はゆがんでいるが、それでも勝利で湧いたドーパミンで甘美な気分にひたっている。わたしには彼女の今の感情を理解するのは難しい。彼女がこのテーブルから、このフェスティバル、カリフォルニア、いや地球からどれだけ離れたところにいるのか。けれど、ぼんやりとならわたしにもわかる。

二時間前に戻ろう。

その日の昼間、トウガラシ大食い競技会がはじまる前、わたしはレンタカーのなかにひとりぼっちでこもっていた。わたしは何時間も、小さなしわだらけのトウガラシを持ち歩いていた。グレグ・フォスターがわたしにくれた、透明なビニール袋に入ったトウガラシ。焼けつくような、破滅的な痛みをもたらすキャロライナ・リーパーだ。ビニール袋に入れているのは、フェスティバルの主催者のリックが、わたしが素手で「愛しいトウガラシ」をもっているのを見て、それに触れるときは、トウガラシオイルがあちこちについて大変なことにならないように気をつけないと、と注意——いや警告——したからだ。彼の隣にいた人——大量のトウガラシをフェスティバルに来た人たちに売っている人——がほんとにその通りだよと彼に加勢し、手袋もつけずにトウガラシを売りたくはないよと言った。

車のなかで、わたしはこの間に合わせの防御具に入った「破滅のトウガラシ」を、自分の子どものポケモンのぬいぐるみ（カビゴン）にもたせかけて写真をとり、ガタガタ震える。こんな恐ろしいトウガラシを、わたしのかわいい娘が夜に顔をくっつけるものにもたせかけるなんてひどい。けれど、わたしが出かけると言うと娘は、わたしが寂しくないようにとカビゴンをもたせるのだ。それにこのとんでもない写真にしても、娘が気に入る類のものだということはわたしにはわかっていた。

この経験をスマホに記録したわたしは、自分の感情がもっと読者にわかりやすくなるよう、文章表現を練る必要があることはわかっていた——一二ページにわたって「ノー」と書き連ねるのではなく。わたしのトウガラシ経験の旅が続くあいだ、四〇分にもわたって、異なる字体と大きさで繰り返し繰り返し何ページにもわたって、「ノー」という言葉だけしか出てこないのだ。わたしは世界一辛いトウガラシを食べるときの感覚を言葉で伝えようとしているわけだが、けれどどうかわかっていてほしい。これをみなさんが読んでいるあいだもずっと、わたしの頭は「ノー、ノー、ノー、ノー」と叫び続けている。わたしの脳の一部が「イエス」と叫びはじめないと、それは終わらない。

出されたごちそうを本当に食べていいのか確信できない犬のように、わたしは口を開け、トウガラシを歯までもっていき、そこで止めて口から離し、それからまた口にもっていく。わたしはトウガラシの大半がガクからちぎれるくらいまで歯を入れ、噛み、その赤い果肉の残りを緑色のザラザラしたガクから少しずつかじり取る。トウガラシを食べる前に、わたしは噛んだら吐き出そうと決めていた。東海岸へ戻る日の隈便［深夜発、翌朝早く到着する便］でカプサイシンによるけいれんに耐えなくてもいいようにだ。冒険心が最高潮に達しているときでさえも、飛行機の座り心地の悪い座席に座ったままで、消化器系がけいれんして麻痺状態になっているのに六時間も耐えるというのはちょっと無理だと考える。世界一ハードなトウガラシ大食い競争の競技者たちは、「胃けいれん」を起こさないような対策を取った。わたしもそうしようと思う。

けれどトウガラシを吐き出すという決心は、わたしが過剰に安全策を取ったということになるのではないか。それでほんとに公平なの？　そして頑固で、自信過剰の大バカ者のわたしは、そのカリフォルニア州オーバーンの、三二℃超のその晴れた日に、トウガラシを吐き出すという案を退け、大きな丸い臼歯で完全にどろどろになるまでトウガラシをかみ砕こうと決意したのだった。車のなかに座ったわたしの胃はぎゅっと縮み、肺は、口のなかに広がる、これまでに経験したことのない恐ろしい、熱気とでもしか言いようがないものに抵抗している。トウガラシをあまりにしつこくかみすぎているのかもしれないという考えが頭をよぎる。

「トウガラシはおいしいわ！」。わたしはスマホに向かって甲高い声で語りかける。わたしはそれまでずっと、そんな感じで、せいいっぱい優等生のようにふるまってきた。トマトスープのガスパチョのような赤い汁がわたしの口のなかでバシャバシャと言うのが聞こえる。

トウガラシは〇・五秒ほどはおいしいと思える。けれどそれからおいしくは「なくなる」。最初は、トウガラシは甘く、ピリッとして、繊細ともいえる味だった。けれどそれから、なにかまったく別のものへと変わり、とても激しい感情がわいてくる。スマホに向かってトウガラシはおいしいと言うのは幻想に近い。自分ではない誰かほかの辛いもの好きの面々がしゃべっているのを聞いているような感じだ。この辛さを征服したと証明すれば、この溶岩のように熱い激辛トウガラシのより細かなテースティング・ノートを書くという、神のような力を授けられるとでもいうような感じ。

わたしはトウガラシを地面に吐き捨て、大きく息を吐いて車のドアを閉じ、それからゲラゲラと笑い、明らかに間違いをしでかした自分の顔をパチパチと叩く。わたしは喘ぎ、トウガラシの辛さでいっぱいのつばで喉の奥がひりひりする。すぐにいやな咳が出て、まずわたしの頭に浮かんだのは、ごく静かだが、断固としてゆずれない意見だ。「くそったれ」

わたしの体のなかでサイレンが鳴り、それは口からも聞こえる。そう、頭の真ん中でわたしはわかっている。わたしは調べたから。だれもがこうなるとわたしに話したから。この感覚はすでに、早々に高まっているけれど、この痛みははじまりでしかないことをわたしは知っている。ゲラゲラ笑いはごく冷静な懸念に変わり、すぐに真剣になる。わたしは車の横に身を乗り出し、汚れた、熱に焼けた駐車場の地面の上の、こぶし大の、つぶれたトウガラシの種と赤い汚物の塊の上に声もなく吐く。わたしは車のドアを閉め、眼鏡をはずして（そうするべきではなかった）、なにもつけていない指で顔についたトウガラシの吐しゃ物をぬぐって（これはあとになって効いてくる！）、それからドアハンドルにやっとつかまる。わたしはまた地面にいそぎ身を乗り出す。まるでわたしの体内のダムが決壊したかのように、わたしの舌の奥、歯の裏から溶岩のようなつばが流れ出る。それに反抗するかのように腹筋が硬くしまる。

わたしは車のシートに座りなおし、今の状況を解説しようとする。わたしはこのときほどはっきりと、これほど紛れもなく、これほど突然に後悔したことはない。スマホはまだ動画撮影中で、わたしは落ち着こうと努めるが、上品ぶる段階はすでに過ぎていることはわかっている。このトウガラシがわたしに底知れないものをもたらすことは自信をもって言える。もうすでに、そんな状況だからだ。そしてこれはまだ序の口なのだ。

わたしは持参していた冷水にがむしゃらに手を伸ばす。なんてこと、なんてことを続けたんだ。口のなかのひどい感覚。息をすると嫌なつばが喉の奥に触れ、咳をして肺が収縮する。そうすると恐ろしい、ヒューヒューという音がして、こんなことはもうたくさんと懇願しているかのようだ。「ああ、神さま、こんなことはもうたくさん、もういやだ、お願いですからやめてください」と。わたしはスマホに向かってこの状況すべてを話そうとしているが、けれどすぐに、それは今すぐにはまったく無理だということがはっきりする。わたしはすすり泣いているグレムリンかなにかのように、座席にうずくまる。正座して、何を懇願しようとしているのか。わたしの口から出て行って、とでも？　わたしの口、本当に、実際に石炭でいっぱいになったかのような感じがする口。それは誇張ではなく、そう、それよりもっとひどいのだ！

わたしは腰掛け、涙でぐしゃぐしゃの顔になり、いたるところに鼻水をたらす。水は助けにはならず、だからわたしは、一日車のなかで日差しを浴び、味が薄く熱くなったコンブチャをすする。これは「もっとひどく」、「針でいっぱい」のような痛みがして、わたしは即座に頭を振る。そうすればこの経験を、記憶に残る前に消去できるとでもいうように。

まさにこの行いを避けると心から誓っていたにもかかわらず、わたしは指でじかに、たっぷりとしっかりと目を触る。わたしは自分がなにをしたのかわかっていない。本物のドタバタ劇。事前にこんなことはしてはいけないとわかっていた重大な行為だ。わたしは自分にそれをするなと言った。そしてしたいと思った瞬間、とにかく目をこすっていた。

指で触れたせいで、わたしの左目とその周囲は、これまでまったくそんな言葉を使ったことがないのにただただ「くそったれ」という意味のことをわめく。とにかく大声で、ひっきりなしに。とどまるところを知らない。

口のなかの辛さが上ってきてわたしの顔のあらゆるところが金切り声をあげている。わたしはラマーズ法の呼吸をはじめる。体がほぐれてくる。わたしは冷水をすすり、それはわたしの喉に恐ろしい辛味を流し込むだけでなんの役にもたたない。「なにも、なにもしてくれない」。わたしはもうひと口する。別の嫌な感覚がするが、さっきよりもましだ。それは、わたしが思うに、口のなかで繰り広げられる地獄の入り口から逃れるために、何だってやろうとしているからだ。とにかくどんなことでも。ここに来て、わたしの顔を強く殴って。わたしが目を覚ましたときに平和が訪れているように。

「どうやってこれを説明したらいい？？？？？」。わたしのまぬけな脳は、幼児のようにギャーギャーと声をあげて泣いている。わたしは体を前後にゆすりはじめる。一心不乱にこれをやる。熱が口から流れ込み、喉を通っていく。わたしは呼吸しようとする。考えようとする。けれどできない。わたしはこれに負けようとしている。わたしはここで自分に負けようとしている。わたしは脱落しかけている。スマホに向かって話そうとするが、できない。顔をスマホの画面のなかに収めようとするが、でもなんのため？　わたしはこのスマホ、駐車場の係員、まともな社会的エチケットが存在する現実から滑り出ようとしている。

わたしの目は遠くを見ている。目を閉じ、指をぎゅっと握りしめて心の奥深くに引きこもり、わたしはそれがやってくるのを感じる。それはだんだんひどくなっていて、わたしは言葉もでず、自分と慎重に取り引きをはじめる。まるでここから出る道を考えることができるかのように。

「これは終わるから。ほんのひと息よ」

「子どもを生んだことあるよね。そのほうがもっと長くて痛みは強かったよね」

「これは終わるから」

生き延びるのは無理だという感覚。恐ろしく、危険で、果てしなく感じる。わたしは、この厳しい試練が四〇分ほど続き、それから終わることを知っている。そして、自分を現実につなぎとめるものであるかのように、その事実を脳内にとどめている。ちょうど四〇分。けれどまだはじまってから五分で、残りの三五分を乗り切ることを想像できない。

痛みはひどくなっていく。わたしは横になる。わたしはそれについて、自分自身について考える。わたしは痛みについて考える。わたしは火のような痛みについて、わたしの選択について考える。それから、そう、ある時点で、わたしはここに来た目的を果たそうと決心する。あなたはこの瞬間を、このぞっとするような変遷を動画で見ることができる。わたしは咳をし、気持ちが定まる。口を少々ゆがめて気味の悪い笑みを浮かべ、わたしは大声で言う。

「さあ、いくわよ」

そしてはじまる。

わたしごときの意見ではあるが、こうしたケースではある時点で、本当にいまいましいが、やってやろうじゃないかという決断をしなければならない。動画では、わたしはどこかほかのところへ行こうとしている。息切れし、目はどんよりとしている。わたしはこれを乗り切るのに必要な準備はすべてしている。わたしはそれを直感でわかっている。

痛みのあいだに見えてくる自分の内面がある――体にも、頭にも、同じように潜り込む。この瞬間、わたしは自分の内へと荒く深く息を吸い込む。わたしの脳幹、わたしを支えてくれる体、勇敢な自意識。ウルトラマラソンのランナー、コートニー・ドウォルターは、彼女が何百キロも走っているあいだに味わう苦しみをこう表現している。痛みの洞窟だと。わたしはそのイメージが好きだ。痛みは壁を、容器のようなものを作り、あなたを外界と切り離す。けれどその洞窟には開口部があり、そのいまいましいトンネルの先に明かり――この洞窟の終わりがある。そしてそれはやってくる。

体を動かすと気分がよく、揺れる動きが、今やらなければならないことにわたしの気持ちを集中させる。そう、やるべきは、ただそれが終わるのを待つことだ。わたしがここにいるのは、わたしが手を出したこのいまいましいバカげたことをやり遂げて、それが終わるのを見届けるためだ。だいそれた選択。よくなる兆しはない！　実際、痛みは着実にひどくなってきている。けれど、そう。これがわたしの今の状態、わたしが相手にしようとしていることだ。ことが終わるまでには、わたしが言ったように四〇分くらいかかるだろう。

わたしは車の座席でふたたびしゃがみこみ、しっかりしようとする。つばが勝手に口からレザーのシートにこぼれる。わたしは、まるで招かれざる客で居心地が悪いかのように、この痛みの洞窟のなかで自分をくつろがせようとし、そこからはい出そうとしている。わたしは口のなかの火に向かって息を吸い込む。わたしはその火について考える。わたしは、それがわたしの胸のなかで、骨盤内部でどんな感じがしているかに、わたしの肩の動きに考えを集中させる。わたしは、自分の口について考える。そしてまったく、なにも考えない。わたしは、ロープももたずに、ヨセミテ国立公園の岩壁、高さ九〇〇メートルのエル・キャピタンにフリーソロした男性に思いをはせる。そしてわたしが、アミューズメント施設のトランポリンパークでクライミングをやる子どもたちにどれほどひやひやしているかについて。わたしは、今ここに、わたしのパートナーがいてくれたらとどれほど自分が願っているか、思いを巡らせる。わたしは「ノー」

という言葉について考える。けれどもまた興奮してもいる。それに世界の終わりはどんなものだろうと考える。それからレンタカーのなかに置いているペットボトルのことを思い、それからつばが唇まであふれるのを感じて、気づくと、わたしの口とわたしがペットボトルに突進している。

わたしは自分が、わたし自身と、このトウガラシ、それにわたしの顔とに分解しようとしているような気がしている。これを放り出したいわたしがいるし、やり遂げたいわたしがいる。わたしの目は赤くなり悲鳴をあげているが、それは体に起きている最悪のことでさえない。わたしはこの感覚がいまいましい偽物だとわかっている！　わかっている、わかっている、わかっている！　わたしは、自分が危険な状態でもなく、このトウガラシはわたしになんの害も与えないし、なんの問題もないことがわかっている。わたしは頭のなかの、電気信号を発する豆腐（脳）のなすがままになっているだけだから。

だから、それにわたしは従う。わたしは火の中に入っていく。

わたしはこぶしをしっかりとにぎりしめ、息を切らし、うなり、そして口のなかの金切り声のおおもとへとたどりつく。わたしはそれを打ち負かし、苦悩に耐える。わたしは苦痛に耐え、それを好きになり、サイコパスのようなひどい笑みを浮かべはじめる。わたしはそのとき、このモンスターに最後まで付き合おうとしていることがわかっているからだ。わたしにとってはマジのモンスター、これはわたしのバカげたパーティーなのだ。

少しあと、それがはじまる。わたしの胃の一部――そわそわドキドキを感じるまさにその場所――でそれははじまる。それはやってきて、わたしの体を一気に駆け抜ける。それはわたしをあっと言う間にノックアウトし、わたしは金切り声をあげ、座席にぐにゃりとつぶれて、背中から滑り落ち、胸をつかむ。それは熱い風呂、いけてるドラッグのようで、またピンクでもあり赤でもあるような感じ。鼻血を子犬にたらしてしまったり、失神後に正気づいたり、それからいい意味で牛追い棒で感電するような感じ。それは同時にこうしたものすべてが起こるような感じで、わたしは喉をこすり、キャロライナ・リーパーの本当の贈り物を受け入れる心構えをする。

わたしの体の疼痛反応はわたしの体のシステムに押し寄せ、わたしは興奮し、快感に無力になる。わたしは笑い、金切り声をあげ、頭を前後に激しく揺らして歯をガチガチ鳴らす。わたしはのたうちまわり、ガタガタ震え、転げまわる。わたしはこの感覚をスポンジみたいに吸い上げ、それを口のなかに絞り出し、その快感で喉を湿らせる。わたしは有頂天になり、勝ち誇り、敗北感を味わい、洞窟から何マイルも離れた成層圏のなかにひとりぼっちの気分だ。わたしは座席で転げまわり、体をゆすりたくてたまらなくなり、じっとして喜びを隠すことなどできない。それは狂喜だ。この快感は逆巻く波のように訪れ、わたしは波に立ち、それを自分の勝ち誇った体にぶつける。

呼吸がゆっくりになる。

わたしは自分にひたり、体の奥底にぐずぐずととどまる。皮膚はじめじめし、髪はもつれ、唇ははれ上がっている。わたしはそのなかで体を休めている。そしてそれが終わると、わたしは雲のなかから出て、埃っぽい駐車場へと戻ってくる。幸せな気分で。

この世に戻り車を出たわたしの目にまず入ってきたのはリモコン操縦の電気自動車で、あたりにコントローラーは見えない。その車の上には水を入れて凍らせたペットボトルがおかれ、そのとなりに、丸くなり、豪華な枕に腰かけている小さなウサちゃんがいて、紫色の丸レンズのサングラスをかけている。このおもちゃの自動車についているナンバープレートには「マリファナ」と書かれている。思わず足を止めて写真を撮らずにはいられない。このすべてが現実だと確かめるために。

第五章　ものの名前

二〇〇九年、ある意欲的な作家が、『トワイライト』〔ステファニー・メイヤー著、小原亜美訳、ヴィレッジブックス、二〇〇八年〕をベースにしたエロチックな小説をFanFiction.netに投稿した。ペンネームはスノークィーンズ・アイスドラゴンだ。詳しくない読者のために説明すると、ファン・フィクション（ファンフィク）〔日本語では二次創作がこれにあたる〕はオンライン小説の一大分野であり、フィクション作品のファンたちが、自分たちが好きなフィクションの世界をあらゆる表現法を用いて執筆し、その大半に、原作には登場しない性的な内容がたっぷり含まれる。スノークィーンズ・アイスドラゴンの作品は、ステファニー・メイヤーのヒット作でティーン向けヴァンパイア小説を、形を変えて語っていることは誰の目にもはっきりしていた。この作品にはベラ・スワンとその年をとらない愛人エドワード・カレンが登場し、X表示のある成人向けのストーリーだ。このストレートな表現の作品は大ヒットし、メイヤーの、許されることのない熱愛を描いたより純粋なラブロマンス小説と合わせて広く読まれた。しかし、こうしたフォーラムで広く読まれる状況は長くは続かなかった。

この『トワイライト』のBDSM版とも言える物語が、その性的内容——法律的には禁止されているが、ルールは広く無視されている——のおかげでファン・フィクションのメガサイトで大人気になった頃には、すでに三万七〇〇〇もの読者レビューがついていた。新しいファン層をつかんだことに著者は後押しされて、この小説を著者個人のウェブサイトに移した。その後まもなく、彼女はちょっとしたトリック——出版業界では「シリアルナンバーを削る」行為として知られている——を使い、自分の原稿から、題材とした『トワイライト』のセクシーな吸血鬼と重なる内容を削除した。いくつか名前を変えて、その作品は一般市場での販売が合法となった。ベラとエドワードはそれぞれアナスタシアとクリスチャンと名を変え、そしてスノークィーンズ・アイスドラゴンの『マスター・オブ・ユニバース』はＥ Ｌ ジェイムズの『フィフティ・シェイズ・オブ・グレイ』〔池田真紀子訳、早川書房、二〇一二年〕三部作として世に出たのだった。

わたしがこれでなにを言おうとしているか、おそらくおわかりだろう。

エリカ・レオナルド——今や広く知られたペンネームをもつロンドンのテレビ局プロデューサーは、莫大な収入を得ようとしていた。二〇一〇年から二〇一九年までに、シリーズの第一巻はアメリカでなんと一五二〇万部も売れ、その一〇年間におけるベストセラー作品となった。そして一作目にとどまらず、次作以降も成功を収める。その一〇年のトップ一〇の二位と三位は、同シリーズの二作目と三作目——『フィフティ・シェイズ・ダーカー』〔池田真紀子訳、早川書房、二〇一三年〕と『フィフティ・シェイズ・フリード』〔池田真紀子訳、早川書房、二〇一五年〕——がそれぞれ占めたのだ。市場調査会社のＮＰＤグループは、この三部作が二〇一〇年からの一〇年だけで、アメリカにおいて書籍およびオンライン書籍が三五〇〇万部近く売れたと発表した。最初に刊行されたイギリスでは、『フィフティ・シェイズ・オブ・グレイ』は史上最速で売れたアダルト小説となった。この作品は五二の言語に翻訳された。小説を原作とした映画が三作制作されており、どれも商業的に成功を収めている。しかし、作品の題材とした原作と同様、映画はほぼ世界中の映画評論家から酷評されている。多数のレビューに基づいたメタスコア［様々な媒体が公表しているレビューの加重平均］を与える映画レビューのアグリゲータ［ゲーム、音楽や映像などの情報を集約、整理して、そのデータを配信するサービスや事業者］、『フィフティ・シェイズ・オブ・グレイ』に対し、評論家による「新鮮二五パーセント」［肯定的レビューが多い場合に「fresh（新鮮）」と評価される］というひどい評価が出ている。他の二作品は？　二作目は一一パーセントというこれもありえない数字、三作目も同じく一二パーセントという低い評価だ。

嫌われたのは映画だけではなかった。評論家は書籍もまた忌み嫌い、こう批評している。「ジェイムズはまるで自分が性行為のせいでミーティングに遅刻しているかのような書きようだ」（ゾー・ウィリアムズ、ガーディアン紙）。「『フィフティ・シェイズ』は、駄文はどうにか許せるというくらい、ほかに問題が多い作品」（マラマ・ホワイト、ハイパブル）。「ジェイン・オースティンが生き返ってこの小説を読んだら、自殺してしまうのではないか」（デイヴ・バリー、タイム誌）。

しかし読者にとっては？　読者は受け入れた。社会はオンライン書籍の時代に入りつつあり、そのおかげで、こっそりとＢＤＳＭのファンタジーを読むのが簡単になり、そして突然、人々が作品を話題にしはじめたのだ（なかには、この官能小説シリーズのおかげでオンライン書籍は読者数を増やし、そして人々はエロ文学をこっそりと読めるようになったと考える人もいる）。二〇二〇年までに、ジェイムズが手にした額は約一億五〇〇〇万ドルにのぼるとみられる。

わたしがこの話を持ち出すのは、人は、セックスについて読みたい、読みたくてたまらないのだということを思い出して欲しいからだ。『フィフティ・シェイズ』シリーズは、快い刺激、シンデレラ物語のメロドラマ、金持ちのフェティッシュなポルノ、わかりやすくさっと読める単調な文という、一般に受ける要素を備えていた。それはおがくずで燃え上がる火のように広がった。この作品がBDSMを凌辱と誤解しているという重大な批判にもかかわらず、多くの人がこのいまいましい本を読んだのだ。

　これはわたしにとって個人的に非常に興味深いことだ。ごくふつうに行われているけれど現代の欧米文化では一般にタブーと見なされているものに、一般の人々が興味をもっていることを示しているからだ。つまり快楽のための痛みだ。この作品では、アナとクリスチャンがBDSM文学ではあたりまえの、お約束のテーマを探求する。契約関係やインパクトプレイ、愛人からのコントロールによって支配されているという感情を得ることなどだ。こうした小説が成功している点は頭において、出版業界のちょっとした統計と人々の欲望を垣間見たことも確認したうえで、これについてはしばらく自分の記憶の棚にそっとしまっておいてもらおう。わたしたちはヴィクトリア時代に戻って、ほかにも異常なセックスに関する作品が大きな成功を収めている事実を見てみよう。そこでわかることがあるはずだ。

　一八三六年、一風変わった将来が待つひとりの少年が、現在のウクライナのリヴィヴ——その当時はオーストリア帝国の領土でガリツィア王国と呼ばれていた——で誕生した。父親のレオポルド・ヨハン・ネポムク・リッター・フォン・ザッヘル（Sacher）はオーストリア人の公務員で、のちに一家で住むレンベルクの帝国警察隊の長官となる。母親のシャーロッテ・フォン・マゾッホはウクライナ貴族の出身で、事故で兄が亡くなったために、彼女はその家系の最後のひとりとなった。このやんごとなき女性は家名を守るために、夫を説得して自分の姓を受け継がせた。大レオポルドは不本意ながらも同意した。同意していなかったら、わたしたちは今、ザヘリズム（sacherism）に関する本を読むことになっていただろう。

　小レオポルドは身分も気位も高い両親のもとで育ち、愛する乳母でウクライナ人小作農の女性、ハンジヤに大きな影響を受けた。彼を育てたのはほぼハンジヤだ。彼は聖人が苦悩したり殉教者が手足を切断されたりする、聖書の明快な物語を読むのが好きだったが、ハンジヤがレオポルドに語った心を揺さぶるような民話もおおいに楽しんだ。それは残酷で強力な女性や手の込んだ拷問がよく出てくるような物語で、その背景と登場人物は、通常はハンジヤと同じスラブのものや人だった。レオポルドは自分の乳母を崇拝し、のちに、日記に「わたしの魂があるのは彼女のおかげ」と書いている。

当時はヨーロッパ大陸中に緊張が高まっている時期だった。一〇歳のレオポルドとその家族は、彼らが住む都市の小作農の反乱――ガリツィアの虐殺――を逃れた。農奴制に対するこの暴動で、一〇〇〇人超の貴族や地主、高貴な身分の人々が殺害され、通りで頭をなくした人たちもいた。この反乱への帝国の対応も同様にひどいものだった。この反乱時に、少年レオポルドは従姉のミロスラワに熱を上げた。白い毛皮の縁取りのある上着を着て、二丁の銃と短剣一本を腰につるしたミロスラワは彼に強烈な印象を与えた。「バリケードに立つ彼女は、ライフルを手にした美しいアマゾネスだ」。彼はのちにこう回想している。世間には子どもの頃のファンタジーが霧散してしまう人もいるが、レオポルドはそうではなかった。力強く暴力的な女性に対する彼の執着は終生続いた。その執着心は硬い天然磁石のようになって彼を離さず、彼はその理想を追い求めることになるのだ。

のちに、帝国博物館に出かけた一〇代のレオポルドは、人生を変える絵画と出会うことになる。ある執着につながった作品。広く知られる書が誕生するきっかけとなり、また一九六七年発表のヴェルヴェット・アンダーグラウンドのヒット・ソング「「Venus in Furs（毛皮を着たヴィーナス）」」（この曲は、わたしがハンキー・ジーザス・コンテスト［クィアやトランスジェンダーの修道女による非営利団体が行うイースターの行事。思想や理想に基づき様々なイエスに扮する］で、恥辱を受けた修道女のパロディを演じて二位になるきっかけだ。それはまたまったく別の話）を生むことになる絵だ。この熱意に満ちたティーンエイジャーに大きな影響を与えた絵画とは、オランダ人画家、ピーテル・パウル・ルーベンス（Peter Paul Rubens）によるものだった。その名を思い出そうとする人のために言うと、ポール・ルーベンス（Paul Rubens）は「ピーウィー・ハーマン」を演じるアメリカ人コメディアンだが、画家ルーベンスはフランドル・バロック最高の巨匠で（現代においてもそうだ）、イタリア・ルネサンスの美学とフランドルのリアリズムを融合させて豪奢な作品を多数生み出し、劇的に肉体美を表現した。若きレオポルドが惹きつけられた作品は、ルーベンスの妻、エレーヌ・フールマンを描いたものだった。その作品のエレーヌは裸体に毛皮をまとい、光り輝いている。毛皮は生涯、レオポルドの想像力にからむことになる。ご推察のとおり、彼が書くことになる書は『毛皮を着たヴィーナス』［種村季弘訳、河出書房新社、一九八三年］だ。

みなが口をそろえて非常に聡明な学生だったと言うレオポルドは学業で優秀な成績を収め、とても勤勉な学生生活を送り、一六歳になった一八五二年にプラハで法律を学ぶことになった。彼は拷問や殉教、略奪、乱交の話が大好きな歴史マニアだった。彼の伝記作家ジェームズ・クルーが調査の上で書いているように、「レオポルドがルソーの『告白』に、肉体的苦悩の魅力と色欲のいら立ちとがごく緊密な関係にあることを見出したのもこの頃だった」。ルソーは前世紀のスイスの哲学者であり作曲家で、学界で大きな敬意を払われていたが、支配的な母親のような女性からムチ打たれる趣味があることをおおっぴらにしていた人物でもあった。レオポルドは、少なくとも過去の人物のなかには、気の合う仲間を見つけたのだった。

一八五六年に、今や二〇歳のレオポルド・ザッヘル＝マゾッホは、カール・フランツェンス大学グラーツ［オーストリアの都市］の教授となり教鞭をとっていた。彼は将来有望な学者だったが、その発言が非常に大げさで極論を述べるとして批判されており、彼がきわめて凝り性で仰々しい性質であることがうかががえる。この警察長官の息子は明らかに、口髭を固めた父親世代に反抗していた。小レオポルドは、いつも一定の優雅さを備えてはいたが少々だらしない服装をしており、美しい髪を長く伸ばした彼は詩や焦がれるような気持ちにあこがれていた。当時の古臭い大学人のように守るべきものに従うことが彼の生き方では決してなかった。だから彼は小説を書きはじめ、三年後、十分な金を貯めると大学教授という職を捨て、作家業に専念した。その頃印刷技術が発展し、大陸では急速に読み書きの能力が高まっており、彼は、またとないタイミングで作家になったのだった。約一五〇年後のロンドンのあるTVプロデューサーのように、ザッヘル＝マゾッホは安泰な定職を捨てて、いかがわしい小説を生む作家になるのだ。

正確には彼はなにを書いたのか？　まあ、実際にはいろいろなものだ。彼は色彩豊かで、しばしばユーモアを含んだスラブとユダヤの民族誌の類を書き、それはおおいに尊敬を集めた。勃興する反ユダヤ主義との闘いを終生貫いたマゾッホには、ユダヤ人コミュニティに多くの友人ができた。彼は（裕福な上流階級家庭の息子としてあらゆる特権を享受する一方で）裕福な上流階級と、戦争がもたらす破壊に対して巧みな言葉で抗議した。

しかし。

ザッヘル＝マゾッホが一躍有名になったのは、実際には、強力で残酷な女性の物語のおかげだった。こうした話はほぼスラブ起源で、当初から彼の作品の主流をなすのはそうした物語だった。彼の伝記作家はこう書いている。小説では「自分が理想とする人物像を創り出すことができた――頑固だが情熱的で高貴な女性。権威に慣れ、それを過度なまでに好み、自分の支配欲を満足させるためにはなにごとにも邪魔されない。また毛皮を離さず、つねに犬や馬用のムチや、革のムチをもっているのがその特徴だ」。彼の著書がよく売れたことからすると、多数の読者が、ザッヘル＝マゾッホの興味の対象を分かち合っていたことになる。人々は倒錯した性行為についての話を読むことが本当に好きなのだ。

ザッヘル＝マゾッホの作品のテーマは幅広く多様だが、『毛皮を着たヴィーナス』が彼の作家としての原点であり、彼の評判（悪名）を別次元へと高めたのは間違いない。一八七〇年に刊行されたこの小説は、非常にロマンティックな男性ゼヴェリーン・フォン・クジエムスキーと、遊び慣れて皮肉っぽい女性ワンダ・フォン・ドゥナーエフの短くも乱れた関係を描く。多くの文学評論が、この主人公たちを深みのない、感傷的な低俗小説の登場人物だと要約しているが、しかしこのふたりは実際にはとても複雑で、精神的な葛藤を抱えている。ゼヴェリーンは理想的で貞節な――愛情深く、親切で落ち着いた、まさに愛するママのような――妻が欲しいと主張している（若きレオポルドはマザコンを隠そうともしなかった）。しかし、ゼヴェリーンは、こんな理想的な妻を見つけることは不可能だろうと思う。そのため彼は別の、本来の理想とは対極にある人物像を創り出す――冷酷な「女帝」で彼を動物のように、持ち物のように扱い、望めば彼を完全に破壊するだろう女性だ。ゼヴェリーンは思い込みが激しく、この世のものとは思えないようなものに身を焦がし、現実社会では決して実現しない理想に終生こだわっている。一方ワンダ・フォン・ドゥナーエフは、とにかく享楽的な女性だ。

「ご免ですわ、私は断念などいたしません。好きになった男なら誰でも愛しますし、私を愛してくれる男（ひと）なら誰でも幸福にしてあげます。……私は若いし、お金持ちだし、美しい。あるがままの姿で天衣無縫に享楽を生き、満足を生きるのです」（『毛皮を着たヴィーナス』種村季弘訳、河出書房新社）

ワンダはひとりの男性に奉仕するためでも、多くの男性を破壊するために生きているのでもないが、ゼヴェリーンの話は巧みで人の心を捉える。彼は彼女を説得し、彼女はしばらくのあいだ、オコジョの毛皮を着た征服者を演じることになる。彼女はこの経験をするために生き、そしてこれはたしかに、この美しい道楽者にとってはこれまでにない経験だ。ふたりは列車でイタリアへと旅行する。ワンダは残酷で裕福な、上流階級の女性を演じる。ゼヴェリーンは従僕を演じて「グレゴール」と名乗る。彼は三等客車に乗って彼女のバッグを運ぶ。この種の創作話が、帝国の警察長官で男爵の息子である著者にとって、どんなにわくわくするものであるかは想像できるだろう。愛人たちは諸条件を明示した奴隷契約書に署名する。「グレゴール」に対し、精神的、肉体的にあらゆる力を振るうことを許容する契約だ。彼女が心底そうしたいと思えば、彼を殺す権利さえも含む。『フィフティ・シェイズ』のファンが青ざめるような、はっきりとしたムチ打ちシーンも出てくる。ワンダにたくましいギリシア人の愛人ができ、ふたりは一緒にゼヴェリーンをムチ打ち、さげすむ。これはまさに彼が望んでいたことだと考えれば、すべてはゼヴェリーンが望むとおりに進行していると、つい言いたくなるだろう。しかしそんな単純な話ではない。彼は自分で自分に課した拷問によって本当に苦しんでいる。彼は自分のなかに燃え上がる嫉妬心と屈辱をかろうじて抑えている。「自分の愛慕している女の目の前で幸運な恋敵に虐待されているのだという感情は、筆舌に尽くし難い。恥辱と絶望のあまり私は死にそうだった」(種村訳)

「なんて斬新!」と言うかもしれない。「なんて発想の作家なの!」と。実を言うと、『毛皮を着たヴィーナス』はほぼ自伝に近い。ザッヘル゠マゾッホは実際にイタリアへの旅をした。彼は愛人、ファニー・ピストール・バクダノフの従僕「グレゴール」を演じた。ふたりは毛皮とムチのプレイに手を染め、イタリア人役者を雇って、ふたりのあいだに割って入るムチ打ち役の男性を演じさせることまでした。ファニー以前にも、この派手な若き作家はグラーツの既婚女性と愛人関係になり、彼女を説得して偽の「ポーランド人伯爵」——実際には、仕事中に薬局の金を盗んで逃走中のロシア人店員——と逢引きさせた。「伯爵」が梅毒もちであることがわかり、それをザッヘル゠マゾッホの愛人にうつすと、マゾッホは、彼女の背信行為を嫌悪したふりをして彼女を捨てた。こいつはひどい男だったのだ。

ファニーと別れた少しあと、ザッヘル＝マゾッホはアウローラ・リューメリンと結婚し、一〇年ほど、それ以前と同じようなシナリオを妻に強制的に演じさせる生活を送った。このときもふたりは奴隷契約書に署名した。彼は個人広告を出して彼女に愛人を見つけ、彼女が彼の思い描く「ワンダ」になってくれなければ、もう著述業は止める、家族を養うことはしないと迫った。当時の女性には自身を養うのに多くの選択肢はなく、とくに彼女は結婚して子どもがいるのでなおさらだった。アウローラは自分の名とそれまでの自分を捨てて、夫が切望する、この行為の象徴である毛皮を身に着けた。彼女の書いた『ワンダ・フォン・ザッヘル＝マゾッホの告白 *Confessions of Wanda von Sacher-Masoch*』にはこうある。「それ以降、夫をムチ打たない日は、つまり、わたしが自分の契約を守っていると夫に証明しない日は一日たりともなかった。当初は嫌悪感はそれは大きいものだったけれど、少しずつわたしはそれに慣れていった。とは言っても、嫌々やる以外のなにものでもなかったけれど。レオポルドは、自分の望み通りに動くわたしを見ると、それができるだけ激しい痛みをともなうようにと求めはじめた。彼は特注のムチをもっていた。六本のムチひもがついていて、尖った釘がはめ込んであるものまであった」。

釘つきなんて！　とはいえレオポルドは、とんでもないだけの男というわけでもなかった。彼は今なら、根っから、BDSM趣味の人々がボトム（服従する側）と呼ぶ類の人物なのだ。彼は痛みを欲した。彼は堕落を欲した。どちらも激しいものだった。それでも、『毛皮を着たヴィーナス』のゼヴェリーンのように、彼はつねに葛藤し、満足は長くは続かなかった。自身が心に抱く奇妙な理想と肉体をもつ現実の人間とのギャップは、ザッヘル＝マゾッホと彼が愛するものに果てしない苦悩をもたらした。

そして苦悩の新たな原因となるものがすぐそこに迫っていた。

わたしたちが学ぶ無味乾燥な歴史年表には大統領や皇帝、戦場や沈没船の名がもりだくさんだが、リヒャルト・フリドリン・ヨゼフ・フライヘル・クラフト・フォン・フェステンブルク・アウフ・フロンベルク・ゲナント・フォン・エビングという名に出くわすことはめったにない。利便性と印刷コストを考慮して、ここではリヒャルト・フォン・クラフト＝エビング博士と呼ぶことにする。クラフト＝エビングが歴史に名を残す仕事に取り組みつつあった一九世紀後半のオーストリアは、発見と新しい技術に満ちた熱気ある時代だった。とはいえいまだに彼のような長ったらしい名を使うという古めかしい虚飾もたくさん残ってはいた。

オーストリアは実際には、オーストリア・ハンガリー帝国というできて間もない国だった。ヨーロッパの王国は活発すぎる地球の構造プレートのように入れ替わっていたが、ハプスブルク家やローマ・カトリック教会といった古くからある権力はまだ、現代のような民主主義にその統治権を引き渡すつもりはなかった。蒸気機関車や電気の街灯といったものが登場したまばゆいような時代でもあったが、将軍たちはいまだに長い羽根のついた高い帽子をかぶり、馬にまたがって戦場に出ていた。反乱が、チーズの皮についたカビのようにいたるところで芽吹いていた。一八四八年革命（諸国民の春）では五〇か国超で大規模な反乱が起きた。地図は、毎年描き換える必要があった。王国や国の新しい名をすべて、絶えず注意し記録しておくには、それ専属で仕事をする係を必要とするほどだった。

そうした不安定な時代であっても名前はかなり役立つもので、それはリヒャルト・フォン・クラフト＝エビングにもよくわかっている。具体的な特徴や抽象的なアイデアが複雑なパターンをもっていても、名前によってわたしたちは、それを数音節の言葉（あるいはこの優秀な博士の名前であれば数ダースの音節）

に要約することができるのだ。それから名前があれば繰り返し使用ができ、さらなる分析が可能だ。そして分析は、実は、クラフト＝エビングのなわばりだ。彼を含むひとにぎりの人々は、勇敢にも現代の精神医学の分野という新しい領域に足を踏み入れつつあった。こうした時代に、他者にその人の子ども時代のことや恐怖心、野心や、金切り声をあげる夜驚症（やきょうしょう）について、少なくとも診察料を取って質問するところを想像するのは難しいが、実際にはおおよそ現代と同じようなことが行われている。

　公平に見て、人は、人間の頭や心の広範におよぶ能力を、少なくとも記録に残る人間の歴史と同じくらい古くから探究してきている。こうした探究は哲学、詩、歴史、神話学といった分野で起こった。歴史は人間の頭や心についての、魅力的な思索やすばらしい洞察、それにびっくりするほどの不正確さで満ちている。紀元前一六世紀のエジプトのパピルスの巻物には、抑鬱（よくうつ）と認知症のことが書かれている。古代中国とインドの医師たちは、バランスのとれた健康的な魂をもつためのステップを、観察と薬草学、宗教および魔術を組み合わせ、きわめて詳細に解説している。中世のアラブ世界は精神疾患の人々を収容し世話するために非常に発達した病棟を作っており、既知の多数の症状を分類しすばらしい記録を残している。しかし一方では、ヨーロッパはカトリックの迷信と、役に立つ科学がないという悲劇に悩まされていた。精神の病に苦しむ多くの人々が、悪魔崇拝にとりつかれているとして投獄や拷問、死刑を宣告されたのだ。

　しかし一八世紀の啓蒙時代には、ヨーロッパの人々が思考し科学を追求する方法に革命が起きた。それは、彼らを統治する政府に激震をもたらした革命と同じほど激しいものだった（おもしろい事実：「科学者」という言葉は一八三三年にはまだなかった。それ以前には、明るい天空や粘液質といった最新情報については、「自然哲学者」にあたる必要があっただろう）。フランスのフィリップ・ピネルやイングランドのウィリアム・テュークといった先駆者たちがヨーロッパのメンタルヘルスケア改革を牽引して、以前よりも思いやりのある時代が到来したのも、ようやく一八世紀になってからのことだった。現代の精神疾患や心理学の分野が実際にまとまりはじめたのは、一九世紀半ばの思想家たちのネットワークによるもので、そうした思想家の多くはフランス、ドイツ、そしてオーストリアに集中していた。

突如として科学者のコミュニティが出現し、時代遅れの慣習に取り組もうとするあらたな、スリリングな動きに満ちている時代。医学の学位を取得したての、長い名をもつわれらが博士が、オーストリアはグラーツの赤い瓦屋根の町を歩きまわっていたのは、こうした騒がしい環境にあった時代のことだった。元々はドイツ出身の彼は一八七二年にグラーツの大学で教授に選出され、近くのフェルトホフ精神科病院の医療監督に任命された。フェルトホフは治療の場というよりも秘密地下牢に近く、この医師は何年もそこを改革しようと努めるがうまくいかなかった。

敗北を受け入れず、あるいは活動を鈍化させることもなく、われらが勤勉な医師は身を粉にして働き、高く評価された精神医学の書を驚くべき速さで次々と世に送り出し、名を上げた。医師で翻訳家のフランクリン・S・クラフはこう書いている。「一八七〇年には、クラフト＝エビングは大陸一の熟練の神経精神医学者となっていた」。ザッヘル＝マゾッホと同じく、クラフト＝エビングは自分の専門分野のなかでも幅広い領域に興味をもっていたが、とくに注目したのが性行為についてで、性行為がクラフト＝エビングの評判と悪名を高め、性行為のおかげで本が売れた。大量の本が。

好奇心に満ちたわれらがクラフト＝エビングは、ひげもじゃの顔に物思いに沈んだ悲しい目をしていた。彼は才能ある学生で、熱心で家族思いの人物だった。それまで、とくに革命的な性質はうかがえなかった。だから、無精ひげをはやし羊毛のコートを着たわれらがオーストリア人教授が、その当時にはぞっとするような、おおいに物議をかもす作品のひとつを書こうとしているなんて予想できなくても当然だろう。それは、人々が長いあいだ知ってはいたけれど、上品な人たちの集まりではとてもではないが口に出すことなどできなかったものごとを表す、新しい名称で満ちた作品だ。

その本は『変態性欲心理学』〔性問題研究会編、河出書房、一九五六年など〕というタイトルで、一見したところアブノーマルな性生活を語る人々の話がぎっしりつまっている（アメリカ人科学者が六十数年後に、こうした性生活は考えられているよりもっとずっと一般的だと証明することになるが、彼についてはもう少しあとで）。それは本当に性的に倒錯した行為——殴打、ロールプレイ、フェティシズム、性器への拷問——で満ちていた。急速に拡大するヨーロッパのセックス研究においてでさえ、それまでだれも、これと同じような書をまとめた者はいなかった。その当時、そしてその後何年ものあいだ、この書は性病理学に関する最重要な作品とみなされることになる。

出版社は競ってドイツ語による書を刊行し、クラフト＝エビングの存命中に版は一二を数えた。また初版が出た直後にフランス語と英語に翻訳され、まもなく、他の言語への翻訳も続いた。クラフト＝エビングによる序文と解説はすべてドイツ語で書かれていたが、卑猥な行為の事例研究は、きわどい部分が世俗の人々には理解できないようにラテン語で書かれていた。それは思うような効果はなかった。この当時の逸話に、羅独（ラテン語からドイツ語）辞典と羅英（ラテン語から英語）辞典の売れ行きが目立って増加したというものがあるのだ。人々は自分たちが楽しめる性愛作品を求めた。その必要があるなら、人々は小難しいラテン語でさえも学んだのだろう。クラフト＝エビングの学者仲間でもより保守的な人々とドイツ純粋連盟（the German Purity League）がおおっぴらに反対の声をあげたものの、販売曲線にほとんど影響を与えなかった。残念ながらこの本に関してはわたしたちは、『フィフティ・シェイズ・オブ・グレイ』といった現代の書に利用できるような、発行部数に関する詳細なデータがない。だが、『変態性欲心理学』はホットケーキのようによく売れたことはわかっている。その当時にホットケーキがあったとしてだが（実際にあった）。この本は当時、金儲けのために書かれたお粗末な性愛本と同じくらいよく売れたのだ。それに、『毛皮を着たヴィーナス』と同じくらいよく売れた。

クラフト＝エビングはこの作品を書いた時点で、『毛皮を着たヴィーナス』のことを耳にしていたはずだ。自分が教鞭をとっていたグラーツの大学の元教授——屈従や屈辱行為、野蛮なムチ打ちについて詳細に書き、読者の欲望をそそって大きく名を上げた——について知っていたのは確かだ。有名人や悪行を繰り返すボーイフレンドと同じく、ザッヘル＝マゾッホは生涯で多くの敵を作った。しきたりを軽蔑するところ、派手なところ、親ユダヤ主義、振られた恋人たち——すべてが攻撃を受ける原因となり、新聞などで定期的に攻撃され、それは通常は彼の本の売り上げを伸ばした。しかしこうした状況の背後では、攻撃とは別のことが起こっていた。少なくともある匿名の情報源がクラフト＝エビングに、ザッヘル＝マゾッホの小説はフィクションではないと知らせたのだ。彼の妻アウローラ、つまりはマゾッホの人生における新たな「ワンダ」が秘密を洩らしたのだと推測する歴史家もいる。彼女は、マゾッホの死後数年たって書いた『ワンダ・フォン・ザッヘル＝マゾッホの告白』で、詳細を控えることは一切しなかった。歴史家ハリー・オーステルハウスによると、クラフト＝エビングの目をザッヘル＝マゾッホの作品と、男性が痛みと支配を求めるアンダーグラウンド文化に向けさせたのは、ベルリンの匿名の情報源が最初だったという。

ともかく、クラフト＝エビングは、自身の性的作品の執筆中にだれからか内部情報を得たのだ。そしてその後のことは歴史のとおりだ。

2．マゾヒズム。受動的に虐待と暴力を耐えることと性欲との関連

マゾヒズムはサディズムの対極にある。サディズムは痛みをもたらし力を用いたいという欲求であり、マゾヒズムは痛みに苦しみたい、そして力に屈従したいという欲求だ……。

わたしはこの性的異常を「マゾヒズム」と呼ぶことが適切だと思う。この倒錯行為を頻繁に書いているのが作家のザッヘル＝マゾッホであり、それ以前には科学界にまったく知られていなかったそうした行為が、彼の著作の土台となっているからだ……。

近年、ザッヘル＝マゾッホはマゾヒズムの詩人だっただけでなく、彼自身がこの異常性愛に悩んでいたと証明する事実が判明している。こうした証拠はなんの制限もなしにわたしの手元にもたらされたが、公にするのはやめておく。

目が覚めたら自分の名が本に出ている場面を想像してほしい。たくさんの人々と共有している名前の類ではなく、自分だけの名が、とくに自分自身にかかわることで。その本を書くために、だれからもインタビューを受けてはいないという状況を考えてみてほしい。その本にあなたが大きく取り上げられると、事前に警告してくれる人はだれもいなかったと想像してみてほしい。そして、常識ではありそうにないことだが、人々はこの本を国中の公園で、バーで、そしてコーヒーハウスで読んでいた。レオポルドは、マゾッホという、今は亡き愛する母から贈られた名門の家名の誇り高き継承者は、瞬時にして「あの異常なセックス本のマゾヒズムの男」として知られることになってしまった。レオポルドは激怒した。彼が小説の登場人物と興味深い性癖をいくつか共有しているかもしれないというのは、かなり公然の秘密だったが、しかし性的な病気に自分の名をつけられることはそれとはまったく別の話だ。ヴィクトリア時代の礼節というベールはすでにひきはがされていた。秘密の情報提供者がいたのだ。彼がこれまでやったことにかかわりのあるだれかだ。そして最悪だったのは、ザッヘル＝マゾッホのロマンティックな理想、熱烈な行為の多くに駆り立て、本の売り上げを伸ばすことになったその理想は今や病気の症状であり、精神の病とされたことだった。彼が抱いていた理想には名が付けられ、詳細に調査、分析されて、彼に対してもそうした目が向けられたのだった。

そうした注目を集めた動きは良心的ではなかったかもしれないが、クラフト＝エビングが『変態性欲心理学』を書いた動機はなにも悪意あるものではなかった。彼は一八〇〇年代の白人男性科学者で、当然、彼の作品にはマスターベーションに対する嫌悪や女性蔑視が頻繁に登場する。誤解してはいけない。彼はその時代の産物であり、特権的な身分にあったということだ。彼の著作の多くには、ヴィクトリア時代の偏見とブルジョワジーの偽善が散見された。しかしクラフト＝エビングはまた飽くことなく、精神の病が犯罪の枠からはずされ、その治療とリハビリテーションが法律で確保されるようにと活動した。こうした意見が今なお非常に熱く論議されている事実からすると、クラフト＝エビングは、当時の精神医学と神経科学の分野だけではなく、犯罪者に関する改革運動においても最先端にいた人物だと言える。彼はまた、在籍していたハイデルベルク大学からも影響を受けていた。その大学では母方の祖父、ミッターマイヤー博士が「地獄に堕ちた者を擁護するドイツ人弁護士」として仕事をしていた。博士は、いまだ清教徒的な社会から追放を宣告された人々の法的権利を擁護するために働いた。そうした人々のなかに性的逸脱者がいて、彼らは法廷で厳しい扱いを受けたとフランクリン・S・クラフは記す。この当時、性的行為はすべて、無慈悲な求刑の対象だった。ホモセクシュアリティ、トランスセクシュアリティ、マスターベーション、オーラルセックスなどもそうだ。国家と教会が承認した結婚において相手を身ごもらせようとしなければ、おそらくはそれに関しても正式な法律があった。はっきりとした性的逸脱行為の裁判で何度も専門家として証言を求められたクラフト＝エビングは、科学を用いて、投獄ではなくリハビリテーションの提唱をはじめた。

『変態性欲心理学』で、クラフト＝エビングはホモセクシュアル、フェティシズム、それにマゾヒストにその生活を詳細に語らせ、声なき性的逸脱者に声を与えた。彼は生涯にとても多くの善行をなしたが、異常な性行為に取りつかれた男、ザッヘル＝マゾッホにとっては、そんなことはたいして慰めにならなかった。このうえなくロマンティックなマゾッホは、こんなふうに区別され分類されることが気に入らなかった。それに彼の時代の父権社会は、女性に服従する彼を決して許さなかった。マゾッホの前妻の追想録が出て彼のマゾヒズムを追認する形になると、ザッヘル＝マゾッホの評判は地に落ちた。作家のキアラン・コンリフは簡潔にこう書いている。「生前には彼は偉大な作家として知られていたが、死後には笑い話の落ちとなってしまった」

皮肉な話だが、『変態性欲心理学』に取り上げられていなかったとしたら、今日、ザッヘル＝マゾッホの作品はこれほど多くの人に知られてはいないだろう。まずマゾヒズムという語の由来となったことを知り、それから彼の作品のことを知る人は多い。変態的である点ではマゾッホの仲間であるマルキ・ド・サドは、少なくとも、クラフト＝エビングが彼の名をとって「サディズム」という言葉を作った時代には――これも同じく『変態性欲心理学』に書かれている――墓のなかでプライバシーを守られていた。どちらも文学的キャリアは際立ってはいたが、その名が永遠のものとなったのはクラフト＝エビングによってであり、そしてこれまた皮肉にも、クラフト＝エビングについては今日知っている人はほとんどいない。こうした類のことにだれかが「エビンギズム」という名でもつけていたら、もっと多くの人が彼に目を向けているのではないだろうか。

時が経つにつれて、ザッヘル＝マゾッホの名は、それが由来となった「苦悩」のおかげで広く知られるようになった。学界内にとどまらず、セックスに飢えた大衆へと広がり、わたしたちは様々な場面でこの言葉を口にするようになった。これを書いている時点で、俳優でポップ・シンガーのスカイ・フェレイラ待望のセカンドアルバムの、二〇二一年のリリースが近づいている。このアルバムは（なんともショックなことに）『マゾヒズム』というタイトルだ。わたしはこれをクラフト＝エビングに手渡すべきだろう。しかし性的倒錯に対し、生身の男性（今や冷たくなっているが）にちなんだ名をつけることで彼は、そうとは知らずにわたしたちに役に立つ言葉を与えた。その後、その言葉の意味は広がり、新しい意味もくわわってはいるが、いまもなおその元来の意味はしっかりと残している。今日、マゾヒストはあまりにいきすぎたことをする人物に使われることがある。爪を噛む人、バレリーナ、大学院生、ピリ辛のサルサ・バーで冒険する健啖家、マラソンランナー、そして、ツヤツヤのラテックス製マスクをつけて、小さな穴を通して浅い呼吸をする窒息プレイを楽しむ人などなどだ。

わたしにとっては、「マゾヒズム」という言葉とその現代の用法にはある程度の文化的合意があり、その言葉の発端となった特異な性質のものとは大きく隔たっている点が興味深い。だれもがマゾヒストとはどんなものか知っている。意図的に痛いことをする。それでいて、その言葉自体が、誕生時に伴っていたタブーという大きな荷を今なお降ろしてはいない。その言葉は幅広い現象を述べるのに使われ、一方で大衆はいまだに、その言葉の由来となったものがもつ恥ずかしい意味に気分を害する。どうしてこんなことになったのか考える価値があると思う。

そこでわたしは、メンフィス大学の歴史家で、合衆国のBDSMコミュニティの歴史に関する書を刊行予定のスティーヴン・シュタイン博士に電話をかけて、マゾヒズムについての一般の認識は、クラフト゠エビングが病気として命名して以降、どう変わったのか尋ねる。大学の教員紹介には、巨大なヘビをつかんでうれしそうなシュタイン博士の写真がある。これを見てわたしはうらやましいと思い、また楽しい気分になって博士に敬意を抱く。博士はわたしに、クラフト゠エビングによる命名は有益でもあり有害でもあると思うと述べる。「有益であると思うのは、この言葉が生まれたことで、人々がようやく自分たちの欲望を議論することが可能になったからです」。博士は、マゾヒズム関連の雑誌記事が増加し、定期的に掲載されることがごくふつうになったことを持ち出してそう言う。「突如として、ムチ打ちやコルセットトレーニングに夢中になる人々が読者通信欄を乗っ取ったのです」。博士は、イギリスの女性誌、イングリッシュ・ウィミンズ・ドメスティック・マガジンで起きたなんともおもしろい現象について話してくれる。これは、一八五二年から一八七九年にかけて刊行された一見穏当な雑誌なのだが、家庭での調教プレイについての記事が何度も掲載されていて驚くほどだ。一八七〇年の記事を紹介しよう。

わたしは手を差し出し、彼女がひもで手首をしばった。それからわたしをベッドの足元にうつぶせに寝かせると、彼女はひと言も発せず、慎重に左手をわたしの腰に置き、空いた右手で何度もピシャリピシャリとわたしを打った。彼女がカンバ材のムチを振り上げると、わたしにはそのヒューーッと空気を切る音が聞こえ、ああ、ムチが飛んでくるとき、そしてそれがシュッ、シュッ、シュッとわたしに繰り返し振り下ろされるとき、どれほど恐ろしい気持ちに襲われるか。

ヨーロッパ大陸では内容がだんだん刺激的になっていき、イギリスが激しくそれと競ったのは確かだ。イングランドには、『女性のムチ打ちショー *The Exhibition of Female Flagellants*』や『折檻というロマンス *The Romance of Chastisement*』といった挑発的で、また形式ばったタイトルをもつすごい小冊子があふれていた。テレサ・バークリーは一八〇〇年代後半のロンドンに実在した有名なクィーン（女の支配者）で、その娼家はただそのパトロンたちのムチ打ちのためだけに使われていた。フランス人はこの尻打ちに対する偏愛に「le vice anglais」つまりは「イギリスの悪習」と名をつけることまでしていた。

クラフト＝エビングは多くの人に、彼らが欲するものを表現する正式な言葉を与えた。人々は今や、この世界で自分だけが特別ではないと知ることができた。「一方で、その人たちを病気だとするなら」とシュタイン博士は言う。それはすばらしいこととは言えない。自分たちが好むもののせいで（自分にとって異常でないなら！）、自分たちが病んでいると言われたい人などいない。それに精神疾患という汚名がきせられたことで、部外者がBDSMコミュニティの人々を悪者扱いするようになっているのだ。

一九七五年に、サディズムとマゾヒズムに対する悪名高き酷評がニューヨーク・シティの週刊紙、ヴィレッジ・ヴォイスに掲載された。性的に倒錯した行為を行う人たちをファシストや殺人者と表現し、マゾヒストはみな自滅すると断言した記事だ。遠まわしどころではない。性的異常という病気と暴力的犯罪とにはつながりがあるという意見が述べられたのだ。すでに社会の辺縁部で、SとMのコミュニティはこの種の出版物におびえていた。けれど彼らはこれを受け入れなかった。シュタイン博士によると、「安全、健全、合意」という文句が、彼らが共有する精神を確認するものとして登場したのがこの頃だ。コミュニティのまとめ役は、この文句が空虚で修辞的なものにならないよう骨を折った。全国レザー協会（The National Leather Association）は率先して、コミュニティのメンバーによる家庭内暴力の根絶に取り組んだ。キンク・コミュニティの人たちと一般大衆が、合意の上でのプレイと虐待とを区別することが重要だった。

わたしたちは何度も何度も、こうした風潮を目にしている。研究好きの学者がマゾヒズムと人間の性に光を当て、それに続いて必ず一般大衆の過激な反動が起こる。一八九三年には、頭が固い英国医学ジャーナル誌が『変態性欲心理学』について「我々は、英語に完全に翻訳されるべきだったかどうか疑問に思っている」と書いている。ザッヘル＝マゾッホの文学的名声は、クラフト＝エビング博士の作品に取り上げられたあと、博士の「これまで間違いなくマゾヒズムだと認められたケースは非常に多い」という主張にもかかわらず、地に落ちた。しかしマゾッホとクラフト＝エビングが人々に崇敬の念や憤慨を抱かせたとしても、それは一九四〇年代後半のアメリカ人昆虫学者とはくらべものにならなかった。この世界は本当におもしろいところで、ホーボーケン出身のタマバチ研究者自身がこの章でそれを証明することになるだろう。その研究者とはアルフレッド・キンゼイで、一九四八年に彼は騒ぎを引き起こしただけでなく、それに火をつけて、その問題が燃えさかっているあいだもその渦中にい続けた人物だ。

当時、ヴィクトリア時代の社会的習慣は社会の変化と新しい技術に激しくもまれていた。しかし合衆国における清教徒的思考は大きな川のように広くて深い。熱狂的なまでに敬虔なメソジストの父をもつキンゼイは、これを骨身にしみて感じていた。キンゼイは、ザッヘル＝マゾッホ死去のちょうど一年前の一八九四年に生まれた（わたしはこの事実に衝撃を受けた。彼らは時代も住む世界もまったく違う人たちだと思っていたからだ。ザッヘル＝マゾッホはクラバット［昔男性が着けていたスカーフ］を着け馬に乗っていた。一方キンゼイはテレビでインタビューを受けていたのだから）。ザッヘル＝マゾッホと同じくキンゼイは才能ある勤勉な学生で、職に関する父の意向を拒否した。技師にはならず、彼が優れていた野生生物の研究に打ち込むことにしたのだ。彼はメソジストとしての几帳面さを仕事に持ち込み、それによっておおいなる尊敬を得ることになる。最初はボウディン大学、その後ハーバード大学バシー研究所に移り、そこで彼はタマバチの研究に取り組んだ。

若きキンゼイは標本を採集し、調べ、記録することに何年も費やし、その数は何十万にものぼった。すべて自身の手で、仕事場でかがみこんで作業した。何十万もの標本作りを。想像してみてほしい。クラフト＝エビングなら感銘を受けただろう。クラフト＝エビングもキンゼイも、自身が集めた情報もそうだが、おそらくそれ以上に、その研究手法によって自分たちの専門分野に貢献した。自尊心の高い昆虫学者なら、それほど長い時間を標本作成に費やすことはできないだろうし、広い視野をもって、その昆虫の交尾にまで考えを向けることはできないだろう。キンゼイと彼が指導を続けていたインディアナ大学の研究仲間数人は、なぜ同じような科学的研究と手法が人間には適用されていないのかと考えはじめた。

一九三八年にキンゼイは、家族と結婚についての講義を行う仕事を提示されたときに、この問題に取り組むことに挑戦した。この講義は学生たちからの嘆願に応じて行われたものだった。かわいそうな若者たちは、自身の体、セックス、性の健康そして生殖に関する無知の海でおぼれようとしていた。当時の人々は、マスターベーションが不能や（奇抜な考えだが）妊娠までも引き起こすと考えていた。情報を提供してくれるインターネットもプランド・ペアレントフッド〔性と生殖に関する非営利の医療団体〕もない時代だ。その日のカリキュラムは禁欲教育と、『理想の結婚　その生理学と技術 *Ideal Marriage: Its Physiology and Technique*』というタイトルの書を読むことから成っていた。この講義は言うまでもなく、刺激的な性生活について多くのアドバイスをするものではなかった。キンゼイの講義は、性交に関する詳細な図を使い、避妊に関する率直な議論をしっかりと行って大きな人気を博した。さらに何百人もの学生が受講した。

きわめて有能な記録者だったキンゼイは、学生の性生活に関するアンケート実施に着手し、この計画は、ロックフェラー財団と全米研究評議会の資金援助を得て急速に拡大した。一〇年という年月をかけた調査で、キンゼイとその助手たちは五〇〇〇以上もの性的な話を収集した（クラフト＝エビングは嫉妬したことだろう。『変態性欲心理学』第一二版の事例研究は二三八件でしかない。その当時としては驚異的な数だと考えられるが）。『人間に於ける男性の性行為』〔永井潜・安藤画一訳、コスモポリタン社、一九五〇年〕出版のときだった。科学的専門用語が詰め込まれた八〇四ページの大作で、この計画に参加した大半の人々は、学者仲間や新奇なドアストッパーの収集家くらいにしか売れないと思っていた。しかしわたしが言ったように、人はセックスについて読むことが大好きなのだ。

この作品は、世間に衝撃を与え不安に陥らせることから『キンゼイ報告』とタイトルを変えるが、最初の三か月で二〇万部が売れた（同じような話を前にも聞いたと思うのでは？）。ジャーナリストのアルバート・ドイッチュは、この書の重要性をダーウィンやフロイト、コペルニクスの作品になぞらえている。これはベストセラーのリストに入り、この書がきっかけとなって、コール・ポーターの流行歌「トゥー・ダーン・ホット（Too Darn Hot）」や、ラジオで放送禁止となったマーサ・レイのセンセーショナルな歌「オー、キンゼイ博士！（Ooh, Dr. Kinsey!）」が誕生したほどだった。

キンゼイが男と会った
彼に快感を与える男
彼のママの帽子の尖ったピンを刺してくれる
素敵な、かわいい子ちゃんに

それからことが終わると
この男はニヤッと笑う
そして言う。「あんたにしてやったんだから、今度はあんたがやってくれる番だ！」と

キンゼイ報告はアメリカの大衆にありとあらゆるスキャンダラスな内容をあらわにした。ほとんどすべての人がマスターベーションをする。ほとんどすべての人が結婚前、あるいは婚姻関係にないときに軽薄な性行為をする。ほとんどすべての人が同性愛経験がある。ほとんとすべての人が痛みを楽しむ。調査によると、回答者の半分ほどが性行為中になぐられるのを楽しむという。リストはまだまだ続く。キンゼイのインタビューの質問事項は三〇〇を超えた。わたしが言ったように、彼は徹底した人物だった。一九四〇年代後半。冷戦が迫りつつあり、テレビではしきりに、アメリカ人のあるべき姿が流されるようになって大衆の反発を引き起こした時代だったが、そうした状況はキンゼイの報告にはまだおよんではいなかった。一九五二年には『精神疾患の診断・統計マニュアル（DSM）』の第一版がアメリカ精神医学会によって刊行された。それはクラフト＝エビングの『変態性欲心理学』の上位版のようなものだった。その権威ある書には多くの精神疾患について書かれており、それは、キンゼイとその仲間が、平均的アメリカ人の寝室でふつうに行われていると言ったものだった。その書は、そうした行為を好む人々に対する中傷であり怒りだった！　少なくともそれは、道徳的な保守層の人々による非難の書だった。それでもキンゼイの本の売り上げは落ちなかった。

キンゼイは性的偏向に関する私心のない観察者にすぎないわけではなかった。彼自身もその実践者であり、率直な代弁者だったのだ。一九三五年のインディアナ大学での講義で彼はその行為について明かして

おり、それは彼のライフワークとなる。「倒錯」についての議論で彼は言った。「とくにセックスに関しては、今日の性的慣行で認められてはいない行動に対してこの言葉は使われているが、科学的に検討する場合には、そうした見方は適用しない」。彼は研究者として生涯声高にそう主張した。この考えは、クラフト＝エビングの作品からすれば大きな飛躍だった。キンゼイの伝記作家であるジェームズ・H・ジョーンズが書いているように、「クラフト＝エビングの見解は当時においては人道的、啓発的なものではあったが、キンゼイにとっては心穏やかでいられるものではなかっただろう。クラフト＝エビングが求めたのは哀れみと共感だった。彼は寛容や承認については一切語っていないのだ」

ホモセクシュアルやマスターベーションは、キンゼイの時代の前後は、おもに精神医学のターゲットだった。地獄の業火の説教を行う父親の家で、キンゼイ自身は強烈な欲求の襲来に耐えた。思春期のキンゼイは病気がちでベッドに横になっていることが多く、ベッドにいるときの彼は、恥ずかしさと自然な感情とで混乱した。彼は喉から手が出るほど性的な救済を必要とし、しばしば他の少年たちのことを夢想した。理性とは相反する衝動に苦しみながら、キンゼイはマスターベーションをする際、最初はストローを、その後もっと大きなものを尿道に挿入するようになった。宗教的道徳家たちは、遅くとも一七世紀からマスターベーションに「自分を汚す行為」というレッテルを貼っていた。そして似非科学者が最悪の仕事をはじめたのが一九世紀のことだ。クラフト＝エビングが『変態性欲心理学』で書いたように、マスターベーションは「芳香をもつ美のつぼみが開きかけているというのにそれを台なしにし、あとに残るのは、性的満足に対する下等動物の欲求のみ」というのである。これは長年あたりまえに言われてきたことで、これによって、大臣から栄養士――グラハムクラッカーの開発者であるシルヴェスター・グラハムは大臣の栄養士を務めた――までさまざまな人たちによってNoFap（禁欲）運動が行われることになった。キンゼイは自身のマゾヒズムによって、自分の罪と性的欲求を浄化し解き放とうとした。彼が性に対する寛容性を求める改革運動をはじめたのは、ピューリタン的性質をもつ父親と社会によって、抱く必要のない苦悩を課されたことに発奮したからだった。彼の自身の生殖器に対する拷問はエスカレートしていき、バスタブで、麻酔もかけずにポケットナイフで自身を割礼することにまでおよんだ。

キンゼイの研究の後半部が出版される頃には、危険な社会情勢になっていた。アメリカはジェンダーに関して後ろ向きな考えだったため、キンゼイの『人間女性における性行動』〔朝山新一ほか訳、コスモポリタン社、一九五四年〕は厳しい環境で戦うことを強いられた。今度はこの変態的な学者は、国民の娘や姉妹、妻、それに母たちがマスターベーションをして、サド・マゾヒズムを楽しんでいると主張しているのだから！一方、ジョゼフ・マッカーシーとその他高名な保守主義者たちは、「逸脱した」性習慣を共産主義と関連付けて（みなさんならこんなことは考えないはず）、ホモフォビア（同性愛嫌悪）の炎を煽った。アイゼンハワー大統領が「大統領令一〇四五〇号」に署名すると、のちにラベンダー・スケアとして知られるようになるものが何千人ものクィアの政府職員からその職を奪った。その命令は政府のすべての省庁において、また政府が契約するすべての企業において同性愛者が働くことを禁じるものだった。一九五三年のことで、キンゼイの報告の第二部が発行されたのと同じ年だ。キンゼイ博士は科学者のコミュニティにおいても、彼の調査手法や個人的な主張に関して批判の嵐にさらされた。それは妥当なものもあればそうではないものもあった。第二部の売れ行きは下降しつつあり、彼の研究資金の支援者はまもなく手を引いた。

大きなストレスと生涯にわたる健康問題からくる苦しみが原因で、キンゼイは一九五六年に死去した。彼は、そのちょうど一〇年後に、多数のカウンターカルチャー（対抗文化）やサブカルチャー運動が起き、自身が民衆の英雄となるのを目にすることなく亡くなった。しかし、彼を貶める記事がどれほどあろうと、彼が遺したものを葬り去ることはできなかった。クラフト＝エビングやザッヘル＝マゾッホと同じく、キンゼイは人々の性生活の陰の部分にスポットライトを当て、人々はあらゆる種類のものによって性欲を感じるのだということを明らかにした。彼の書は、古代から全世界にあるのにキリスト教世界では容易に攻撃対象とされることが多かった行動を、ごくふつうのものだと認める一助となった。キンゼイはなんとも言い様のないものに名を与え、そうすることで、声なき人々が声を出せるようになり、しかしまた、そうするつもりはなかったのに、迫害者たちに攻撃材料を与えたのだった。

わたしが仕事でも私生活でもいつも気をつけているのは、注意を払うことがものの見方をいかに変えるかという点だ。あるものを見、それに名をつけ、それを表現し、それを分類するという行為は基本的に、それに関する経験の意味や印象を変えることが可能だ。これは、注意を払うことからくる変化が悪いとかよいとか、あるいは非常に重要な道徳的性質をもっているとか言っているわけでは全然ない。互いに働きかけ影響を与え合う社会的相互作用があれば、注意を払うことにもなる。注意を払うということは行動を起こすことであり、行動によって変化が生まれるということなのだ。

だが。

あるものに初めて注意が向けられるときのその当初の状況や背景は、現在および将来にそれを見聞きする場合に、それがどのように受け止められるかに影響する。「マゾヒスト」という言葉はそれができて以降、それぞれの社会でごく一般的に使う言葉として広まった。人々はその言葉を、ワーカホリックからバレリーナ、人体に針を刺す行為まで、あらゆるものを表現するのに使っている。しかしこの言葉が生まれた一八八六年には、「マゾヒスト」という言葉は特定の、性的に異常な病気を表していた。そしてそうしたことが起きたのはすべて、セックスと力についての議論がひどく込み入ってわかりづらい時代だった。その点は今もあまり変わってはいないが。そしてこの言葉の由来はいまだに、意図的な痛みとは妥当なものなのかという問いに対して現代の欧米の人々が抱く感情に、大きく影響しているとわたしは考える。「マゾヒスト」という言葉はさまざまな文化で使われ、痛みを伴う意図的行為すべてを表現するのに用いられてはいるものの、結局、今も、これは性的倒錯者というイメージを思い起こさせる言葉なのだ。

病状を表す言葉というそのはじまりから、後年の『精神疾患の診断・統計マニュアル（DSM）』における診断（つまり基本的には、それが問題ではないなら問題ないということなのだが、詳しくはあとで）にいたるまで、「マゾヒズム」は、それを生みそれを非難し、その周囲でおおいに困惑した文化の足跡を伴っている言葉だ。だがわたしたちが、状況や背景を問わず、意図的な痛みの追求を表現する言葉を必要とするのは事実だ――つまりはその由来となった、今は亡き、異常な性行為にふける輩を意味する言葉から、ごくふつうに痛みを求める人を表すものへと変えることだ。また、わたしたちがいまだにその言葉を性的な意味のみに使っていることで、混乱はいっそう増す。とはいえクラフト＝エビング、アルフレッド・キンゼイ、あるいはＥ Ｌ ジェイムズの本の売れ行きを見れば、読者がこの言葉の意味など少しも気にしていないことがわかるだろう。

快楽のために尻を叩かれること、辛い食べ物を食べること、冷たい湖に飛び込むこと、そしてマラソンを走ることには様々な共通点がある。この点を理解したうえでわたしは、セックスが恥ずかしいことだという時代遅れで近視眼的な考えのせいで、人生のあらゆる場面における意図的痛みの役割を考え、探究しようとする意志が妨げられることがあってはならないと考える。意図的な痛みによって一部の人々が性的な興奮を得られるからといって、意図的な痛みのすべてが、本来、あらゆる状況において性的なものだということではない。実際、わたしが合意の上で痛みを経験する場合、一部が性的なものであることは確かだが、大半はそうではないのだ。

「マゾヒズム」が文化用語の仲間入りをしてからほぼ一五〇年、アメリカにおける性に対する考え方にはいまだに、罪悪感や恥という負の感情が含まれている。筋肉が悲鳴をあげるまでトレーニングしている筋トレ愛好者に、乗馬ムチで自身を痛めつける人と共通するものがあるのかどうかと聞くと、たぶん彼らは不愉快そうに笑って話題を変えるだろう。

この質問が極端であることは事実だ。わたしたちの体とセックスに関するもつれた感情と、痛みの追求に関する感情をいっしょくたにしすぎると、自分の感情や目的を冷静に深く顧みることができなくなる可能性もある。意図的な痛みを追求する場合には、健康的な方法もあれば、不健康なやり方もある。恥に気を取られていると、自分を正確に評価することが難しくなる可能性がある。例えば、『フィフティ・シェイズ・オブ・グレイ』のクリスチャンとアナスタシアは作品中で、パートナーを痛めつけるようなあらゆるタイプの行為を行う。ザッヘル＝マゾッホ自身の倒錯的な行為の追求は間違いなく合意の上のものだ。信じるのがどの資料かにもよるが。わたし？　わたしは体を酷使する活動をとことんやり、体をあまりに制御しすぎ、そして死にかけた。それがわたしにある問いを抱かせることになる。どの時点で意図的な痛みは問題となるのか。安全とそうでない場合の明白な境界はどこにあるのか。どこかに、厳しい結果となりうる、どちらともつかないポイントがあるに違いない。官能的な痛みのプレイと危険な自傷行為とのあいだには大きな隔たりがある。後者について議論せずに前者について語ることは、意図的な痛みを理解することに対し大きなマイナスとなるだろう。次の章で見るように、良性のものと危険なものとを区別しようとするならば、わたしたちは、あいまいで不透明なものに心して目を向けなければならない。

第六章　灯りが消えるとき

この章をはじめる前に、本章でいくつか、答えづらく難しい問いかけをすることをお知らせしておきたい。意図的痛みはどういう場合に大丈夫で、有害なのはどのような場合か。それにどうすればふたつを区別して語ることができるのか。結局のところ良性な痛みに手を出すことと、意図的に有害なものを行うことには違いがある。それは間違いなく本当だ。それに、意図的な痛みの両極端にあるこのふたつに関しては、前記のような問いに対しては明瞭な答えがある。だがその中間では？　その場合には物事を分析するのがもっと難しくなる。それが、わたしがこの章で追求しようとしていることだ。

わたしは前に進み、先に立ってそれを述べたい。本章は書くのが難しい。正直なところ、読むのも難しくなるだろう。わたしはそれでいいと思う。人生を健全なものだと言うのは、批評的な目で、じっくりと取り組んでみてからでいいと思う。

それを念頭に、あなたに前もって知っておいてほしいことをここに挙げておく。

一．人が意図的に自身に与える痛みには良性のものがあるから、自傷行為は「それほど悪くはない」と論じようとする人はいない。それは、アルコール依存症があるのは、気軽にアルコールを飲む人がいるからというのが理由ではないと言っているようなものだろう。自傷行為は危険であり、本章では、痛みを求めることが問題となるのはどの時点か、その確認の仕方について述べる。

二．良性のマゾヒズムが自傷行為の治療法だと主張しようとする人はいない。これもまた、毎晩一杯のナイトキャップを強迫的なアルコール依存症だと言うようなものだろう。なかには、わたしも含め、破滅的なほどの自傷体験がある人もいる。それを念頭に、非常に有害なやり方で自分に痛みを与えていたことを考えると、わたしは自分の現在の、マゾヒズムとの趣味レベルの関係に深い関心をもっている。本章はわたし自身の、痛みとの込み入った気まぐれな関係を問いただそうと試みるものであり、あらゆる人にとって、自傷行為と良性のマゾヒズムのあいだにはつながりがあるのだと示そうとするものではない。マゾヒズムの世界へと入ってくる人の多くはとくに病をもっているわけではない！　しかしなかには病的なものをもっている人もいる。わたしはその特殊な、歯止めの利かない行為について興味があるのだ。

三．わたしは過去に、本当にひどく病んでいて、今現在は健康だ。本章では摂食障害と自傷行為について率直に議論し、わたしが困難にめげず、病んだ状態から無事に脱出できたことを知ってほしい。わたしは、率直に言って、ラッキーな人間のひとりだ。

では、はじめよう。

二〇〇七年初頭のいつか、冬の半ばの頃のシカゴだ。二一歳のわたしはバックタウンのアパートの三階に住んでいる。床板が美しい、補修の必要がある古い建物で、ルームメイトがふたりいる。どちらもクラシファイド・コミュニティサイト［目的、地域によって分類された広告や情報を掲載する］のクレイグリストを介してここにきた男性で、わたしはよく知らないままだ。わたしはここ一年ほど、アメリカの放送局ニコロデオンで放映された子ども向け番組「ブルーズ・クルーズ・ライブ！（Blue's Clues Live!）」の舞台版の全国ツアーで、「ブルー・ザ・ドッグ」を演じていた。わたしがこのショーのダンサーのオーディションに行って、たまたま獲得した役だ。最近は、わたしは物価が高い都市でほぼ足踏み状態の生活を送り、死へ向かおうとする欲動とチキンレースをしている。

当時のことは記憶のなかでごちゃごちゃになっているが、だいたいはこんな感じだ。わたしはまだ暗いうちに起床する。顔はむくんでふくれ、唾液腺があごのラインの下から突き出ていて、耳たぶの下にちいさなクルミを押し込んでいるみたいに見える。みじめな気分だ。胸のなかでブツブツ言っている心臓は、捕まってパタパタしているツバメみたいだ。あまり急に立ち上がって息がつまり、マットレスに尻もちをつく。けれど、わたしはそれでも仕事に行かなくてはならない。もう一度起き上がり、小さな共用のバスルームへと這っていく。わたしは顔にバシャバシャと水をかけ、白目に出ている小さな赤い斑点と、指関節の内側にあるかさぶたを調べる。思いどおりにならない前髪にコテをあてるが、腕を上げるのもだるい。だから、わたしの生気のない見た目を気にするのはあきらめる。それに、ダンスの現場にはいつもスタイリストがいる。そしてボスがセキュリティカメラのシステムにログインして、彼女の審美基準をもとにわたしたちに呼び出しをかける前に、わたしにあわれみをかけ、髪を直してくれる。本当にありがたい。

わたしは服を何枚も何枚も重ね着するが、それでも十分ではないだろう。わたしは栄養失調で血色がよくない。わたしは今のところバレエをやめている。体の調子が悪すぎる。もう少し体重を落としてしっかりやれるようになったらバレエに戻ろうと思っているけれど、現実に戻ることはないということをわたしはまだ知らない。わたしはあちこちでいくつかショーに出て、モダンダンスの舞踊団に短期で参加することはあるだろうが、日々耐えているダメージはわたしの体にとってあまりに大きすぎる。わたしの命を奪いそうだ。もうすぐ、わたしは踊ることを完全にやめるだろう。

わたしは水も飲みたいとは思わない。脱水によるふらふらした症状を味わっていて、乾いた体は崩れ落ちそうで、胃はしぼんでいる。わたしは、あらゆることをやってこの感情を消そうとし、そのために自分自身からできるだけ離れていようとしていて、けれど内心は煮えくりかえっている。わたしはしじゅう怒っていて、体の奥底にある、自分をむしばむような怒りで満ちている。わたしは怒りを何層もの不透明なガラスで隠そうとしている。わたしが、自分は虐待に苦しんでいたと理解するのはもっとあとになってからだ。わたしが今のところわかっているのは、体につなぎとめられた脳が必死にそこから逃げようとしているおかげで、わたしは生きているということだ。わたしは外に出ること、慰め、心地よさ、沈黙を必要としている。わたしは悲しい。ひどく孤独で、憎しみに満ち、それまで築いてきた人生からすっかり離れて漂っている。バレエのスタジオで日に八時間過ごすことがなくなったわたしは、いったいだれなのだろう。踊っていないわたしにとっての歓びとはなんなのだろう。わたしにはなにが残っているのだろう。わたしにはぽっかり穴があき、わたしはそれを埋める。わたしはそれを繰り返し、繰り返し、何度も何度も埋め、そのたびにまた執念深い絶望感でそれを掻きだし空にする。

わたしは凍るような寒さのなかを歩いて、高級サロンとスパの受付の仕事に出かける。時刻は午前六時四五分くらい。わたしは一マイル［約一・六キロ］ほど歩く。寒くて脳が働かず、憎しみと悲しみ以外はなにもない。わたしは泣く。そして涙がまつ毛に凍っている。わたしはこの場を去ることを決意する。シフトの前半で、わたしは生のアーモンドとドライ・クランベリーを食べる。それは、このサロンにやってきて、ご機嫌とりのおべんちゃらを聞きながら髪にホイルワーク［アルミホイルを使ったヘアカラーの手法］で高額なハイライトを入れる、裕福な白人女性のためにボウルに用意されたものだ。わたしは、カラリストが注文したランチをわたしが取りに行くわと言う。そのサンドイッチ・ショップには個室のトイレがあって、外で嘔吐するにはうってつけなのだ。わたしはスパに用意されているキュウリ水をいくらか飲み込んで、ぶかぶかのスモックを脱ぎ、それから通りを駆けていく。もうすぐ解放されると思うとハッピーだ。わたしは店に立ち寄る。そこは「ファット・タミー」や「シック・ベリー」といった名で、トイレに滑り込むわたしからすれば皮肉なネーミングだ［ファット（fat）やシック（thick）は「太った」や「ずんぐりした」といった意味］。わたしはごく静かに、たいていは手を使わずに嘔吐することができるが、胃のなかにはたいして入っていないので、吐き出すのには少々骨が折れる。夜の暴食のときはこれとはまた事情が違う。わたしは筋肉の記憶だけで、その重いものを胃から引っ張り上げることができる。夜になったらそれをやることにわくわくしているが、今のところ、こんなたいしたことない、並の量の未調理のトレイル・ミックス［本来は登山やトレッキング用の、ナッツやドライフルーツを混ぜた携帯食品］をなかなか吐き出せなくていらだっている（いくらなんでも、自分がひどい精神の病にかかっていることは明白なのに、わたしはそれをはっきりさせようとしない）。

浄化行動［体重が増加しないよう、自分で嘔吐したり、下剤を服用したりする行動］は痛む。そしてわたしは自分――公共トイレに座っている、痛ましい女性――への嫌悪に覆いつくされるのを感じる。わたしは、胃酸の苦い味がし、ひざががくがくするまで吐いて、吐こうとする。そして気づくと、床がわたしのほうに近づいてきている。寒い、それに耳鳴りがはじまっている。ため息が出て、空っぽなのに耳鳴りはする。耳鳴り、耳鳴り。その耳鳴りがとてもいい気分のような感じがして、それはわたしが知る唯一の平穏だ。この頃、わたしはその平穏を追うことに全力をかけていて、それはわたしの命を奪いかけている。

わたしにとってとても大事な、マゾヒズムとの人生をかけた恋愛——バレエに没頭した年月にわたしにすり込まれ、バレリーナとしての経歴のなかで折々にわたしのなかで生まれ、わたしなりのパターンができ、それを教え込まれ、わたしが抱擁し、わたしが愛し、必死になってわたしが磨き、求めたもの——において、この当時は、本当に事態が悪化している時期だ。

わたしは床から立ち上がる。指の関節から血が流れているのがはっきりわかる。顔を洗って口をゆすぎ、震える手で口紅を塗りなおす。わたしは同僚のテイクアウト用ランチを取り上げ、持ち帰り自由のトレイからペパーミントを取り、退屈しているレジ担当とじゃれあう。わたしはふらふらと通りを歩いて職場へと戻り、一、二回、立ち止まり心を落ち着かせる。けれどたいていは、激しい嘔吐のせいで体がブンブンと言っているのを感じる。だれかがとうとうわたしを打ちのめして、餓死しそうな脳のじくじくとした汁がわたしの耳から漏れ出している。そんな感じだ。わたしは残りの勤務時間を空腹のまま働く。空腹は痛むが、自分はその痛みを受けるにふさわしいような気がしている。またそれは、なにか正しいことをしているんだというような、なにかを成し遂げたんだといった気にさせる。

五時半頃わたしはシフトを終えて、厚着して、ふたつ目の仕事に歩いてでかける。アイスクリーム・パーラーでの仕事だ。時々わたしはサンドイッチを食べて、「二番目の仕事」に向かう前にそれを嘔吐するが、この日はとても寒くて、わたしはなにを食べるか詳細な計画を立ててそれをそそくさと食べ、そしてディナーの混雑時のまっただなかにあるバックタウンで、嘔吐するのによい場所を見つける気にはなれない。わたしは六時までに出勤し、冬用のコートを着たまま、冬用のスカーフや帽子を身に着けて商品をのぞき込む客のために震えながらアイスクリームをすくう。時はあいかわらずゆっくりと進み、わたしは飢えていらいらとし、客に控えめな態度で微笑み、客がわたしにチップをくれるたびにバカげたアイスクリームのＣＭソングを歌う。警官が店にやってくる。店のオーナーが、警官からは料金をとらないと言っているからだ。彼らは複雑な組み合わせのアイスクリームの注文をし、わたしをからかい、五ドル出して「アイスクリームが出てくるビヨンセの歌」を歌わせようとする。彼らはわたしに好きなフレーバーはなにかとか、アイスクリーム・ショップで働いていてどうしてそんなにガリガリなんだとか、いくつだとか聞く。

彼らが去ると、わたしは閉店時間まで待ち、そしてドアにカギをかける。わたしが食べはじめるのはようやくそれからで、大儀そうに一日の最後の仕事をこなしながら、食べ物を口に入れては飲み下す。深夜に床を磨きながら、バイト用のアイスクリームを手に入れ、オレオとローストしたナッツ、冷蔵していたクッキー生地をかむ。わたしは、自分が嘔吐することになるトイレを漂白剤を使って掃除し、それからまた漂白する。この店では冬にはひとり体制で働くので、自分が安心して食べ、だれにも見とがめられずに従業員用トイレで嘔吐することができるのをわかっている。それに、ひとりのシフトは、つまり、わたしがだれにも知られずに一パイント〔約四七三ミリリットル〕のアイスクリームを食べられるということだともわかっている（かなり人目をしのんだやり方をしてはいたが、これで、自分のメンタルヘルスの状態と大量に食べていることを、周囲に隠し通せていると本当に信じていたわけではなかったと思う。それは、少なくとも自分の摂食障害を隠そうと努力することで、だれかがわたしの摂食障害の現場を取り押さえ、それを止めさせようとするチャンスが減ると思っていた、というようなものだった。今となっては、周囲の人々はわたしが病んでいるとわかっていたと確信しているが、具体的な証拠がなければ干渉するのはとても難しい。だれであれ、どんな場合であっても）。

わたしはアイスクリームをいくらか自分の袋につめこんで、朝アパートメントを出てから約一八時間後、店の警報機をセットし、ドアにカギをかけ、家へと向かう。帰り道はとても寒いので、わたしはまた泣きはじめ、それでもっと冷たさがしみる。わたしはコンビニエンス・ストアに立ち寄り、パンとキャンディ、ダイエットソーダを買う。賞味期限が近いサンドイッチを万引きする。つねに暴飲暴食と浄化行動を繰り返す生活は金がかかり、無駄が多く、わたしは自分の摂食障害に燃料を投入するために、仕事以外にちょっとした盗みという趣味に打ち込んでいる。そんなことをする自分が嫌いで、恥ずかしさでいっぱになる。けれど、それで思いとどまるわけではない。

家に着くとわたしは熱心に準備に取り掛かる。室温に戻したマーガリンを塗った食パン——いつもわたしの食器棚に袋が開いたままおいてある——職場からくすねてきたアイスクリーム、七面鳥とチーズ入りの腐りかけたサンドイッチ（これも盗ってきたもの）、手に何杯分かのチョコ。ベビーキャロットとマスタード、瓶から指ですくったケソ［溶けたチーズとトウガラシからなるディップ］、ケーキ用のアイシング、缶から出しただけのツナ、ダイエット・ホットチョコレート・ミックス（甘くない）、ハニーウィートプレッツェルの袋、ポップタルト［ケロッグの製品］、コンボ［スナック菓子］、クラッカー、ベーグル、ピーナツバターを塗ったバナナ、調理済みでない、風味付けしたオートミールのパケット、確実に賞味期限切れのエッグサラダ。わたしはがつがつと食べる。ひと言もしゃべらずに口いっぱいのものをがつがつと食べては、何度も何度も途中でやめてゴミ袋に嘔吐し、ソーダを一気飲みしてはまた嘔吐する。わたしはできるだけ早く食べて吐き続け、なにも消化されないように、なにも胃にとどまらないようにする。膝の上、開いたビニール袋の上に顔を向ける。簡単に吐しゃ物が出てくることもあれば、手を喉の奥に、軟骨に触れるまでつっこんで、ようやく嘔吐することもある。目から流れる涙が、口から流れ出る吐しゃ物の海に芝居がかってポトポトと落ちる。プレーンのベーグルがうまく咀嚼されず、ぱさぱさした炭水化物の塊がグルテン状になって喉につかえる。わたしはそれを押し出し、吐こうと努力し続け、ベーグルの背後にあるわたしの体によじれた消火ホースのような圧迫感が生じているのを感じる。それは変なところに詰まっていて、呼吸するのが難しい。だからわたしはあえぎ、顔が紫色になるほど必死になり、この障害物を胸から引っ張り出そうとする。それが膨れ上がり、食道に上がってくる感覚は、ヘビのなかを通る玉石のようだ。喉が裂けるような気がして、涙が顔を流れ落ち、危ういところでそれから解放されることで平穏な気持ちがもたらされる。わたしはこの自分の体に対する暴力にとてもハイな気分になり、だから、床の上でさえも体をゆすっている。わたしは乾燥したベーグルをまた袋から引っ張り出し、同じことを続ける。

嘔吐するときには食べ物がどんな味がするか、わたしはすべて把握している。わたしの自発的な摂食障害は五年生の頃にはじまり、シカゴにいたこの時点で一〇年も続いていた。けれど、それに似たようなことは、もっと記憶をさかのぼれる。浄化行動中のわたしは、口にしたすべての食べ物がふたたび口から確実に出てくるように、刑事にでもなったかのように、嘔吐物のなかのいくつものにおいに細かな注意を払う。わたしは一度に一万や一万五〇〇〇、二万キロカロリーも摂取し、噛み、飲み込んで、嘔吐し、食べ物を口にしてから嘔吐するまでの流れができるだけ早く、連続して起こるようにした。早食い競争に出たら、優秀な成績を収める見込みがあっただろう。わたしは噛み、どこにも繋がれていない自由な牝牛のような至福を感じる。わたしは嘔吐するとき泣く。わたしは笑う。わたしはよろめき、現実から出たり入ったりし、電解質はみな台なしになり、膵臓は炎症を起こし、鼻腔には胆汁が満ちる。食べ物が尽き、最後の嘔吐をして、水を一気に流し込むとその水を吐き、さらに水を飲んでは吐いてを繰り返し、這ってベッドに入り、目覚まし時計はセットされているよねと思いながら、シーツから転がり出て、また同じことを続けるために起きて、水を飲んで、それを盛大に吐き出して、嘔吐物をはね散らし、これを気を失うまでやる。

それはわたしが知っている唯一の平穏だ。

こんなふうに水を吐くのはとても危険だ。それは人体に流れる電気を混乱させ、心停止して死にいたる危険がある。あとで医者から、こんなことをやったせいでわたしは心臓にダメージを与えていると言われた。

暴飲暴食と浄化行動によって、罰と報酬のサイクルが続く。暴飲暴食をすることでわたしは嫌悪感でいっぱいになり、そしてもちろん、快感を得る。わたしの体は長く、ゆっくりと、餓死に向かって降下している。わたしはあまりにも痩せすぎで、身体機能の維持に必要な体重よりもかなり軽く、そのせいでわたしは食べ物に関するあらゆることにパニック状態になり、取りつかれてもいる。食べることは気分がいい。噛むこと、飲み込むこと、糖分と満足感。それに栄養とともにやってくる体の平和。軽食を食べ、ごちそうを食べ、ちびちび食べ、がつがつ食べ、指をなめ、それを流し込む。けれどこれは、食べているのではない。暴飲暴食だ。少なくとも、自分で自分にそう言っている。自己嫌悪がわたしの頭のなかを渦巻く。「ほんとに嫌なブタみたいなお前は太ったバカ娘で、人が飢えているときに命を無駄にしている。お前は食いしん坊の怪物で落伍者だ」。わたしは嫌悪感と恥と恐怖でいっぱいになっている。わたしは身体的に痛みを伴うまで食べ、胃は膨張して呼吸するのも苦しい。かつて見た写真が頭に浮かぶ。トイレに崩れ落ちて死んだ少女の体。痩せていて、けれど胴体のなかほどが膨れ、すでに死斑が出ている。彼女は浄化行動をしていて、そのときに彼女の胃は裂け、命を落とした。わたしは彼女のことを思い、泣いて泣きじゃくり、わたしもこのせいで命を落とすとしたら、嘔吐したあとに死ぬことを切に望む。わたしはいつも彼女のことを考え、この知らない少女に対する悲しみにうちひしがれる。わたしはその悲しみを押しやり、わたしの浄化行動がその明らかな結果に行き着くときに、わたしの遺体はどんなふうに見えるのだろうと冷静に考える。まるでそのときの姿が、本当の自分の姿であるかのように（実際にはそうではない）。わたしはいつもこの少女のことを考えている。彼女はわたしのようだ。彼女のことを考えるとわたしの胸は痛む。わたしは絶対に死にたくはない。けれどそれでも、無茶苦茶なやり方で死を招いている。わたしは体の内から腐っているような気がする。

わたしは同じことをすべて、また明日もやるだろう。その次の日も、さらにその次の日も。仕事が休みの日には、わたしがやるのは自傷行為だけ。食べ物を食べて、それを吐き、失神して、この恐ろしい安堵感で体には偽物の多幸感が満ちる。それをやるたびに何度も。わたしは長い、あてどもない散歩をし、食べ物を盗んだり買ったりして、それをいろいろな場所のトイレで吐く。近所のトイレの位置は、わたしが暴飲暴食できる場、浄化行動ができる場に応じてすべて頭のなかに入っている。それ――自分の体の限界を超えて、食べたものを胃から押し上げること――は痛い。そしてわたしはそれでハイな気分になる。わたしは何時間もそれをやることができる。わたしの生活はそれを中心に、そのほかのすべてがまわっている。これまでに数回、わたしはそれで命を落としかけている。そしてこの行動だけで足りなければ、そうではなかったことは確かなので、わたしはたいてい、自分の体を勢いよく切りつけた。何年ものちも、わたしの体には白い跡が残り続けている。銀色の傷跡、わたしが爪切りを自分の体に突き立てていたところだ。

なぜ？　なぜわたしはこんなことをするのか。そう、怒りだ。そう、憎しみと自分を傷つけたいという欲求だ。けれどわたしは、これがまた、必死になって自分に薬を与えようとする行為だったのだとも思っている。自分で自分に苦痛をもたらすという深刻な行為。その傷が見えなくなるように、わたしは今日までメンタルヘルスの専門家と一緒に、心静かに、細心の注意を払って乗り越えつつある。わたしは心から、なにか「ほかの」ことを感じたかった。辛い気分になるのは気持ちよさを感じるため。なにも感じなくなるように、なにかほかのことを感じるためだった。

それは二〇〇五年のことだったと思う。わたしは「ブルーズ・クルーズ」と一緒にツアーに出ていて、一日中腹を空かせ、そしてホテルのドアの外に置かれた、ルームサービスのサービス用トレイにのった汚れた皿の食べ物をむりやり口に押し込んで、半ば食べては嘔吐し、夜遅い時間に、見通しのきかない廊下をよろよろと歩く。それは二〇〇一年のことだと思う。わたしは全寮制のバレエスクールに在籍していて、夕食をリハーサルの前に吐き、朝食を授業に出る前に吐き、昼食を吐き、真夜中に吐き、シャワー中に吐き、ガソリンスタンドで吐き、ボーイフレンドの家で吐き、クリスマスに自宅で吐き、クローゼットで吐き、自分の両手に吐き、吐いて、吐いて吐きまくった。たぶん一九九六年のこと。わたしは一〇歳で、なにも食べないと胃がナイフみたいな感じがすることに気づき、だけどそれはわたしにとって価値あることだと気づく。突然、それで強くなったような気もするからだ。そう、それは悪いことでもあった。けれどそれは、二〇〇七年の、シカゴのアパートメントのわたしとは違っている。その時点で、わたしはそれまでの人生のほとんどと言っていいほど長い期間、深刻な摂食障害を抱えていたが、バレエがつねに、かろうじて、本当の闇を食い止めていた。自分の存在意義や、バレエのばかげていると言えるほどの練習、あるいはバレエがわたしにもたらしていた目的がなくなり、わたしは突然、それまでの人生のどの時点よりももっと空虚でもっと腹を立てた状態になっていた。内なるわたしは、長く、ずっと続く金切り声ですっかり困惑してしまい、そして痛みはそれからの一時的な逃避となった。わたしは自分の体の痛みを苦しみの消音器として使った。わたしは自分自身に謀反を起こしたのだ。

けれどそれはもうわたしの人生には存在しない。セラピー、コミュニティ、それからわたしをこの世につなぎとめ、毎日わたしに現実の歩き方を教えてくれる、熱烈な、わたしを包み込むような大きな大きな愛。わたしはもうすべてを忘れたいという気持ちに身を焼かれることはなく、もう、苦しみたいという衝動を中心に生活のすべてを組み立てることもない。しかし！

それにもかかわらずだ！

わたしはいまだに痛みを求めている。わたしは生活のちょっとしたことを、痛みを中心に組み立てている。わたしはそれに夢中になって、それで遊び、それをコンクリートの基礎のようにして、その上にたいしたものではないがキャリアを築いた。辛い気分を味わいそれからいい気分になることは、いまだにわたしがやっているゲームでわたしの支えであり、自分を楽しませるものだ。そうだとしたら、なにがわたしの人生についてそれほど違うのか。「その頃」と今のわたしの日々は。

自身を害するというわたしの経験は特別なものではない。「わたしもあなたみたいに感じるし、自傷行為に関してはとても似た経験があるわ」。こうeメールで伝えてきたのは、わたしの大学の実験室仲間であるアンナ・ジオセッフィだ[1]。これは大事なことだが、アンナは楽しくて、すばらしい能力がある人だ。とても多くのことに優れている類の人物で、彼女が不遜な態度をとるようなことがあればなんて嫌なやつと思うかもしれないが、彼女はそんな人ではないので、あなたも彼女のことを素敵な人だと思い、その気持ちは変わることはないはずだ。一緒に実験していた当時、わたしたちはたくさんのミバエの性別鑑定をし、スプレー缶の笑気ガスを吸引してハイになった。それに、ペットのネズミに外の世界が見えるように、透

1　アンナはshe/her（彼女）とthey/themの両方を使っているが、わかりやすくするために、このインタビュー部分では「彼女」のみを使っている。

明なのぞき窓のあるウエストポーチを作っている彼女を、わたしはわたしの大切な人たちの一員に格上げした。彼女は風変わりだ。わたしと同じく彼女の痛みとの関係は複雑で、破壊的なものからお遊びのものまで幅広い。彼女は「わたしは有害なマゾヒズムと良性のマゾヒズムの境界はとても曖昧だと思うの！」と言う。それをセラピストに説明するのはとても難しい。「彼らのアドバイスはいつも、『それに気を付けて、そうしないように努力して』だわ。そんなもの助けにもならない」。確かにそれよりももっと具体的なアドバイスがあるはずだ。

アンナは二一歳の夏に自傷行為をはじめた。精神の病を患って薬剤による治療に失敗した経験があり、彼女はアルバカーキで夏のインターンシップに参加した。「友人や家族と離れて、アパートメントでひとり暮らしをしたの」。そこから、彼女が言うには、物事が危険な状態になった。「わたしは前腕のカットをはじめた。わたしは習慣と決まった行動パターンでできた人間だから、なにをするにもそのための儀式みたいなものがあったの」。彼女にとって、それは感情の解放を容易にする類のものだった。彼女は、たくさん泣いて、自傷行為という美学にずいぶんと時間を費やしたと言った。それは深い抑鬱と絶望を抱いた時期だった。彼女の前腕のカットという自傷行為はどんどん悪化し、止められないものとなった。

フロリダに戻っても彼女はその新しい習慣を続けたが、ルームメートの手前、慎重にならなければならなかった。その学期のもっとあとになって、彼女は学校を中退して両親の家に引っ越した。両親はあまりうるさく言わずにアンナの自傷行為をコントロールしようとはしたが、監視や口出しは増えた。それはうまくいかなかったものの、まもなく新しい関係が生まれたことで、アンナには感情や責任を処理するはけ口ができ、それが最終的に前腕のカットを止めるのに役立った。「それは、わたしがその習慣をやめるのに必要な圧力といったところだったわ。いろんな点で、確かに依存症みたいな感じだった。自分が暗闇にいる時にその自傷行為をやれば、なにもかもが止まるといった感じね」

友情はさておいて、アンナの話がわたしにとってとても興味深い理由のひとつは、過去におけるわたし自身の痛みにふける病と、今現在の遊びとしての痛みと、多くの点で似ているところだ。自傷という経験に苦しんだのち、アンナはまた異なるタイプの意図的痛みに手を出すようになった。「いまだに痛みとは密な関係にあるけれど、その関係の性質は変わっているわ」。アンナ、いや観客に知られている名ではアンナ・フィラクシスは、サイドショーでのパフォーマンスを愛するドラァグ・クィーンだ。「わたしは暮らしのなかでいつも自傷行為を使ってるわ。ステージ上でも私生活でもね」

彼女は、私生活での最近の痛みとの戯れはとてもおとなしいものだと言う。「わたしは何年もかけて何か所か身体改造して、タトゥーとピアスを入れたわ。ＢＤＳＭも大好きよ」と彼女は言い添える。彼女は打擲やロープバーン〔ロープがこすれてできる火傷〕といった、跡が残る行為が好きだという。「全体としては、『実生活』でやってるこうしたプレイはとても良性だと思う。実際に危険があるわけでは（危険を望む気持ちも）ないし、ずっとあとまで害がおよぶ危険もない。なんにしても、本当に快感だけが欲しくてやってることよ」

でも、パフォーマンスとなると、それはまた別の話だ。「ステージ上では少々危険なことをやるけれど、実際に自分に害があることをやろうと思ってやってるわけじゃなくて、なにをやるにしろ、身の安全のことは考えてる」。彼女のステージの出し物には、ピアシングで血を滴らせることや医療用ステープラーやホットメルトガンを使うものがあり、それに最近になってはじめたのがブロックヘッドだ。「最近は釘を打ち込むことだってできるのよ！」（「ブロックヘッド」は以前からあるサイドショーで、パフォーマーが釘などを自分の鼻に打ち込むプレイだ）

アンナにとって、パフォーマンスでやるマゾヒズムと私生活でのマゾヒズムは、ふたつの大きく異なる必要性を満たしている。「私生活でのマゾヒズムは、すべてわたし自身のためのもの。快楽のために痛みを求めるわたしの気持ちを満たすことで、自分の体とつながっていると感じられて、それって、わたしがこれまでずっとうまくいかなかったことなのよ。ステージは、それは感情の解放にほかならないわ。わたしが以前はまっていた自傷行為のパターンや感情とごく近いという感じかな。でも、わたしの実際の目的は以前と全然違うのよ」。ドラァグはアンナにとって解放の手段で、彼女はそれを自分にとって怒りやフラストレーションを発散させる機会だというふうに言っている。「自傷行為の要素をくわえるのは解放感を高めることよ。わたしのパフォーマンスに対する観客の反応は、感情の解放にとって重要な部分。客のエネルギーやショックがなければ、わたしにとっては大きな解放感とはならないと思う!」

だから、なにが違うのだろう。前腕のカットと自傷行為にふけることと、今の生活における痛みとでは、なにが変わったのだろうか。

「わたしは多くの人(たぶん大半の人)が、生活のなかで、なんらかの意図的な痛みにかかわっていると思う。それがカッティングの場合もあればBDSMの場合もあるし、飲酒やドラッグを過度に摂取することも、たいていは自傷行為よ。痛みには、それをもたらす行為はタブーだという喜びがあるように思えるの。その喜びがあって、わたしたちは生きることにもろくもあり、強くもあることを思い出す。わたしは自傷行為のプロセスが不健康か無害かを本当に決めるのは、その目的と、わたしたちがその行為をどれくらいコントロールできるかだと思うの」

とはいえ、それを決めるラインはどこにあるのか。それを見つけるためにわたしは、医学哲学者であり元精神科医のヘイン・マウン博士と、不健康であるか無害であるかの区別について話す。確かに、一定の自傷行為については、その行為が不健康なものか無害なものかが非常に明白だ。辛いホットソース？　これは大丈夫。ひどい神経性過食症は？　よくない。けれどその中間にあるあいまいなものについての定義の基準は？　時には、不健康なものも無害なものも同じように感じることもあって、とても危険だ。わたしたちはどうすれば、これなら大丈夫だとわかるのだろうか。

「特にメンタルや精神医学において問題をきたすのはどのようなものなのでしょう。生活するうえで生じる精神面以外の問題や、まったく問題ないもの、それに、多様な人間がごくふつうに抱えるものとは違うタイプのものという意味ですが……」。マウン博士は考え込み、わたしの質問を最初から最後まで繰り返す。博士は、これまでの歴史において従来の理論家たちは、なにかが障害（あるいは問題）であるかどうかは、正確に、科学的に答えることが可能だという考えだったと言う。越えてはいけない一線があるといった考えだ。しかし、博士は言う。近年の哲学者たちはこの考えに反する議論を行っている。「そうではなく、わたしたちは、なにかが障害であるかどうかを決めるのは価値判断ではないかと議論しています――その状況が、自分が求めてはいない苦悶をもたらすものであるかどうか、それが個人の目標や欲求の障害になるものかどうか、といった点で判断するのです」。それに、こうした問題にどう取り組むのが一番よいか、といったことだ。要するにこういうことだ。それは苦しみを生むものなのか？　それはあなたを害するものなのか？　あなたの人生でその行動はどんな役割をし、あなたはそれについてどう感じるのか？

アンナと同じくダン・ブロックは、わかりやすく言えばサイドショーのパフォーマーで、こう言う。「俺は金のために楽しく自分を傷つけているんだ」。彼はほかではあまり見ないブロックヘッドで、この界隈では有名だ。彼は自分の顔に釘を打ち込み、それからスタンガンでそれに通電する。ダンは、わたしが流血シーンが好きな人間とわかっていて、すべての質問に答えてくれる。彼がどうやって顔に内視カメラを押し込むか（答え：使う釘をだんだんと太くして鼻腔を押し広げる）、舌をネズミ捕りではさむときのコツは（答え：とくにないが、一時間に三回以上はやってはいけない。でないと舌がグロテスクになる）、それに舌でブタントーチを消すのはどうやって（答え：安全に対する責任という観点から、どうやるか教えるつもりはないよ）、といった具合だ。

アンナ同様、ダンの痛みとの関係は破壊的で危険なものから、もっと良性のものへと変化してきた。以前は、サイドショーの派手な出し物であることを利用して、自傷行為を正当化しその性質をあいまいなものにして、「仕事」という名目で自分の体に無謀なことをしていたが、最近では、以前のように破壊的ではないようだ。以前のように、感覚を麻痺させようとして自分を傷つけているわけではない。だったら、なにが変わったのか。

セラピーのおかげだ、と彼は言った。それと、犬を飼っていること。

今、ダンが痛みから得ているものはなんなのか。「エンドルフィンの分泌だよ！」と彼は笑う。「まあ、［観客の］喜びと驚きに比べたら、たいていは痛みは影が薄いよね」

ダンとアンナはわたしに疑問をもたらしてくれる。ふたりが痛みにふける方法が変わったとしても、彼らはまだそれにかかわっているからだ。以前には、自傷行為は、それが人前のものであれ私生活のものであれ、危険なほどの負担や強迫観念、緊急性を伴っていたとしても、今では、彼らが行っている痛みのパフォーマンスには、以前の痛みを伴う行為にあった絶望や自暴自棄は明らかにない。わたしにとってこの問題は、滑り落ちやすい、危険な坂道のように思える。

しかし、正直に言って、それは足を滑らせやすい坂道のようなものではないのか？　なかにはマゾヒズムの行為を非常に有害なところまでやりはするが、引き返し、痛みとの御しやすく、楽しい関係を作ることのできる人がいる。しかしそれは、だれもがそのスイッチを使えるという証拠とはならない。多くの人にとって、わたしは、行き過ぎた行為は安全な結果をもたらしはしないだろうと思う。わたしには本当に不思議でしかない。わたし自身も含め、本書を書くにあたってわたしが話し合ったどれだけ多くの人が、まさにそのこと――滑りやすい坂道のように、人目につかない、自分だけのちょっとした行為にどんどんはまってしまう――をやったか。わたしには、意図的に痛みを課すことだけがその問題の根源にあるのではなく、その行為の背景とそれがもたらす情緒反応が、意図的な痛みの特定の例それぞれの、相対的な健全性や容認性を決めているかのように思える。有害なものを求めることと痛みを求めることに、なんらかの違いがあるのだ。

「自分の自傷行為に邪魔されたり困惑したりしたことはない」と、ダリエン・クロスリーは書いている。ヴィジュアル・アーティストでありわたしの親しい友人だ。ダリエンは見た目がよくてさっそうとしていて、まじめで無邪気な魅力ある人物だ。「それが社会的に認められないものだとわかっていた。できるかぎりそれをほかの人に悟られないようにしていて、それは恥じていたからではなく、それが自分の一部だったから」。のちに摂食障害の入院治療が認められるようになると、カウンセラーたちは、結果論とも言えるが、摂食障害という自傷行為を問題行動だと認めた。

ダリエンの自傷行為との関係は一三歳のときにはじまり、大人になる頃まで続いた。「不安な子どもだった。本当に心配性で、とても感じやすく、完璧主義者で呪術思考に陥る傾向が強かった。考えたくもないことを考えることは自分を苦しめたけれど、若い頃は、支援が欲しくてもそれを求める言葉を知らなかった。それに、彼らに語る言葉を知っていたとしても、自分の人生にかかわる大人が自分を支えることができるなんて、思いもしなかった」。大人たちは内なるやっかいなカオスを障害と表現する。「頭のなかにはいつもいろんな動きやエネルギーがあって、一生懸命努力して、みんなにとってものごとがスムーズに進むようにしていた」

ダリエンのカッティングは同様に内なる狂乱から生まれた。「暗かった！　家庭生活はカオス状態だったし、ほんとにひどい思春期を過ごした。それに初めてカッティングに手を出したときは、ほんとにできるかどうか好奇心があっただけだった。自分をカットすることは、自分たちがもつ自衛本能にあらゆる点で反するもので、それは自分に向けた根深い暴力行為だと思う。それに自傷行為は二〇〇〇年代半ばの文化意識ではまだ漠然とした概念で、その当時はあまり情報がなかった。だから一三歳の頃は、自制力をもって自分の体で実験をしていて、それに率直に言うと、スーパーパワーを手に入れたような気になっていた。自分をカットできるとわかって、強くなったような気がしていた。生命現象に逆らって痛みに耐えること。それは自分の秘密の才能だった」

ダリエンの学校には監督官がおらず、そのために生徒のプライバシーが保たれ、自傷行為で実験したり、自傷行為を磨いたりすることもでき、ダリエンはそれを使って自分が抱える不安をコントロールするようになった。「カッティングすることで自分の不安を肉体的で制御できるものへと変えられた。それで自分が周囲と調和して穏やかになるような気がすごくした。痛みの感覚、それだけに集中することができた。超越的で体外離脱しているみたいな（エンドルフィンを参照のこと）。それに、あらゆるものが魅力的だと思えた。どう見えるか、どう感じるかといったこと、自分が癒される状態、そのすべてが。自分が肉体をもつ人間だという証拠だった――それがシュールで魅力的に思えた」

わたしがカッティングしていたときは、同じように自分の肉体にばかり注意が向いていた。自分が肉体をもっていて世話をしなければならないのがすごく変な感じだとか、この肉の塊につながれているだけじゃなくて、自分自身が肉の塊だなんて変だとか。わたしが肉の塊？　そんなはずはない。そうなのだけど。

ダリエンは実際的なレベルで、自傷行為は感情的な役割を果たしたと言った。「自分を傷つけると安心した。『自分にずっとあった』不安な感情が楽になった。わかりやすく言えば、よいカルマみたいな感じ（呪術的思考）？　自分に痛みを与えることで、将来の苦痛を防げたらと思った。自傷することで、宇宙に存在する秩序がなんであれ、自分が報いを受けたと判断し、情けをかけてくれるだろうと思った」。これは以前に、わたしたちが懺悔のムチ打ちや飢えた修道女たちに見た感情だ。

次の一〇年間、ダリエンは自傷行為を断続的に行った。「一〇年のあいだ、自傷行為はひんぱんにやっていたわけではなかったけれど、同時に食べ物と自傷行為をやることとの関係はもっと有害なものになっていった」。一四歳の頃にはカッティングを週に一回やる程度だったが、一〇代後半には摂食障害に完全に支配されていた。「飢えは、抑鬱感と不安をコントロールするのに使うツールだった。皮肉にも、どれだけ食べるかとかその儀式は自分でまったくコントロールできなくなっている気がして、さらに不安は増した――ルールはいつも変化していて、解放感はだんだん感じられないようになっていった」

今は、ダリエンの生活は以前とは違っているようだ。数年かけてカッティングと摂食障害から回復し、もう自分をカットしたいという衝動はない。「生きるために以前よりも支援を受けている。まだすごく不安だけど、それを以前よりもうまく扱えている。不安を和らげる薬物治療を見つけたことは、自傷行為を遠ざける大きな一歩だったと思う。今は友人がいるし、マリファナを吸ってる」

ダリエンの痛みとの関係は続いているが、「痛みが欲しいときにやる、もっと社会的に認められる方法」と自分で表現するものを見つけている。例えばアート（「何時間も何時間も細い線を描く」）、ビデオ・ゲーム（「すっごくへたくそで、勝つまでずーっと負け続けることが楽しい」）、それからBDSM。それはやっている人たちに言わせれば、自傷行為と同じくらい治療目的に役に立つらしい。「性的に、BDSMのマゾ役にすっかりはまってしまっている、不思議だけど。こう考えるのはおもしろくないかな。自分の頭と体をコントロールして痛みを避けようとしているはずなのに、他人に自分の体をコントロールさせて痛みを受けることに大きな快感を得ている。ねぇ、新しいつながり、新しい神経経路を作ってるっていうことじゃないかな！　性的なことを欲しがる気持ちは大きくなったり小さくなったりする。だけど、それが欲しいと思う気持ちは、退屈し、とりたてて変わったことがないとき、それか不安があるときのほうがはっきりしているってことには気づいてる」

だから、ダリエンにとって、「当時の」痛み――混沌として危険で夢中になる――と「現在の」痛みとの違いとはなんなのだろう。「自分の不適応が原因の自傷行為と意図的な性的痛みとの唯一の違いは、思うに、その裏にある意図かな」。痛みのある、心地よい出会いについて述べつつ、「パートナーとは同じ意図的痛みでつながっているけれど、その痛みは、自分に対する優しさやつながり、思いやりといったものからきているみたい」と言う。

わたしはときどき、こうしたデリケートで、ひょっとすると引き金となりかねない個人的な話を一般の人々と分かち合うことについてはためらいを覚える。簡単な答えがないからというのがその大きな理由だ。アルコールや薬物の依存では、完全に断って永久にやめるという選択肢がある。食べ物や身体的感覚にまつわる強迫的行動については、回復には、落としどころを見つけて健全な生活習慣を学ぶことが必要だ。わたしは、嘔吐という命にかかわるような強迫観念に取りつかれ、けれど、生き残るつもりなら、健全な方法で食べ物を食べるやり方を学ばなければならなかった（それには一〇年以上かかり、おそらくずっとそれに取り組み続けるだろう)。わたしはまた、自分の刺激追求型の行動については、ほかの大勢の人たちと一緒に、自身にとっての安全な妥協点を見つけた。わたしは、多くの人にとって、飲酒と同じく極度な興奮を得ることに安全な妥協点はないということは認める。安全であるためには、できるだけ遠くにいなければならない。わたしはそう決意した人を支持する。痛みを求めることに関する自分の混乱した感情を理解したいと望むわたしは、なにもあらゆるものにおいての節度を論証しようとしているわけではない！病的な異常はやっかいな問題で、人生とは複雑で、命を救うのは自制なのだ。

わたしが興味があるのは、わたしのような人たちはどうやって、そうした行為をしながらもうまく生きていけているのか、という点だ。アンナにとっては、それはセラピーと注意を払うことだ。「わたしにとっては、こういう行為をしているときの自分の感情の状態に気づいていることが大事とでも言えるかな」。彼女は、楽しみのための痛みについて触れながらそう言う。「いつもは気持ちいいけれど、抑鬱感があったり、依存症になるかもしれなくて怖いってストレスを感じていたりするときは、そうした行為をしようと思わないの」

わたしはこの有害な自傷行為という足を滑らせやすい坂が、行く手につねにあることがわかっている。わたしは自傷行為が、より良性で害の少ないタイプのマゾヒズムから「完全に」切り離されたところにあるとは考えていない。わたしは、薬物乱用や病的なギャンブル依存症と同じく、ここまでなら大丈夫という区切りがないものだと思う。ついでに言うと不確かではあるが、わたしたちみなが、それぞれに興味や衝動、病状のレベルが違うということのように思える。痛みにふけっているあいだの感じ方が、その行動が有害であるかどうかを判断するのに役立つということのようだ。それにほかの中毒と同じように、自傷行為依存症にとって、「安全な」意図的痛みは決して治療法ではない。アルコールに関する障害に、適度な飲酒が効くとはだれも言わないのと同じだ。

これはつまり、意図的な痛みは健全な方法でも不健全なやり方でも行うことができ、その違いを見極めるのは意外に難しい可能性があるということだ。

強迫観念によるカッティングといった行動を理解し治療する場合、有害な行為がその人にとってどう役立っているのかを理解することが一番大事だ。わたしがあまりうまくいかなかった治療経験の多くでは、治療を施す側が、わたしの内面的な要因による動機に十分な注意を向けることができなかった点が特徴だった。つまり彼らは、「なぜ」わたしが飢え、カッティングをし、わたしが「なにを」それから得ようとしているのかを自分たちはわかっているのだと、そして彼らが治療のために外から適用するフレームワークこそが唯一の真実で、それを治療する正しい方法だと決めてかかっていたのだ。ある一定の行動は「悪」で「問題」なのであり、また治療を施す人たちは、そうした有害な行動がわたしにどんなふうに役立っているのか、ほとんど関心がなかった。彼らの思い込みによって、わたしは自分に目も耳も向けられていないという気がしていた。

二〇一五年の論文「自殺目的ではない自傷行為の理由（Non-suicidal Reasons for Self-Harm）」において研究者は、直に聞き取った自傷行為の理由を精査し、「ヘルスケアに向けた障壁のひとつは、自傷行為が当人にとって役に立つ機能をもっているかもしれないという点について、明確な理解が欠けていることにある」と記している。幅広い調査を行った研究の大半で、自傷行為の理由は抑鬱や社会的影響だとされている事実にもかかわらず、この論文を発表した研究者たちは、自己概念を確かなものにしたり達成感を得たりするために自傷行為を行っている人が大勢いることを見出した。それは多くの人にとって、自傷行為には社会的効果のほかに、前向きな機能、あるいは適応機能がある可能性を示している。

治療を受ける本人が、自傷行為にあるのはためになるものばかりで、彼らの生活に大きなダメージや否定的な影響がないと自己申告するような場合、彼らのマゾヒズムとのかかわりが問題ないものであるかどうか、どうすればわかるだろう。認定されたウルトラマラソンで気を失うまで走り続ける人は大丈夫なのか。流血を伴うエロティックなプレイはどうか。辛いトウガラシを、むせび泣き、吐くまで食べる行為は？　爪を全部噛みきってしまう行為は？　悲しいときにタトゥーを入れるのは？　受容できるものとそうではないものをどう区別するのか。意図的痛みが大丈夫なものか、有害なものか、どうしたらわかるのか。わたしはとても多くの人と話した。危険なレベルだと思う自傷行為を行っていたけれど、痛みはあるけれどもっと穏やかな行為へと変えた人たちだ。それにわたしもこうした人たちのひとりだ！　けれど、わたしは「病気」が「許容できる」ものへとなる特定の境界をはっきりと指摘することができない。そして、明確な障壁がないと落ち着かない気分だ。

わたしはこれに対し簡単に答えられないし、マゾヒズムの大統一理論のようなものを引き出そうともしてはいない。わたしはただ、わたしの脳をもう少しよく理解しようとしているのだ。だから、わたしはアラン・ハウス博士にたどり着いた。博士は前述の論文の著者のひとりで、わたしは博士に、自傷行為と、ほかのもっと良性のマゾヒズム行為との違いはなにかを聞こうとした。有害な病気と痛みを伴う趣味との境界はどこにあるのか、それにそのふたつをどう区別するのか。

「よいか悪いか、有害か問題ないかの指標のひとつは、いかなる行為も、どの程度それが強迫観念にとらわれ、あるいは制御できないものであるかです」とハウス博士はわたしへのeメールに書いている。「だから、食べ物や酒、セックスや運動、あるいはなんであれ、積極的で、自らかかわり、それを楽しむ関係から、強制され、閉鎖的で制御できないものへと変わると、それをわたしたちはある意味異常で、個人の問題を反映したものだと見る傾向にあります」

リーズ大学医学部のリエゾン精神医学［精神科医や臨床心理士など精神医療の専門家がほかの診療科などと連携し、ひとつのチームとして総合的な医療サービスを行う分野］名誉教授であるハウス博士は、自傷行為と自殺に関する研究を専門としている。

「わたしは［自傷行為に］決定的な特徴がひとつだけあるとは思ってはおらず、なかには、行為がひとつにとどまらない（自傷行為とエクストリームスポーツといったように）人がいることから、いくつかが重なり合っているのだと考えています。ですから、ある特別な行動を、自傷行為かそうでないかに振り分けるのはなんなのか、という点が問題だとも言えるのです」

ハウス博士は、危険な自傷行為と、そうではない意図的痛みとのあいだの違いを説明するためのいくつかの指針を教えてくれる。「自傷行為は痛みよりも傷つけることに重点をおいています――痛みの代用とはなるけれどダメージを与えない行動（氷の塊を握るとか、冷水シャワーなどなど）が効果があることはめったにないようです」。わたしにとってそれは、無害と危険の違いについての非常に明快な説明のひとつだ。それは痛みが目的なのか、それとも「害を与える」ことが目的なのか、ということだ。その人の動機付けも重要だ。「原動力となるのは個人的なもので、おもに抑鬱や自尊心の低さなどに関係しています。興奮や性的刺激、達成感などを得られはしますが、負の感情をやわらげはしません」

博士はまた、わたしが本書で扱っている痛みを伴う行為――ウルトラマラソン、辛いトウガラシ、寒中水泳（ポーラー・プランジ）、身体改造、バレエ、サイドショー――の多くは、自傷行為ほどタブーな行為ではないと指摘してもいる。「あなたが興味がある行為は、おおざっぱに言って社会に認められたものであって、一方で自傷行為はある意味、常軌を逸していて病気だと見られています――それが、自傷行為があまり外に見えてこない理由です」

ハウス博士は、意図的な痛みに関して境界線がどこにあるのが定説なのかというわたしの質問にすぐに戻る。「なぜ自傷行為は、そうした痛みを伴うほかの行為のようには社会的に理解可能なものとみなされないのか。おそらくはおもに、自殺や様々な形の精神障害や、そのほか摂食障害や不健康な飲酒といった、ダメージを与える行動との関連が強いからでしょう」。最終的には、それは、個人が自分の行為についてどう感じるかということになる。「ここでは自己分析が本当に重要です――人は助けを求めるとき、自身が個人的な問題を抱えている、つまり問題があると見ています」

それでは、強迫観念によって自ら進んで自傷行為を行う人は、どれくらいの割合で、もっと良性のマゾヒズム的行為へと移行するのだろうか。ハウス博士は、これまでの研究においてあまり多くは目にしていないと言うが、注意点も述べる。「わたしの個人的な経験では、あなたが興味をもっている積極的な代用の類はそれほど一般的ではありません。自傷行為と距離をおくとき、人はまた、感情によるアルコールや食べ物の摂取とも距離をおく場合が多いのです。また一方で精神科医は、このようなやり方で人が変わるのを目にすることは多くはありません」。つまり、変化は難しく、人は変化することができない場合もあるということだ。

ハウス博士の研究は意図的な「よい」痛みと「悪い」痛みのあいだのこの不明瞭な領域に焦点を当てている。博士の研究は、どんな人が自傷行為をやめ、どのようにして、彼らはもっとダメージの少ない方法で同じ結果を得ることができるのかを理解しようとするものだ。自傷行為の有用性を考えることによって、問題を見直し解決するのだ。自傷行為を、たんにカルテに書き留める症状ではなく、理解すべき選択と行動であるとみなすことで、それを行う人が必要としているものをもっと見極めることが可能になるのだ。

有害な意図的痛みとそうではないものとのあいだに明確な境界はない。自傷と意図的な痛みが自身にとって有害な可能性があるという点に疑いの余地はない。人は自身に大きな苦痛を与えることが可能であるし、またそうする。しかし病的なタイプの意図的痛みは、それ以外の、痛みにかかわろうとする人々が選ぶ様々な方法とはまったく別物だ。

意図的な痛みに含まれる行動と感情は、「よい」か「悪い」かの二者択一のカテゴリーに分類されるのではなく、必ずしも、観察してどれがよいか悪いかわかるわけではない。自分の体に針を刺すという同じ行為にしても、ある人にとっては細心の注意を払って楽しむものであっても、別の人にとっては、人前で行う絶望感をあおる自傷行為であり、観客の目からしたら、その違いをだれがわかるだろうか。それは、どういう状況でその行為が行われているのかは決してわからないという意味ではない。そうした行為は恐ろしい性質をもち有害で、それを行う人にとって不快な場合がある。そうした場合に害が生じることは明白だ。だがそれ以外では、どちらともつかないグレーの部分が多いのだ。

そして、わたし個人としてはなにが変わったのか。セラピーだ。本当に、とても多くのセラピー。わたしはいまだに自分が好きなものが好きだ。わたしは一生懸命走り、仕事をする。わたしは荒々しいセックスをし、痛みを伴う行為がスリルと興奮をもたらし、そこに喜びと充実感を見出すけれど、それは最終的には有害なものではない。結論を言うと、わたしのトラウマを癒し自身との関係を修復しようと努力することは、つまり痛みへの欲求を、自身を害したいという欲求から切り離すことだ。

ダリエンも似たような感覚を語っている。「過去の自傷行為は信じられないほどの恐怖によるものだった。そのせいで結局、助けを求められなかった。今では、痛みを自分の生活のなかに取り入れてはいるけれど、その痛みによって自分を守ったり、自分の価値を証明したりしているわけではない。意図的痛みには危険なものがあることがわかっているし、それが問題ある行為かどうかを決めるのは、それが問題を生むかどうかなんだと思う。今は、自分がまだ痛みを欲しがっているという事実をすんなり受け入れているし、痛みを見つけるやり方にも満足している」

わたしにとっては、完全にバランスがとれたものではない。わたしは今も意図的な痛みの習慣を続け、ときにはやりすぎる。けれどわたしは、以前にわたしの強迫観念をいっそう強いものにした、ひどい嫌悪感をもう抱いてはいない。わたしの目的はもう死と触れ合うことや、社会とのまったくの断絶に苦しむことではない。わたしが今、意図的な痛みにふけっているときに感じているものは、当時わたしが自身に感じていた嫌悪が色濃く反映されたものではない。もっと遊びのようなものだ。どんな感じかと言えば、冒険、テスト、ゲーム、カタルシス、歓喜など、とても多くのものが挙げられる。かつてはそうしたものに代わり、わたしの存在全体を消滅させようとする大きな力があった。けれどもう、それがすべてではない。それでもわたしは、その行為のすべてでハイになる。

我を忘れ空っぽになることにあこがれはするけれど、最近では楽しむにとどめている。空虚感のなかにいるよりもその外にいるほうが、得られるものが多いと思う。

第七章　社会的生物

それは大晦日のこと。わたしはレインと一緒にブルックリンのロシア浴場にいる。

レインはとても楽しく、とても美しく、そしてわたしのばかげたアイデアに非常に寛容で、わたしと一緒に明日、コニー・アイランドの寒中水泳大会に参加し、海に飛び込んでくれると言った。明日、わたしたちは塩辛い冷たい海水のなかで二〇二〇年を迎えるのだ。休業中のジェットコースターの下に延びる海岸に、ぴちゃぴちゃと波を打ち寄せている海だ。わたしとレインはその海に、志を同じくするおバカの集団と一緒に走り込む。でも今日は、それとは違うやり方で苦しんでいる。わたしたちは燃えるような熱さを愛でている。明日は、そう、別の選択肢というわけだ。

「バーニャ」［ロシアの蒸し風呂］のなかは明るく照らされていて、白いプラスチック製テーブルが、だれもいない冷たいプールの周囲に置かれている。壁にはテレビがそこここにあり、男性グループがビールを飲み、ペリメニ［水餃子に似たロシア料理］を食べながら腰をおろし、スポーツやフォックス・ニュース、あるいは水着を着たレインを眺めている。部屋の向こう端には、ひどく汗をかいたドアがある。サウナだ。

外はとても寒い。そしてバーニャのなかは暖かいが、わたしは熱い風呂で温まるのを終わりにしたがっている。わたしはロシア語は全然話せないし、よく知らない儀式がある知らない場所ではぎこちなくなるしシャイになる。わたしはドアを開けてとても熱い空気のなかに歩いて行く、それはわたしの体をわしづかみにするような感じ、ハイムリック法［上腹部圧迫法。喉に物を詰まらせたときの応急処置法］を施されているような感じだ。

わたしは、この状況をどうしたらもっと効果的に、もっと劇的に伝えられるかを知らない。これまで経験したなかで最高に熱い部屋。経験したどの気候よりも暑い。ここまでなら安全だろうと思うよりも熱い。けれどわたしはとにかくなかに入っていく。石炭で熱せられた部屋のなかには、小さな白い帽子をかぶり、赤い顔をしてはいるが穏やかに腰をおろしている人たちがいるので、レインとわたしは高いベンチにのぼって、燃えるようなサウナのなかで腰をおろす。わたしはここがどれほど熱くなるかをあまりにも過小評価していた。わたしがよく行くのは、地元のＹＭＣＡのちっぽけなスチーム・ルーム［サウナのような蒸気部屋］だ。そこは適度に暖かく、小柄な老婦人たちが大勢、ビーチタオルの上に腰をおろしている。なんてこと、よくわかった。これがサウナなのね。

わたしはすぐに、うまく呼吸できないと感じる。空気がとても熱く、わたしは咳き込み、咳をしそうになるのを抑え、浅い息をして、周囲の静けさに合わせて胸を押さえつけようとする。ここではだれも咳をしていない。わたしの皮膚はやたらと汗をかきはじめ、血液がどっと皮膚に上がって来る。脳は沸騰した湯に浮かぶエッグ・タイマーのような感じだ。ゆで卵ができるのに合わせてゆっくりと色を変え、黒くなっていく。「たんぱく質の変性」という言葉がわたしの頭に浮かぶ。サウナ内部の一〇八℃という設定温度は、丁寧に折りたたまれた形のわたしたちのノギン［神経誘導を制御するたんぱく質の一種］をほぐすことで、大人の脳にダメージを与える可能性もある。わたしは三〇秒ほどでこの恐ろしい水準点に到達しそうだ。けれどわたしはもう一度浅い息をついて自分を落ち着かせる。常連たちはだれもパニック状態ではない。すべてがきちんとしているべきだ。そうでしょう？　ここに入ってすぐにわたしを襲った恐怖心は、ゆっくりと、汗でてかてかになってそこにとどまるという恐ろしい決心に道を明け渡す。それを楽しむために。

けれどわたしはそれを楽しんでは「いない」。わたしはそのあとにくるものを楽しむのだ。天井から吊り下げられたロープを引いて、冷たい水をわたしの真っ赤になった体全体にザーッとやること。歓迎すべき泥棒みたいにわたしから熱をくすねる冷水プールでぱちゃぱちゃやること。スチーム・ルームはとても湿気が多くて曇っていて、数センチ先までしか見えない。サウナ、冷水、スチーム・ルーム、休憩――これを数回繰り返したあとにわたしの脳を支配する信じられないほどの浮揚感や、バカなことをしているという穏やかな気持ち。わたしはそこを出るときに人生で初めて、氷のように冷たい水に真の喜びを見出す。それは、サウナがうだるような熱をもっていることの証だ。通常は、わたしは冷たいもの、冷たい水が大嫌いで、爬虫類を人間にしたみたいなタイプだ。けれどサウナの熱は違う。この熱さはわたしが冷たいものに抱く抵抗感を圧倒する。この熱さに、わたしは冷たいものを心から欲する。

わたしはサウナで静かにしていようと努力する。レインはわたしの隣で黙って座っている。そちらに目をやるまでもなく彼女が厳しい禁欲的な顔をしているのがわかっていて、わたしは彼女に自分を見てほしくはない。自分が真っ赤になって苦しんでいるのがはっきりとわかるからだ。わたしの体は至急ここから逃れたがっている。わたしの警報ベルが鳴っている。けれどわたしの周りにはこの儀式にひたっている人たちがいて、わたしはこのやり方は大丈夫だと信用することにして、やりとげる決心をする。

神々しいにおいがしている。「プラツァ」に使われている乾いた樫の枝のすがすがしい植物性の芳香が、空気を浄化し、気分を爽快にしてくれるようだ（「プラツァ」は、サウナのなかで樫の枝の束で叩いてもらうものだが、大晦日も遅い時間なので、今晩はこのサービスを提供していない。残念だ。背中にちょっとした鋭い痛みがあればこの熱さを耐えられるかもしれない)。

わたしは頭を両手で抱えて自身と取り引きし、頭のなかで数を数えようとする。わたしのプライドが、この熱さのなかで、頭から湯気が噴き出しそうでもあと一五秒過ごすよう命じ、そこでわたしはその時間を延ばし、さらに数分間汗をしたたらせることにする。すべての人類と同様、わたしは周囲の人たちを見倣っている。

ロシア語でなにか言っている。だれかが親切にもわたしに、部屋をもっと熱くしてくれとリクエストしているんだと教えてくれる。熱くしてもわたしたちは大丈夫なんだろうか？　まあ、もちろん。当然だ！「火山」から「太陽の表面」へとダイヤルを調節するなんて最高だろう。わたしはしかめっつらをしていたに違いない。さっき通訳してくれた男性が、頭を覆ったほうがいいよと、おバカな観光客であるわたしにひそひそと教える。何人か帽子をかぶっている人がいるのには気づいていたが、その意味をわかってはいなかった。その帽子は、頭付近の冷たい空気を逃さないためのものだとわかる。わたしは白いぺらぺらのタオルで髪を覆い、再度呼吸に集中し、熱い空気をできるだけ深くわたしの肺に吸い込む。

わたしはサウナ経験の頂上に到達しようとしているような気分だ。自分の体の逃走反応を制御しはじめたわたしに、わたしの大きなエゴがきらきらと喜んでいる。けれどだれかが本物の、生きている赤ん坊をサウナにつれてくると、わたしのプライドはだしぬけにしぼんでしまう。赤ん坊、だよね？　たぶん一歳くらいだろう。赤ん坊がもぞもぞと動き、わたしがその朝通りで買ったビーズ製のピンクの髪飾り（ビーチサンダルを忘れたことに気づいたときに、一緒に買ったもの）をつかもうとすると、その小さなおむつにしわが寄ってよじれる。だれかがその赤ん坊の足を乾燥した樫の枝の切れ端でやさしく打つと、赤ん坊はバブバブ、クークーと言って、ちょっとぐずる。これが初めてではないことは明らかだ。

わたしはロシア浴場で赤ん坊に恥をかかされている。もう一度、わたしは自分がこの部屋で耐えられるレベル設定を修正する。わたしは限界だと思う時間をさらに二、三分延ばす。小さな子どもの存在でわたしは意気軒高となり、それからもうだめだとギブアップし、小部屋へと急行する。そこでは四の五の言わず冷たい水を頭からかぶる。何度かレインとふたりだけで冷水プールに力なくつかり、スチーム・ルームに静かに入ったあと、わたしはサウナに戻る。サウナにいるのが以前よりも楽になると言いたいところだが、そうではない。わたしはただ、自分がそこにいるのがどれくらいなら大丈夫か、以前よりわかるようになっているだけだ。しかめっつらをしている男性たちと、それから赤ん坊に励まされ、わたしの熱に対する耐性は増している。

わたしたちは数回これを繰り返してからシャワーを浴び、よろよろと、黙り込んで冷たい戸外へと戻る。わたしは縁石に座り込み、スマホをまじまじと見つめて、霧がかかったような頭で考える。配車アプリのリフトで予約し、届いたメッセージに返信するだけのことができるか。わたしは最高の気分で、搾り切ったような、それに頭がブンブンいっているような、麻痺したような気分でもある。それは二〇一九年最後の日で、塩が混じった汗をバケツ何杯分もかくことで、わたしは浄化され空っぽになり、前途洋々の二〇二〇年が待っているという感覚がもたらされている。けれど、今の気分が上々であるのと同じくらい、わたしは、あの地獄のようなサウナにいたのが自分だけであれば、この気分に到達してはいなかったことがわかっている。だれの助けも受けず自分の力だけだったら、わたしは熱いサウナに実際の半分もいられただろうか。わたしは大きな自信をもって言える。絶対無理だ。

社会的動物の多くと同じように、人間はつねに互いを見て、行動の手本や社会的シグナルをそこに求めている。それはごくふつうのことであって、よくあることだ。人が公の場にいる場合、周囲の人たちの行動に合わせて自分の行動を修正する傾向がある。わたしたちは集団に合わせて行動するのだ（おわかりのように、外部に任せた意思決定は楽だ）。

例えば、あなたがむせるとしよう。その不吉なホットドッグがあなたの喉につまったときに、周囲にいる人が少ないほど、だれかが「迅速に」行動して救ってくれる確率は高い。もっと多くの人がいる部屋であなたがそれと同じ緊急事態に見舞われるとしたら、だれかが助けようと決断するのにかかる時間が長くなる確率は高くなる。そう。あなたの周囲に人が多いほど、人は迅速な行動を起こさないのだ。これは「傍観者効果」と呼ばれ、人間の行動における一種の慣性を説明するものだ。受け身の目撃者が多いほど、だれもがただ突っ立っている可能性が高いのだ。これは覚えておくべき重要なポイントであり、そうすることでわたしたちはそれを克服できる。真昼間に人が襲われているのを目撃したら、とくに付近に大勢の人がいる場合、だれかほかの人が行動するだろうという推測は禁物だ。行動を起こすのはわたしたちそれぞれがなすべきことであり、またたれかが動きはじめたら、ほかの傍観者たちも行動を起こすだろう。人は、ほかの人たちから社会的合図を受け取る生き物だが、だれかが横並びの行動を破らなければならない。

集団に同調することは通常は、助けが必要なだれかを無視するような非道なものではない。それは、多くは、いつ通りを渡るかとか、混雑している歩道をどれだけ速く歩くかとか、列車の座席の選び方といった単純なものだ。子どもの頃、わたしたちは保護者や世話をしてくれる人たちの行動やふるまいを手本とすることによって学ぶ。そうやって成長すると、社会的合図を読み取り反応する能力が身につくことで、如才なくふるまい、微妙な意味合いを理解する力が大きく発達する。それによってわたしたちは社会でかなり円滑に、あまり苦もなくやっていけるようになる。

人間が行動を互いに同調させることは正常で、広く行われていることであり、それは人生のごく初期にはじまる。生まれたときから、子どもとその保護者には、行動や情緒状態、生物学的リズムを一致させる傾向が強まり（同調性と言われる）、遊んでいるときに心拍数が同調するまでになり、体の同調性によって、保護者と子のあいだにきずなが育まれていることがはっきりとする。

対面の場合、人は互いを同時に協調させて、相手の動きに合わせる場合が多い。これは「同調行動」として知られる現象で、知っている相手とも知らない相手とも起こるものだ。友人と散歩するときに足音を合わせる、他人と映画を観るときに脳波を同調させる、知り合いでもない酔っ払い集団とラインダンスを踊る――そうやって、人間の生理機能と行動が、人とつながり、帰属意識をもつことを容易にしてくれるのだ。実際、二〇一八年に、社会的および個人的関係を取り上げるジャーナル・オブ・ソーシャル・アンド・パーソナル・リレーションシップス誌で発表された研究では、恋人とリズムを合わせて散歩することをイメージするだけで親密感が増すことを発見しており、それほどわたしたちは周囲の人の動きに同調するのだ。

「人は、呼吸や散歩、サイクリングといったごくふつうの行動で互いに同調する傾向にある」。「同じ波長にあること――パートナー間の同調行動と、親密さの経験に対するその影響（Being on the Same Wavelength: Behavioral Synchrony Between Partners and Its Influence on the Experience of Intimacy）」という論文で研究者たちはこう書いている。「過去の研究は、こうした単純な運動の同調が、以前には互いに知らなかった相手とさえも一体感を増し、またつながっているという感情の高まりや協調性や思いやりが増すといった、大きな影響を社会にもたらすことを示している」。つまり、単にあなたの行動を別の人と同調させることで、それが知らない人かどうかにかかわらず、あなたはその人に親近感をもつのだ。この説からは、わたしたちの体が必要とすること、わたしたちの体ができることがはっきりと頭に浮かぶ。あのくそ熱いサウナにわたしが座っていられたのは、たしかにそのおかげだ。

バレエダンサーだった頃のことを、わたしがおおいなる郷愁感とあこがれをもって思い出すことが多いと言うと、驚かれるかもしれない。かなりおかしいということはわかっているが、「快感」と「不快」とに明確に区別できるものはめったにないのだ。わたしのバレエの練習は精神的拷問のような場合もあり、それが頂点に達したときにわたしが死にかけたことは事実だ。そしてわたしが、サディスティックな講師たち——けれど、少女時代のわたしが敬愛した講師たち——がわたしに教え込み、焼き付けた自己嫌悪感から命からがら逃れたのも本当のことだ。それにあの練習場で、そうした人たちと一緒に過ごし続けたのには、なにか理由があったのも事実だ。なぜわたしは七月の暑い鏡張りのスタジオに自分から進んで入っていき、ほかのお腹を空かせた少女たちと一緒に、明らかに酔っぱらっている元ニューヨーク・シティ・バレエのプリンシパル・バレリーナの前に立っていたのか。太ももが太く見えないように、重ならないようにして立っているあいだ、彼女は保温マグカップからウォッカを飛び散らせ、ぼそぼそと不明瞭な失望の言葉を発していた。彼女はチェインスモーカーでレッスンのあいだじゅうタバコを吸い、定期的にわたしの体について不愉快な文句を口にした。けれど、それにもかかわらず、それでも、なのだ。

これほどいろいろなことがあったのに、それでもバレエはすばらしいものをもっていた。時にはわたしはそうした古い記憶のひとつがぱっと浮かんで、喉になにかがつかえたような気持ちになることがある。トゥシューズを履きならしたり、シンクでタイツを手洗いしたりといった秘儀を守ること。満員の会場のステージでひとりで踊るときに分泌される、冷たい水そのもののようなアドレナリン。疲れ果てはするけれど、本当にうまくいった、実り多いリハーサルで得られる大きく深い満足感。その当時のわたしの生活はつらかったにもかかわらず、そうした記憶すべてが甘美な気分をもたらす。つまり、わたしがバレエをやっていた頃のことを振り返るとき、大好きな記憶の大半はバレエ仲間とのものだ。わたしは仲間と一緒に踊れなくて寂しいのだ。

一通り説明したい。

レッスンがはじまるかなり前の時間に、みんなは通りから、道具が入ったバッグをひきずりながらぽつぽつと入ってくる。信じられないくらい大きなバッグだ。ダンサーは、レッスンのために世界滅亡に備える人々のような荷造りをするが、これには道理がある。バレエは厳しく、柔軟性がなく、必要なものが多い。バレエをやる人はみな鍛錬を崇拝していて、日々心身を捧げるバレエに準備不足で臨みたくはない。バッグに入っているのは、レオタード、予備のレオタード、タイツの束、つぶれ具合が様々なトゥシューズ数足（ふつうのトゥシューズは使用するうちに先がつぶれる）、応急手当て用品（テープ、ガーゼ、バンドエイド、皮膚洗浄液、過酸化水素、化膿止めのネオスポリン、伸縮包帯、水疱をつぶす針とそれをまず消毒するためのライター）、スウェット地のタオル、裁縫道具、筋肉痛用の軟膏、爪切り、理学療法用の拷問具、ヘアケア製品、練習着だ。ああ、練習着。

練習着は、体にぴったりのシックなニット製品から、だらしないぶかぶかのパジャマのようなものまで様々だが、だれもが着るのが練習着だ。わたしはこれを着て練習するときが大好きだった。レッスンのはじまり部分。わたしたちみなが全身を服で覆い、太ももまでのレッグウォーマーをはき、小さなセーターを腰にまきつけている。だれも、鏡に目をやり自分の体が寒そうにしているのを見たくはないし、練習着は安心毛布の役割を果たし、それに尻やハムストリングをほぐす実用的なアイテムでもある。

練習用のバーに並ぶ前に、みんなが床の上にぺたんと腰をおろし、手足を曲げ、ピラティスを何百回もやり（悪魔のような腹部のエクササイズ）、尻と足をほぐし、ふたり一組になって互いにストレッチしあう。非常に機械的だが、精神的な訓練の要素もある。体をレッスンに備えさせることは、頭の準備とおなじくらい重要だ。バレエのレッスンでは自身が集中することが必要だが、また、一緒にバレエを崇拝する仲間の集中心と練習に、つねに深い敬意を払うことも必要だ。

促されるまでもなく、ダンサーがみなバーのポジションを選び（たいていは毎日同じ場所）、部屋は静まり返ってはいるがくだけた雰囲気の場合が多く、講師がバーの自分の位置につき、その日のプリエのコンビネーションのお手本をやりはじめる。だれもが真剣に見ている。わたしたちはみな一緒に苦しもうとしているところで、しっかりと苦しむことが重要だ。

プリエはゆっくりとたっぷり膝を曲げる動きで、つねに最初にやる。どの日も、プリエは、体が今日はどんな調子かを見るレッスンの入り口の役割だ。プリエは体調管理のエクササイズで、これで血液が体全体に送り込まれる。大きく弧を描く腕の動きと共に、体を前後に曲げる。こうした気持ちのよい動きをあいだに挟み、こわばった体を優雅に上下に動かす。わたしたち生徒は、脚を曲げて沈み込む。その儀式が練習場を支配する。わたしたちの呼吸は同調し、部屋の空気は変わる。もう名前と希望をもち恐怖心を抱えた個人の集まりではない。それは言葉を発しない体のコーラスで、一緒に呼吸し努力している。個々の集まりではなく、単細胞の粘菌のように、ひとつのかたまりとして協調して行動しているのだ。

エクササイズの正確さと激しさと難しさは増す。感情たっぷりのタンデュ、鋭いデガジェ、床をたたくようなフラッペ、華やかなロン・ドゥ・ジャンブ、官能的でとろけるようなフォンデュ、とても大きな動きのグラン・バットマン。どのエクササイズも、それをやる者に非常に特殊な動きを求め、また各ダンサーは持続した緊張の糸でつながり、それによって激しい練習を一緒にこなし、体をほぐしている。まさに同じものをだれもがやることで、頭は明瞭になる。「次はなんのステップか」とか、「リフト、リフト、リフト、リフト」、「スクーープ」、その他、頭にあるのは、メカニカルな動きのきわめて複雑な組み合わせを指示する声だけだ。いつも、覚えるべきことはとても多く、それは痛く難しく、つねに、わたしの目の前では何十人ものダンサーたちが同じことをし、同じ感情を抱き、わたしの体でもそこまではできそうだという動きを見せてくれる。これは痛むが、ほかのみんなも同じなのだ。これは痛む、けれどほかのだれも顔をゆがめてはいない。これは痛い。けれどそれはまた、とても気持ちいい。みんな幸せそうだ。わたしも幸せだ。わたしたちはみな幸せなのだ。あの美しい腕を見て。わたしも同じようにやろう。彼女が脚を床から自分の耳までさっと引き上げるときに、脚の筋肉をどう使うかを見て。力はどこから発しているのかを。自分の体を鏡にして、同じ動きをする。最高の同調行動、わたしたちはみな猿真似をしている。

それはエクササイズのテクニックというだけのものではない。同調行動は人間にとって重要だ。それは人をつなぐもの、愛の呪文のようなものとして作用するからだ。一緒に体を動かすことで、わたしたちは互いに親密であると感じる。わたしたちが知り合いであるか否かにかかわらず。さらに、もっと不思議なのは、わたしもよくわかっているように、痛みの許容性に影響をもつ点だ。

オックスフォード大学の二〇一〇年の研究では、同調行動は、痛みに耐える限界値を上げることに関連があることがわかっている。わかりやすく言えば、他人の体と同調させて自分の体を動かすと、痛みに耐える能力が増すという意味だ。これを調査するために研究者たちは、集団で身体活動を行い、激しく消耗するスポーツチームのメンバーを対象に研究を行った。漕手だ。

おわかりのように、努力を要する活動の多くと同じく、ボートを漕ぐこともランナーズハイの状態をもたらす。だから、エクササイズによる万能のエンドルフィンの大量分泌にかかわる集団力学を見る前に、少しだけ、激しい運動のあとによい気分がどっと湧くとき、正確にはあなたの体になにが起こっているのかを説明させてほしい。

具体的に言うと、「ランナーズハイ」は、走ったり持久トレーニングと同等のものをやったりしたあとに起こる高揚した状態だ。ハイになるという名にふさわしく、この現象はオピオイド［体内にある、鎮痛および陶酔作用をもつ化合物］性のメカニズムだ。ランニングから得る高揚感はエンドルフィンによるもので、それは体のオピオイド受容体に作用する。そう、ヘロインやその他のオピエート［ケシに天然に含まれる麻薬性物質］と作用しあうのとまったく同じ受容体だ。実際、「エンドルフィン（endorphin）」という言葉は文字通り「内因性のモルヒネ（endogenous morphine）」という意味で、このうまい混成語は一九七三年にエリック・シモン博士が作り出した。研究によって、拮抗薬であるナロキソンが、長距離走による多幸感を逆転させることがわかっている。

それはいったいなに？

これは、少なくとも人間の医学史においては比較的近年の発見だ。一九七〇年代初頭には、スウェーデン、ボルティモアおよびニューヨークの研究者たちが、人間の脳には、モルヒネなどオピエートに対する受容体があることを発見した。しかしなぜわたしたちは、とくにケシの花がもたらす恍惚とした多幸感に対する受容体をもつのだろうか？　おそらく、体のうちで生じる自家製のモルヒネのようなものがあるのではないだろうかと研究者たちは考えた。

その通りだ。それが起こっていることなのだ。あなたの頭を細いワイヤーで串刺しにするとして、ワイヤーの一本は鼻梁を通り後頭部へと通し、もう一本はこめかみに刺すことにする。この二本が交差するところに、非常に重要な豆粒ほどの器官、松果体（しょうかたい）がある。内分泌系の支配者である松果体は、お呼びがかかると、「内因性オピオイド神経ペプチド」を分泌する。つまりは痛みからの解放だ。この小さな分子は痛みがシグナルを発するのを抑制し、あなたを元気に、実にいい気分にすることができる。外部からの物質と同様にだ。

持久系アスリートにPET（ポジトロン断層法）スキャナー［放射性薬剤を体内に投与して、その分析を特殊なカメラでとらえ画像化する検査法］を用いて、研究者たちはオピオイド性のメカニズムが、ランニングから得られる多幸感の原因である可能性を調べた。つまり、ランナーズハイは実際に内因性オピオイドから生じるものなのか、ということだ（なぜ、ランニング愛好家のとても多くがランニングによって快感を得るのかについての研究が、あまり多くはないことは驚きだ）。その答えはイエスのようだ。ランナーズハイに関するオピオイド理論は真実らしい［二〇一五年以降の研究により、ランナーズハイをもたらすのはエンドルフィン（内因性オピオイド）ではなく、エンドカンナビノイドである可能性が指摘されている］。

そうは言ったものの、それほど熱心ではないアスリート（とPETではなくfMRIのスキャン）を使った別の研究では、検査対象者がランニングから別の利点を得ている点は認めているものの、ランニングで生じる多幸感の証拠は見つからなかった。ひょっとしたら、ランニングで得られる快感は、時間をかけることで生まれるものなのだろうか？　わたしは第二章のジェンズ・フォエル博士に彼の考えを求め、彼は、もっともらしいことしか言えないと言った。「こうした研究で即座に検知するには至福効果があまりに小さいのかもしれず、また定期的に走るランナーの脳は、それに適応して反応を強化するようになっていて、それが二〇一〇年の研究成果につながっている可能性もあります」。走れば走るほど、脳は内因性のドラッグを得るということのようだ。たぶん、さらなる研究がこの魅惑的な問題を解明してくれるだろう。

脳の自家製オピオイドだけではたいしておもしろくないとでも言うかのように、エクササイズと体内のエンドカンナビノイド・システムに作用するものについて、あらたにわかっていることがある。それは大麻にも含まれる「カンナビノイド」で、エンドルフィンが自家製オピエートなら、これは基本的に植物がもつオピエートだ。わたしたちの身体内のカンナビノイド受容体は、カンナビジオール（ＣＢＤ）やとても人気のデルタ９テトラヒドロカンナビノール（ＴＨＣ）［どちらもマリファナの主な有効成分］といった、植物中の様々な化合物の作用のシグナルを受け取る。そしてわたしたちの脳はこうした受容体を大量にもっていることがわかっている。現在わかっているのは、わたしたちがほかの神経伝達受容体をすべて合わせたよりも多くのカンナビノイド受容体をもっているということだ。わたしたちはアナンダミドといった神経伝達物質を生み出す。それは多数の生体機能のひとつで、喜びや報酬といった感覚の調節も行う。マリファナでハイになった状態のとき、午前一時に冷蔵庫に料理の残り物を見つけた人なら、わたしが言おうとしていることがわかるはずだ。科学者は、厳しいエクササイズ中にアナンダミドの血中レベルが非常に高くなっていることを見つけている。このためランナーズハイは、わたしたちが思っていたよりももっとハイな状態なのかもしれない。

わたしたちがランナーズハイについてわかっていること――身体的努力が内因性モルヒネ（エンドルフィン）の分泌につながり、そうしたエンドルフィンが痛みのシグナルをブロックすることが可能である――を知り、研究者たちは、集団でエクササイズすることが痛みの耐性を増すかどうかを調べる研究を行った。オックスフォード大の研究チームは、漕手がみな一斉に動きを合わせて漕ぐ場合に、ひとりで漕ぐ場合よりも大量のエンドルフィンが分泌されることを発見した。彼らは論文に、「同調した活動によって効果が高められることは、ほかの社会的活動（笑いや音楽演奏、ダンスなど）――それは人間やおそらくはほかの脊椎動物の社会的きずなにかかわるもの――で経験する多幸感を説明するものかもしれない」と書いている。

ダンサー仲間の存在と、わたしたちの体がひとつになって動くおかげで、バレエのレッスンにおけるわたしの痛みの耐性は高まった。もちろん、ほかにも理由はある。「これ」とか「あれ」といった単純なものでは決してない。けれど、自分のバレエの訓練を振り返ると、自分の行動に集団思考が効果をおよぼしたのは間違いない。他人と一緒にレッスンを受け、観察者として参加し、また観察される側でもあることで、わたしは自分の限界を突破することができた。知覚的な面（「わたしはこれができるとは思っていなかったけど、できる」）でも、身体面（足の皮がひどくむけてトゥシューズを通して血がにじむ、脚や足首の腱の断裂、腰椎骨折、失神）でもそうだ。

わたしは自分をたくさん傷つけ、身体的痛みは自分を知る手段となった。確実なものを知る手段。限界を知り、それを試し、繰り返し繰り返し、わたしがこれに耐えるに十分タフであり、回復する力が十分にあると証明するための手段だ。痛みは身近で、言葉にならないものだ。音がないわけでも、沈黙しているわけでもなく、言葉ができる以前の、言葉を知らないような状態だ。表現するのはほぼ不可能に近く、第三者には、その人の体に起こるとしたらどうなるかというふうにわかりやすく説明しなければ、理解してはもらえない。エレーヌ・スカリーも自著『痛みをもつ体』でこう書いている。

「身体的痛みは単に言葉にならないというのではなく、積極的に言葉を駆逐し、即座に、言葉のない時代へと逆戻りさせる。言葉を学ぶ以前の人間が上げる音や叫びへと」

では、他人と一緒に痛みを感じるとはどういう意味なのだろうか。

わたしはダンス仲間のことを知っている。それ以外の人であれば、絶対そこまでわからないというくらい。痛みを分かち合うと深い親近感が生じる。自分以外の人が抱える痛みを非常にリアルに確実にわかっているのだ。「あなたがどんな気持ちかよくわかっている。わたしも同じ気持ちだから」。わたしは各々が抱える身体的痛みを分かち合い、親近感を抱くという経験をした。わたしは、それが科学的研究で数値化されているのを読んだ。わたしはそれが自分の目の前で起こるのを見た。そしてわたしは人々が一緒に痛みを経験するときに生じるきずなは、少なくとも一部は、痛みがもつ知られていない性質によるものだと思う。あるいは、言い難いものと言ったほうがいいだろう。もしあなたが、わたしが動くのと同じように動いたら、あなたはわたしが感じるのと同じように感じる。その感情こそが、言葉がどうにかして定義しようとしているものだ。

痛みを分かち合うとき、強力なきずながができる。人間はそのことを知っている。宗教的なムチ打ちから寮生いびりまで、痛みにかかわるすべての儀式について考えてみよう。人がこの現象を、知らない相手とのきずなを深めるためにどのように使うかを考えてみよう。あなたが最近、実際に大きな集団でなにかをやったときのことについて考えてみよう。わたしがなぜレインと一緒に海に走り込もうとしているのか考えてみよう。

「海に飛び込むところよ！」

夜が明けてすぐ、新年に、わたしはベッドからこそこそと出て前夜の祝いの汚れを歯磨きで落とし、友人のヴァレリーから二通のメールが届いているのに気づく。ヴァレリーは新しい年のはじめに、チェコ共和国で凍るような寒中水泳に挑戦した。仲間からの嫌味のないプレッシャーを全身に受け身震いを感じる。

わたしはホテルの暗いバスルームで動画を見る。数時間前に新年を祝って飲んだウィスキーの罪滅ぼしに、紙コップの水道水を流し込む。レインはベッドだ。わたしと同じくらい二日酔い状態であることは間違いない。だからわたしはレインに水のコップをもっていき起こしてやる。

「ヴァレリーからメッセージが届いてるわ」。わたしは牧師のような芝居がかった厳粛な声色で言う。「寒中水泳をやったって」

レインはベッドで目を細めて体を起こす。しかめっつらと言ったほうがいいかも。それは早朝のことで、今日の予定が大きく立ちはだかっている。わたしたちは二〇二〇年コニー・アイランド・ポーラーベア・プランジに参加予定なのだ。レインにもわたしにも、興奮した気分はまったくない。実際、わたしがこの本を出す際に一番心配だったのがまさにこの寒中水泳の部分だ。キャロライナ・リーパーのトウガラシは？　まあ、とにかく大丈夫。知り合いでもない人たちに彼らの体や感情について深く掘り下げたインタビューをするのは？　わたしは思いやりがある人なのでそうしたインタビューはぜひ。けれど冷たさは？　冷たさは、どう？　わたしがどれだけ寒さ、冷たさが嫌いか言っただろうか？　わたしがずっと昔から、あらゆる寒さ、冷たさに腹の底から嫌悪を抱いていることは十分に伝わっているだろうか？

寒中水泳で死ぬかも、とジョークを口にし、それがジョークに終わることを願った。わたしのマゾヒズムの殿堂――森のなかで目隠しされて体毛を焼かれたことから、ラップでミイラみたいにぐるぐる巻きにされて天井から吊り下げられ、大きな木製のチーズボードでぶたれたこと、それから本を書くことにいたるまで――では、冷たさは、快楽を得るために苦しむ手段のリストの一番下あたりに位置していた。

泊まっているホテルから正味一マイルのところにあるデノズ・ワンダー・ホィール・アミューズメント・パークでは、今年の寒中水泳の勇猛な（おバカな？）参加者たちが、登録を済ませようと列を作っている。レインはホテルのロビーに置かれたコーヒーを手に入れ、わたしは冷たいオレンジジュースを紙コップに注ぎ、とにかく、これから寒いなかを歩き、それから寒さをものともせずに海に飛び込もうとしていることを、頭はまだ理解してはいない。落ち着かない様子（あきらめ？　不安？）でぞろぞろと、わたしたちはビーチに向かってゆっくり歩きはじめる。「わたしは海に飛び込むんだ」。わたしは言い続ける。「海にこれから飛び込むんだ」。冷たい風がすぐに、わたしが身に着けている、手をかけて作った着ぐるみに入ってくる。一枚の巨大サイズのセーターで作ったもので、わたしはぷりぷりして、手の込んだゴス風サンタのコートを体に引き寄せる。手首にぶらぶら揺れているのはプラスチック製の豚のマスクだ。レインは冷静に足首まである革製ダスターコートを着て、その落ち着いて断固とした風貌は、今演じているコメディにも威厳を与えている。彼女はとても整った顔立ちで、頬骨と顎のラインが、無表情で強く威圧するような顔を作っている。しかしわたしは、語るほどの威厳はなにももちあわせていない。わたしはいまだに、どうやって海に飛び込むかについて語っている。

ビーチまでの散歩は素敵なんだろうけど、寒くて気味が悪いほどだ。真冬のビーチタウンは静まり返り、巨大なジェットコースターが遠くで眠っている。飲んでどんちゃん騒ぎをする場にもだれもおらず、大テントの明かりは消えている。ここに来るのは初めてで、わたしは乗り物から掲示物、それに今日出ている店のひとつで販売されているTシャツにいたるまでありとあらゆるものに描かれている、悪魔にしか見えない笑い顔に魅了される。こぼれるような笑顔の白人男性で、耳までの黒髪が真ん中からきっちりと分けられ、ピンクの頬と赤い唇、青い大きな目が上から見下ろしている。不吉で混沌とした顔だ。

わたしの周囲にあるのは冬のコニー・アイランドのゴーストタウン。ホットドッグやクラムチャウダーを売る店をのぞいては静まり返っている。そこにぽつぽつと、途切れることなく人々がやってきて、ビーチにいる人が増えている。不気味だけれど、禁じられた遊びのようで楽しそうだ。はめをはずすことが大好きな人だけが戯れることができる、秘密の遊び場のような感じ。この寒中水泳大会が開催される日の朝、わたしは中国、湖北省武漢で奇妙な病気が流行していることを知ったばかりだ。遠い世界のことで、まだそれは現実のようには思えない。何か月か前に新しいウィルスが人間界に流出したが、それはまだ小さく遠く、この場所、わたしの生活の外にあることのように感じている。これからやってくる事態はわたしにとって未知のものだ。あとになってわかることだが、人気(ひとけ)のないコニー・アイランドの通りは、もっと別の、伝染病という原因でまもなく通りが空になるという予兆だったのだ。

この二〇二〇年の世界的パンデミックを経験して、わたしたちはどうしようもない真実をはっきりとつきつけられているのを目にしている。人が、ほかの人たちと離れていることは難しいと。もちろんそうだ！ 基本的に、わたしたちはそうはしない。危機のときにはわたしたちは手を取り合うのだ！ 敵を攻撃せよ！ 互いに頼り合い、快適さ、援助、楽しみ、身体的な触れあい、おふざけをもたらし、体から様々なシグナルを発し伝え合う――それはみな、わたしたちが交わす贈り物だ。わたしたちの体は同調する準備は絶えずできていて、互いを見て、どうふるまうべきか、いかに動き、どう決断するか、その見本とする。同調行動はよい気分をもたらす！ それが、他人と距離を置くことが非常に難しい理由のひとつだ。

しかし元日――新型コロナが合衆国で力を振るう前、世情がガラリと変わることをわたしが予想もしていない時期――には、わたしはほかの人たちから隔離されてはいない。人々に囲まれ、大勢の人たちのなかでもみくちゃになって、大勢の人たちをかきわけて歩いている。わたしはビーチに向かって足を踏み鳴らし、なにか「恐ろしいけれど記憶に残ること」をしたいというバカげた欲求に得意満面だ。わたしは集団の力を感じ高ぶっている。わたしの冷たい手足は恐怖とアドレナリンでカタカタ鳴り、こんなところに自分を連れてきた、その決意にいたるすべてに疑問を呈している。神よ、とても野蛮で、無慈悲で楽しそうで、恐ろしそうです。それに、縫い目の粗いかかしみたいにわたしは張り裂けそうだ。わたしは迫りくる冷たさに集中して近視眼的になっている。わたしは、ほかに心配ごとがなにもなくなるほど集中している。集中すべきものはひとつだけで、それは唯一無二の喜びだ。

レインとわたしは列に並び、登録チェックを待ち、リストバンドとTシャツを受け取る。思っていたよりもきちんとした手順を踏んでいるが、だが、正確にはわたしはどう思っていたのか？　昨年の寒中水泳には少なくとも数千人が参加している。だからもちろん、警備員がいて、プラスチック製の折りたたみデスクやクリップボードがあって、イベントのスタッフはいるだろう。すでに短パン姿になっている人たちもいて、それを見てわたしは死にたくなってくる。

手続きが終わって凍りそうななかに立っている以外なにもやることがなく、わたしたちはトイレの列に並ぶ。公共トイレは外にあって、そこにはトイレと外を仕切る壁などはなく、なかには空調もない。列はとても長く、くねくねと伸びている。ようやく個室にたどりついてはたと気づく。巨大なセーターでできた着ぐるみを着ているということは、この凍るようなトイレの個室で丸裸にならなければならないと、あきらめとともに理解する。冷たいトイレで素っ裸になり、わたしは二日酔い後のひどい排便を済ませる。わたしの腸のゴロゴロという音にとなりの個室の人がたてる甘美な音が一緒になる。隣もひどい状態で、わたしは深い友情を感じる。

レインとわたしは身を切るような寒風から逃れ、ぼーっと立っておけるいろいろな場所をみつけ、チキンの骨や貝殻をビーチで探し、また隅のほうの尿のにおいがするところに突っ立って風を避けるということを交互に繰り返す。

マイクで参加者たちに指示を出したり、ナレーターを務めたり、スタートまでカウントダウンしたりする男性がいる。ニューヨーク市警察のボートが海岸の向こうに漂っていて、無骨なチョウチンアンコウがぷかぷか浮いているみたいだ。海岸は人でいっぱいになり、バカ騒ぎしたい人、見物人、それに寒中水泳の参加者が同じくらいずついる。そこにいる人たちの大半は温かそうな服を着て、ポケットに両手を突っ込み、頭には小さなニット帽をかぶっている。海に入る時間が近づき、レインとわたしは大きな集団から少し離れたところに立っている。そこは寒中水泳の参加者よりも、のぞき趣味の人たちや、タオル持ちに指名された人たちが多くいるところだ。あまりに大きな集団の真っ只中にいると、わたしは落ち着かなくなるのだ（今でもせいぜい六メートル程度しか離れていないが）。ベイウォッチ・マラソンのスローモーションのランナー［海難救助を描いたアメリカのTVドラマ「ベイウォッチ」の映画版のプロモーションで行われたスローモーションのマラソン］にさえも後れをとるかもしれないとか、海にいる時間が否応なく伸びるかもしれないといった気分だ。だからわたしは大きな集団の端にいるのだが、それは正直に言って、大規模な集団活動に参加するときの自分の定位置だ。わたしは集団を楽しみたいが、必ず、出口を確保している。

けれどわたしはそれにもかかわらず、ここに集団でいる。昨日サウナでわたしをそこにとどまらせたのは赤ん坊だったが、今日は小学生の子で、ちゃんと夏用水着を着て海へと走り出した。八歳くらいではないか。やせてひょろひょろとしていて、まさに、波に入って大声で悲鳴をあげているところだ。その子を見て、自分の大人げなさが恥ずかしくなる。ビーチの風にあたって凍え、わたしはその日の日程のメリット、デメリットと、たった今入っていって金切り声をあげている子のように海に走り込んでそれを済ましてしまうことを秤にかける。レインとわたしは午前一一時少し過ぎに到着し、一時間くらいたったのではと感じるくらい列に並んだ。それはたぶん三〇分程度だったのだが。そしてここに来て二時間近く経ち、徐々に体温を失いつつある。わたしは本当に午後一時まで待つつもりだったのだろうか？

もちろんそうだ。それが肝心な点だ。一個人としてのリーは早々には海に入らないだろう。そもそも一個人としてのリーならここにはいないだろうから。ジャーナリストのリーは早々には海に入らないだろう。ジャーナリストのリーはここに、具体的に言うと、大勢の人たちと一緒に苦しむためにいるから。わたしに選択権はない。わたしは待たなければ。わたしはレインに、あなたはやる必要はない、一緒にやるという約束を破ったとしても、迷惑だろうけど、あなたに対する敬意は増すからと言った。今になってひどいと思う！　わたしたちはすでにとても冷たくなっている。けれどレインは首を横に振る。気分が上がる物語、凍るような記憶、自己の試練、きずなを深める瞬間を得るために苦しんだほうがいい、と。

服を脱ぐときがくると、わたしの手の指の先とつま先はすでにかじかんでいる。わたしは砂の上をぴょんぴょん飛んで、ひーふー声を出して激しく呼吸していたけれど、怒鳴るような声も冷え切った体をほとんど温めてはくれなかった。わたしの横にいた大柄な男性が、じたばたするわたしの様子を苦い顔でにらんでいる。けれどわたしはそれ以上の顔でにらみ返す余裕もない。熱い湯が一杯手に入るなら、二〇ドルだって払うだろう。わたしは喉が温まるなら、自分の尿だって飲めるだろう。わたしを不機嫌そうに見つめる頑固そうな石頭の男性などどうでもいいことだ。それもこれも、わたしをあざけるように波打つ、灰色に濁った大西洋のせいだ。

ビーチに近づくとその日の進行役が、参加者に走らないでと呼びかける。凍るような海まで「歩いて」行かなければならないなんて、悪いけど意味がわからない。わたしは眉をつりあげる。彼はまた、大会スタッフがどこにいるか把握しておくこと、「ここは人の海になるから」とも言う。ビーチは混雑している。それに、冷たい風が容赦なく人々のあいだを吹き抜ける。

「バカ言わないで、わたしは走るわ」とわたしはコートを脱ぎながら言う。わたしはレインと、少なくとも二〇分は目を合わせていない。わたしの鼻涙管にこみあげてくるひどい恐怖を見られたくなくて。そもそもここにいること自体が十分にひどいことで、自分が本当にどれだけ嫌な気分かほかの人たちにわかってもらおうとは思っていないし、レインが同じようにみじめな気分になっているのではと考えることまで頭がまわっていない。この時点ではアイコンタクトをやめたほうが威厳を保てるような気がする（まるで、今、この時点でわたしに威厳が少しでも残っているかのような口ぶりだ！）。

わたしがコートを脱ぐ瞬間、突きさすような風がさっと吹き、わたしのセーターの着ぐるみを瞬時にして吹き抜ける。わたしは意識をはっきりと保とうとするが、頭に血がのぼる。寒すぎる。それにわたしの立毛筋［皮膚の表面に毛を垂直に立て、いわゆる鳥肌を作る筋］はすでに収縮しきっていて、もうなにもする余裕はない。

わたしは着ぐるみを脱ぎ、肌を奉納物であるかのように風にさらす。わたしは羽根をむしられ怒った鶏のようだ。わたしの周囲では、パーカーやスカーフや、バラクラヴァ帽や手袋、ニット帽をつけぴかぴかのサーモスをもった人たちのなかに、ちょうどわたしのように、ほとんど裸で、冷たい、冷たい海に抱かれて新年のあいさつをしようとしている人たちがぽつぽつといる。わたしが先に海に入るつもりで、レインはそのあと。これは混みあったビーチでわたしたちのコートを失くさないようにという実際的な考えによるものだ。

空気はすぐに痛くなり、わたしのわきの下に残ってくれていた最後のぬくもりを奪い去る。わたしはビキニを着て、使うのはこれが最後の古い黒いブーツを履き、リアルな豚の面を首のうしろにぶらさげて砂の上に立っている（バカな考えから生まれた防護具でもまったくないよりましだ）。

マーチングバンドのドラム隊がいて、それは粋な計らいに思えるが、ずっとあとになるまで耳には届きはしないだろう。聞こえるのはわたしが海から出たあと。彼らがドラムを鳴らしていないわけではない。それは、わたしがゆっくりと海に入ったとたん、記憶が抜けるということだ。わたしの頭のなかの記憶は、厳しい環境と、自分の体がそれに耐えなければという切迫感にとって代わられているのだ。

わたしは水辺に立ち、一瞬、これから自分がやろうとしているバカげた決意の対象である広大な灰色の広がりをじっと見る。覚悟はできている。それは嘘。ちっとも覚悟なんてできない。わたしはポーツマス大学のマイク・ティプトン教授の研究を目を皿のようにして読んだ。教授は人体の体温調節についての権威だ。裸の人体にとって、とくに体温調節反応を必要とせずに一定の体温を維持できる水温は三五℃程度だ。それ以下になると、人体から熱が奪われはじめる。今日の最高気温は二℃足らずで、水温はもっと低いと聞いている。わたしは、一九九五年にフロリダ州の湿地での訓練中に低体温症で命を落とした、四人の陸軍レンジャー部隊隊員のことを考える。精鋭の兵士でも冷たい水で命を落とした。それもフロリダで。わたしはいったいここでなにをやろうとしているのか？　低体温症になるほど長く海水に入りはしないことはわかっている。けれど、それ以外にも考えるだけで笑ってしまうようなことがたくさんある。過呼吸や頻脈、血圧の急上昇や不整脈。血管収縮による心臓発作を起こす可能性もある。命にかかわる器官を守ろうと血液が体の末端から一気に集まって、四肢が動こうとしなくなるかもしれず、そうしたらわたしは氷のような海のしぶきのなかに沈むだろう。世界では毎日、約三〇〇〇人もの人々が「浸水」で命を落とし、そうした死因の多くが低い水温だ。けれどわたしは家で冷水シャワーを浴びて実証実験済みだ。たぶんわたしは大丈夫だろう。

わたしはヴィム・ホフと言う名のオランダ人男性［「アイスマン」の通称をもち、寒冷にかかわる様々な記録をもつ］の動画を思い出そうと努める。彼は、特殊な呼吸法をやって、北極海で泳いだり、上半身裸で凍った山岳地を走ったりする。その呼吸法をやればわたしでも彼の冷たさに対する鍛えあげた忍耐力を真似できるみたいだ。けれど凍傷にかかったわたしの脳ではなにも起こらない。それでもレインがここにいる。それに大丈夫そうな何千人もの人たちも。ヴァレリーはすでに寒中水泳を終えている。わたしにはこれから書く本があり、これからやる痛い経験がたくさん。わたしにはこれができるはず。

凍るような海に走り込むことは、よりよい判断を抑え込むことの見本のような行為だ。ほぼ裸で、二時間近くも一月の朝の中部大西洋岸にいたせいで指はピンクの小さな石のようになっているし、海水がブーツにたまりはじめて、わたしは波に打たれるのを感じる。必死になって波を無視しようとするが、けれどわたしの脚を包むひどい冷たさをないことにはできない。けれどもうやめられない。後戻りする時間はない。前進するのみ。わたしの周囲では、ほかのおバカさんたちが金切り声をあげている。わたしたちは前にばしゃばしゃと進み、波に分け入っていく。

ブーツのなかで裸足が冷たい水に触れている感覚は不思議なもので、わたしの注意力がゆがむ。けれど水が太ももまで上がってくると、わたしは膝から下のことはなにも感じなくなる。冷蔵庫から出てきたばかりの一〇〇万本のナイフで刺されたくらい、そんな痛みが一度にわたしの肌のいたるところに生じる。わたしは、名のあるバレエ学校で理学療法を受け、氷水の風呂に胸まで浸からされたときの記憶で頭がはちきれそうだ。バカげたゴム製のアヒルが、据え置き型の氷と水でいっぱいの金属製バスタブに浮かんでいる。あの頃の理学療法士たちがどれだけ意地悪で嫌なやつらだったか。けれど、その記憶は浮かぶやいなや、ゆらゆらと消え去る。この寒さでは、脳が思考する余地はたいしてないことがわかる。

わたしの脚は前へと水のなかを進んでいる。これくらいの深さになると、水のなかを走るのは難しく、ときどき筋肉をコントロールできなくなる。こうした冷たさは、冷たさにしかできないやり方で痛みを与え、わたしは体が水のなかで大理石のようになるのを感じる。わたしはすごくみっともない彫像に変身中で、悲鳴をあげている脚の痛みに打ち勝とうとしている。脚は冷たさで麻痺している。とても痛い。どちらなのかわたしにはわからない。冷たい水がわたしの性器にあたり、冷たい海水がその中心を包むと、わたしは死にかけた鳥みたいにゴボゴボというようなひどい悲鳴をあげる。わたしはケーゲル体操［骨盤底筋を強化するための、肛門を閉じたり膣を締めたりする運動］を最後までやり通す。なにも聞こえない。悲鳴をあげる。でもなにも聞こえない。耳鳴りがして、冷たい、冷たい、冷たい。あなたには冷たいと聞こえるはずだ。あるいはわたしの下半身はとても凍てついていて、脳が新しい警報ベルを鳴らしはじめようとしているのかもしれない。わたしは罪深い怒りでいっぱいになる。わたしはひどく怒り狂っている。わたし自身に。海に対して。空に。金切り声が届く範囲にいるすべての神に。けれどいったん水がわたしのあそこを通り過ぎると、わたしはアドレナリンのなすがままになる。

まだ走っている――この時点では水中のスロージョギングくらい――わたしは胸から上が水から出ている。周囲では人々が泳ぎ、手を取り合い、わめき、ののしり、怒鳴り、くすくす、げらげら笑い、ばしゃばしゃ水をはねている。息もせずしかめっつらを作っている人あり、喉からうなっている人、気が狂ったように笑う人がいる。

胸まで水につかったわたしは、視覚の端のほうは役に立たず、骨は液体窒素に入っていたバナナのようだ。わたしは冷蔵庫に入れっぱなしの古い肉。わたしは海底に生息するグレムリンだ。わたしはとても怒っていて、まともに考えられず、とても寒くて正しく息ができず、とんでもなくバカなので、これをやめることができない。わたしは自分の脚を感じることができない。わたしは「よお～し！！！」と叫び、「一、二、三！！！」とカウントダウンする。わたしは深呼吸して、頭を海水につっこむ。

頭がキンキンする。

人生で最悪のキンキンだ。けれど今の自分を表す言葉はほかにない。ただむかつくような、痛烈に冷たいものがわたしの首の後ろに流れてきて、体の各器官が、自分たちの存在が侮辱されたとやかましい音をたてる。やりたいことはたったひとつだけ。わたしの頭と体が我先にと「これだけ、これだけを、今すぐこれを」やろうとする。それはこの大西洋から抜けだすこと。冷たさでぶかっこうによろめき、わたしは海岸に向かいはじめる。脚はゆがみ、腕はぶらぶらとして使いものにならない。空気をかいて温かさを得ようとでもしているみたいだ。濡れた体に冷たい空気が痛い。全身が痛み、犬にしか聞こえないようなキーで、わたしの体に流れる電気が皮膚から叫び声をあげている。わたしは笑っている？　わたしは笑ってるんだ！　わたしは笑いながらわめいてる。わたしはバンシー［スコットランドの妖精。叫び声で人の死を告げる］のように叫んでいる。わたしは大勢の人が集まっているところに近づくと気を取り直し、レインのもとへと海岸を歩きはじめる。あまりに震えが激しくて、目が壊れたみたいに感じる。レイン、レイン。レイン、どこ？

寒くて、裸で、新年の氷のような海の洗礼を受けて、わたしはレインがどこにいるかわからない。あまりに寒くて深刻な状態に陥り、叫ぶこともできず、わたしはレインを見つけようと、自分の冷え切った体をどうにかして温めようと走りまわる。パニックに陥っている。とても、とても寒い。大丈夫だということはわかっているけれど、脳幹にそれを告げようと努力している。やっと、レインを見つける。

レインの名を叫ぶ。

レインはすぐにわたしのほうに突進してきてカメラを下に向けるけれど、わたしは狂乱状態で、これを撮影してちょうだいと言う。親切にも彼女はレンズをわたしに向け、けれどわたしはなにも言えない。わたしはこれほど多くのアドレナリンを人生で感じたことはないと思う。それは粗悪なコカインを一度に大量に摂ったときみたいで、心臓は爆発しそうな感じだ。わたしは頭を前後に揺らしはじめる。「もういや。いや、いや、いやよ」。そしてレインに撮るのをやめるように言う。レインは笑っている。群衆はわいわいがやがやとにぎやかで、わたしは震え、笑い、ほっとしている。人々がわたしの周囲の海にどっと出入りし、みな、それぞれの地獄のような苦しみの真っ最中だ。それを楽しんでいるようないかれた人もいる。

わたしは濡れた体にコートをかけて、湿ったタオルで髪を包む。わたしは荷物の監視スタッフの元に戻り、海にご対面するのはレインの番だ。彼女は波に向かってスタスタと歩いていき、本当に驚くほどの平静さを保って、どんちゃん騒ぎする群衆のあいだへと、ホームパーティーに潜り込むネコみたいに入っていく。彼女はまっすぐに海へと入り、そして退却し、海岸目指してゆっくりと歩いてくる。わたしは吠えるように笑い、マイクがそれを全部とらえている。あえぐ声とくすくす笑い、耳障りな呼吸音。喜びと痛みとバカさ加減と、九死に一生を得た気分と、「ああ、神様、もうだめ」と、そのすべてがごちゃごちゃに入り乱れているわたしの声。わたしはレインに大声で聞く。「どうだった、レイン!!!」。そして彼女は答えない。わたしはもう一度聞く。冷たい水に反応してわたしの脳が作った麻薬がなんであれ、そのせいでわたしは酔っぱらったみたいになってしつこく聞く。そしてレインは素っ気なく言う。「冷たい」

わたしたちは笑って、笑って、笑い、ひどい寒さにぶーぶーと不満を言い、海から出て濡れてがやがやと騒いでいる人たちと一緒になって、冷たい海からの脱出譚を語る。わたしたちはホテルに戻るまでずっとかじかんだ足で歩き、空腹で凍え、そして凧のように高く舞い上がっている。たしかにこれはわたしが経験したなかでもっともバカげたことのひとつだ。けれど今も、この先もずっと、大勢で一緒にやることと言ったら、それはバカげたことだろう。人間はそれが好きなのだ。

第八章　ウルトラマラソン

控えめに言っても、そのeメールに対するわたしの最初の反応はみっともないものだった。友人がメキシコの都市オアハカから戻り、ノースカロライナ州では手に入らないメスカル［リュウゼツランが原料のメキシコ産蒸溜酒］を持ち帰ったところだった。わたしはそれを試し、満月に近い月の下、彼女の大型の老犬とはしゃぎまわる。けれどわたしを深い酔いから守ってくれるスープと軽食の効果が薄れると、アルコールがわたしを酔っぱらいのまどろみに引きずり込み、わたしは彼女のカウチに顔を伏せる。しばらくして目を覚まし、その夜のうちに家まで連れ帰ってもらうと、わたしはメールが届いているのに気づいた。最後のひとりになるまで続行する、世界でもっとも過酷なレースのひとつとして広く知られるビッグ・ドッグ・バックヤード・ウルトラの主催者からのメールだ。

友人、家族、そして熱烈なマラソン愛好者にはラザルス・「ラズ」・レイクとして知られる、ゲイリー・カントレルからのこのメールは予想外のものではなかった。半年前、わたしは二〇一九年の、テネシー州ベルバックルの彼の地所で行われるレースを現地取材するための許可証を手に入れていた。二〇一〇年の合衆国国勢調査によると、人口五〇〇人の町だ。メールが届いたとき、レース——参加者からは愛情をこめて「ビッグズ」と呼ばれている——までは一週間を切っており、わたしは主催者からの連絡に舞い上がった。これは身の毛のよだつようなレースだが、表面上は激しいイベントには見えない。毎時間、ランナーは一周四・一六七マイル（約六七〇六メートル）のコースを走る。日中はこの周回コースは、ラズの所有地にある森のなかを曲がりくねるほとんど手入れされていない道だ。夜間には舗装した道路を走る。ここまではすごくいい。岩の崖があるわけでもなく、極地の嵐も、砂漠の太陽でジリジリ焼かれることもなく、ジャングルの飢えた昆虫もいない——どれも、極限に挑むほかのウルトラマラソンがもつ特徴だ。

ではこのレースがなぜそれほど過酷なのか。そう、走る距離が設定してあるわけでも制限時間があるわけでもない。レースは全員がやめたときに終わる。たったひとりをのぞいて。そのときまで参加者はひたすら周回し、サディスティックな消耗戦を行う。ルールには、ランナーは、次の一時間の周回がはじまるまでにスタート・エリアに戻らなければならないとある。戻るのがこれに間に合わない場合は失格となる。椅子から立ち上がれずスタート・エリアに入れなければ、これも失格だ。レースはランナーがひとりになるまで続けられる。休憩時間が延長されることはなく、食べたり眠ったりトイレに行ったりといった、生きるのに必須の時間も用意されていない。周回から戻り、次の周回の出発の合図のカウベルが鳴らされるまで、捻出できるのはせいぜい数分間だ。

酔っぱらったわたしがラズからのメールを開いたとき、わたしは現地でのキャンプの道具についてか、駐車する場所とか、ポータブルトイレはランナー専用だとかいう類のメッセージだと思っていた。けれど届いたメールは侮辱的な内容で、わたしの顔は真っ赤になった。

リー

君の本はスポーツに関するものではなく、サド・マゾヒズムに関するものであることが気にかかっています。

こうした誤解をずっと先まで残したくはありません。

ほかの多くのスポーツと同様このレースは心身のつらさを伴いますが、それは競技の代償であって目的ではありません。

わたしは、そうした観点からの取材はわたしたちのイベントには適切ではないと考えます。これは真剣なスポーツ競技なのです。

わたしはあなたの本の性質をもっとよく調べるべきでした。

前もって詳細にお聞きしなかったことが残念です。

ラズ

酒でどんよりし、眠気で頭に綿がつまったみたいになったわたしは考えがうまくまとまらず、泣いた。

レースの開催地に到着するには、手作りの標識が置かれた約一・三キロ離れた野原に車を駐めて、木々が立ち並ぶ田舎道を歩いて行く必要がある。午前四時四五分、わたしはホテルのコーヒーで体を満たし、ビッグズが開催される場を目指して歩いている。興奮でぴりぴりとし、恐怖にも近い感情だ。

各周回の出発とゴール地点であるこの地はとても美しい。砂利道の向こう側にテント設営地が設けられている。どれもなかからやわらかい灯りがもれているテントにはランナーとそのスタッフがいて、スタッフたちはレースに挑むランナーの世話をする。小声でせわしなくレースの準備が行われていて——氷がつまったクーラーボックス、寝袋のなかで目を覚ましつつある人々のささやき、ランナー用の軽食を用意する際のラップをぱしゃぱしゃと言わせる音——これから過激な苦しみがはじまるとは思えないような雰囲気だ。低い声や、うやうやしく頭につけたヘッドランプの灯りがあたりを漂っている。ラズはスタート・エリアのあたりをうろついているが、どこをどうとってもはちゃめちゃなサンタクロースにしか見えず、赤いフランネルのシャツと赤いビーニー帽、それに長い白髪まじりのあごひげにだれもが目を引かれる。彼がこのレースの立案者だ。世界的な耐久レースにおける著名で崇拝を受けるサディスト（彼はまたバークレー・マラソンのブレーンでもある。それはほぼ完走不可能なレースで、森を抜けて道なき道を走り、ただひたすら苦痛が続く）。彼は鼻にかかったよく通る声でジョークを飛ばし、眼鏡の分厚いレンズ越しにじっと見てくる。この場に、今日のこのレースで自身の限界を試すため、必死で訓練してきたランナーが大勢いることに少々困惑しているようにも見える。これからはじまるもろもろのことにもかかわらず、あるいはそのせいで、夜明け前のきちんと整ったキャンプ場周辺には、ある種、心地よい雰囲気が漂っている。たぶん、全員が起きてたいして時間が経っておらず、太陽はまだ空にやわらかな光を放ちはじめてもいない。大変な活動がこれからはじまるのだ。わたしは胃の調子がおかしい。

このときはせいぜい一〇℃になるかならないかの気温で微風があり、わたしのヘッドランプの灯りが、足元に出ている薄い霧の粒子が旋回するのをとらえる。わたしは夜にヘッドランプの灯りなしで散歩するほうが好きで、それはコスタリカでコウモリの調査をしていたときに身に着けた習慣だ。けれど今朝は、ヘッドランプなしでわたしの車とテントのあいだを行き来するのは賢明ではない。ここテネシー州の田舎では、満月に近い月があればアウトドア活動をするのに十分な明るさだが、道を確認するオーストラリア人ランナーやサポートメンバーを務める献身的な配偶者たちを大勢乗せた車が走っているので、わたしは車のエンジン音が聞こえるとヘッドランプをつける。けれどここにはごほうびもある。わたしのランプの灯りの端に、光が暗闇のなかに消えるその先に、小さなきらきらと光るオパールのようなものがぎっしりと見える地面がある。クモだ。

クモの目がわたしのライトの光をとらえ、それをわたしに向けて反射している。何百匹ものクモが、秋一番の落ち葉が散った森の地面にいる。人新世［人類が地球の環境や生態に大きな影響を与えている時代］において大量絶滅が起こるなか、こうした大量に生息する生き物を見る喜び。木々の多くはまだ葉を茂らせているが、この森の巨木——黒いクルミの木や白い樫の木、高木の楓——は素晴らしい景観を見せていて、楓の葉はその成分のアントシアニンのおかげで赤く燃えている。葉には、カロテノイドの成分によるもっと明るいオレンジ色も残っている。

わたしのテントはその設営地の端、森に一番近いところにあり、だからわたしはかすかに、だれかのホットコーヒーに混じってキツネのにおいがするのがわかる。けれど中古のキャンプ用テントには独特のにおいがあって、それとなにかをかぎわけるのは難しい。そんなにおいの問題はたいしたことではないので気にしない。ランナーは全員、レースタグと足首にモニターを着けている。空は藍色からラベンダー色へと変わり、木々の影ができるくらいに明るくなっている。わたしはそれまでに荷を運んで三キロあまり歩いて温まっているが、静けさが、わたしが動いて生み出した熱を奪っている。

このレースを見物することのシャーデンフロイデ［他人の不幸を喜ぶ気持ち］はわたしの生理痛を軽くしてくれるだろう。それは今朝、目覚まし時計が鳴る午前四時の二〇分も前にわたしを起こしておおいに喜ばせてくれた。わたしの子宮は収縮して細長い小片になって、子宮頸部から抜け出ようとしているような感じだ。出血もひどい。けれど今わたしが感じているものは、これからわたしが目撃する、途方にくれるほどの人間の苦しみとはくらべものにならないだろう。

午前六時三八分。スタートのために集まってきたランナー集団の周囲の砂利に、ラズが大きな四角をスプレーで描いている。エアロゾル化した塗料とスプレーのガスのにおいがあたりに充満している。背が高くひょろひょろとして、もじゃもじゃの金髪、小さな白いランニングパンツをはいた男性が、食べかけのソーセージビスケットを手に、考えにふけりながらスタート・エリアにぶらぶら歩いていく。観衆はほとんどが三〇代から四〇代の白人男性だが、もっと年がいっている人も女性もいて、白人以外の人も数人いる。わたしの前には、さまざまな運動用具、引き締まった脚、履き込んだシューズ、薄手のジャケットの群れがあり、興奮した人々が放つ鼻を刺すようなにおいが入り混じっている。甲高い声で、ラズがこのレースがはじまる前の最後の注意をがなり立てる。

「森のなかでは大便しないこと!」。人々のあいだにくすくす笑いが起こる。「犬が寄って来るからな」

午前六時四〇分ちょうどにレースのふたりの「ジアリーダー」〔からかったりこきおろしたりする言葉で盛り上げる〕が皮肉っぽい応援をして、わたしたちの周囲のゆるやかな丘に夜明けの光が差したちょうどそのとき、スタートの合図のカウベルが数回鳴った。小さなファンファーレとともにランナーが出発し、「フィニッシュ」と書かれた、空気で膨らませた巨大なアーチの下の道を駆けていく。数時間後には白いシートがこのアーチにかけられ、「フィニッシュはない」という文字に変わる。ラズの有名なレースにはぞっとするようなユーモアがいっぱいだ。

今日のレースに出る資格があり、出ることを望んだ七二人のランナーがコースの最初の部分へと一斉に駆けていく。森のなかのコースはちょうど四マイル(約六・四キロ)。それにくわえて、一周四・一六七マイルの距離を満たすために各周〇・一六七マイル（約〇・二六九キロ）、道路を走らなければならない（二四時間後にランナーはちょうど一〇〇マイル［約一六〇キロ］走ることになる）。わくわくする。スタート・エリアを出ると、あっという間にランナーは道路を急ぎ足で駆けてスタート地点に戻り、それから森に向かう。夜明けの光が、木々に残った葉を抜けて彼らに届いている。そのコース設定は、ランナー全員が森に入る前に自分用の椅子のそばを走らなければならないということでもあり、それはこの週末、のちに多くのランナーにレースを終わらせることになる罠なのだ。わたしたちはあらゆる機会をとらえて応援する。そして一周目が進行するにつれ、わたしたちには時計を確認する習慣ができる。わたしたちはランナーたちが戻るのを待つ。

わたしはランナーだらけの家族で育った。父、父の兄弟、それに祖父はみなランナーで、父は今日まで走り続けている。わたしの膝はミドルスクールの頃にはすでにバレエのせいでぼろぼろだった。そのために踊るのをやめはしなかったけれど、まじめな話、ランニングは敬遠した。わたしの発達しすぎの大腿四頭筋は成長中の膝に対してあまりに引っ張る力が強く、膝蓋腱（しつがいけん）［膝の皿を支えている腱］は細いままで、重い負担で骨化している。これが、わたしが家族の伝統を続ける能力も意志もないことに対する弁明となった。つまり、痛みを伴う趣味に執心するわたしがもっと芸術的なものを追求しているあいだも、わたしはランナーに関する知識が豊富な家族のなかで育ったのだ。

わたしの祖父は一九五〇年代のフロリダで誰より早くジョギングを趣味に取り入れた人で、祖父が定期的に、目的もなさそうに走る光景は町の人たちの興味を引き、地方紙が祖父に関する記事を掲載したほどだった。走り続けるこの奇妙な男性に関する緊急通報を減らすためだ。父は六三歳のとき、全行程二〇二〇マイル（約三二五〇キロ）、ジョージア州からメイン州にかけて走るアパラチアン・トレイルを一度で踏破した。自分に贈る退職祝いだった。母は六一歳で両膝を同時に人工関節にする手術をしたが、手術後の回復がとても早かったため病院から直接家へと帰り、予定されていた理学療法のための入院は必要なしとされた。わたしの姉は遠泳の選手で、安定した呼吸と前へと体を進めるたくましい肩の力のみでいくつもの湖を泳ぎ切った。わたしがビッグズのレースを取材しているときに、わたしの子どもは七歳にして初めて五キロを走り、わたしがその前年に教えたように、全力疾走でゴールしたよと大喜びで伝えてきた。

わたしが言いたいのは、わたしが元気で活動的で、のんびりさせることもすることもない家系の一員だということだ。散らばったランナーズ・マガジン誌、プリフォンテーン［一九七〇年代に中長距離の国内記録を樹立したアメリカの伝説のランナー］の伝記、それにわたしの家のあちこちにある、額に入ったしわのよったレースのゼッケン。こうしたものがわたしの子ども時代の想像力を虜にした。まだ幼い頃、あるとき（それがいつか覚えていないので早い時期だと思う）わたしは、父が走ったことを知っている偉大なレース、マラソンについての伝説を聞いた。それにその話以外にも、わたしは「マラソン」についてちょっとした貴重な話を知っている。わたしが子どもの頃に聞いたのは、ギリシアの走者がマラトンからアテネまで勝利の知らせを届けるために二六・二マイル［約四二キロ］を走り、それからその場で息絶えたというものだ。それは確かに父親の趣味について聞くには当惑するような話だが、わたしは恐怖よりも畏敬の念を抱いたことを覚えている。

わたしはその話を疑いもなく何十年もそらんじていて、子どもの頃に伝説を聞きそれを真に受けたせいで、いい大人になるまで事実を知ろうとはしなかった（わたしのボーイフレンドが四〇歳になって、ポニーが成長してふつうの馬になることはないと学んだように）。

わたしがマラソンの歴史を調べることになったのは、ビッグズに出かけることになってからだ。そして、わたしとその他大勢の人たちが知っている話は、そう、間違いだとわかるのだ。

諸説あるが、ギリシアの歴史家ヘロドトスによると、紀元前四九〇年晩夏のマラトンの戦いのあいだに、フェイディピデスという人物が、アテネからスパルタへと援軍を求めに走る使者となった。勝利を知らせるためではなく。それから彼は向きを変え、アテネへと走りどおし、援軍は来ないという悪い知らせを運んだ。話はさらにおもしろくなる。彼は伝説で言われるのとは違い「死ななかった」だけではなく、彼が走った距離は現代のマラソンの四二・一九五キロよりもはるかに長かったのだ。[1]

そう。彼の歴史的な旅で、フェイディピデスは二八〇マイル［約四五〇キロ］も走った。それが彼の仕事だったからだ（この距離はまた、たまたまだが、このビッグズのコース・レコードとほとんど同じ距離だ。二〇一八年、二着のコートニー・ドウォルターと競い合い、ヨハン・スティーンは二八三マイル［約四五五キロ］という驚くべき距離を走った）。フェイディピデスはアテネ軍の伝令で、喫緊のときに走る急使(hemerodrome)だ。彼の仕事は都市間で迅速に伝令を行うことだった。ギリシアの二都市、アテネとスパルタ間が非常に長距離で山が多い地形であることから、乗馬での行き来は実際的ではなかった。今日には遠距離通信やエナジージェル、機能性に優れたシューズといった快適な環境や品々があるため、超長距離を走ることは現代の産物だろうと考えがちだが、そうではない。実際、人間は走るのにとても向いているので、何百万年も前に発現したこの能力のおかげで、今日のわたしたちがいるのかもしれない。

説明させてほしい。

人間は耐久性の行動にとくに向いていて、この性質はほかの哺乳動物にはあまり見られない。走るという行為が実際に、解剖学上、現代の人間になるのに役立ったのだという仮説を唱える研究者もいる。古代の人間の仲間が二足歩行になってから約二五〇万年から三〇〇万年後、なにかが起こった。化石に記されたものから、初期の「アウストラロピテクス属」とのちの「ヒト属」とを区別する一連の身体的特性が出現しはじめたと推測できる。その変化によって、初期の人間が今日のわたしたちと見た目がごく似通ったものとなるのだ。

肩は落ち、首から離れ、体と頭を別々に動かせるようになった。前腕は短く、脚は長く、骨盤と脊椎の接合部はより頑丈になった。足の骨は形を変えて足が角ばり土踏まずができ、足首、膝の表面積と、腰の関節は大きくなった。また頭蓋骨の後部から脊椎へと走る大きな靭帯が出現し、そして臀部が発達した。

つまり、こうした様々な変化が人の祖先が立ち上がってから数百万年後に起きたという事実はともかく、アウストラロピテクス属からヒト属への身体的変化は、直立二足歩行で解説できるわけではないということだ。それでは、二足で立つことがこうした変化の原因でなければ、その原因とはなんだったのか？ほかの哺乳類と比べて、人間はとくに足が速いわけではない。このため当初は、科学者が、走ることは人間の進化にとって重要な要素ではないと考える傾向にあった。しかし、人体の解剖学上の特徴が一気に出現している点は、走ることが重要だという前提で再検討することで一番よく説明できるだろう。走ると言っても、それは速く走ることだけではない。長距離を走ることはどうだろうか？

論文「持久走と『ヒト属』への進化（Endurance Running and the Evolution of Homo）」のなかで、

1　フェイディピデスがマラトンへと走りアテネへと戻る復路のあとに死亡したという説を唱えている人もまだいる。だから彼は二日以上かけてスパルタへと一五〇マイル走り、アテネへと二日かけて一五〇マイル以上走り、それからアテネからマラトンへと五〇マイルを走り、再度戻ったと。それほど走った彼は、ひっくり返って命を落としても許されたのだろう。

研究者のデニス・ブランブルとダニエル・リーバーマンは、人間がそれ以外の霊長類と別の進化をしたのは、走ることができる、とくに走り続けることができる者に自然淘汰が有利に働いたからだと論じている。彼らの研究は、長距離を走る能力が人間を今日のような外見にしたのだという、大きく注目せずにはいられない論を述べている。

最初の四・一六七マイルから次々と戻ってくるビッグズのランナーを観察すると、ヒト属をほかの属と分けた変化がよくわかる。ランナーたちの長い脚、短い前腕、そして弾力のある腱。人は走るのにより効率的で安定した身体構造をもつのだ。とくに腕が長く脚が短く、肩がすくまったアウストラロピテクス属に比べるとそれは顕著だ。わたしたちの肩は首に支配されることなく自由に動き、バランスをとることができ、また、平たく丸い頭と新しい首の腱のおかげで、様々な動きを非常に安定して行える。各ランナーは前を向いた大きなつま先を使う。それはずっと前に、土踏まずをもつ足になるときに備わったもので、蹴り出すのに大きく役に立つ。関節の面積が広くなり、かかとの骨が大きくなったことで衝撃緩衝材としての機能が進化し、人が走ることが容易になっている。それから、人間の尻はすばらしい。安定化に欠かせない臀部——ランニングには重要だが、ウォーキングにはそれほどではない——は、わたしたちが勢いよく前に走り出すときに、顔から倒れないようにしてくれている。発達した臀部がなければ走れない。

それに人間がかなりの距離を走ることができるのは、身体構造だけのおかげではない！　何万年も前に姿を現した、ヒト属のなかでも新しい、背が高くほっそりした体は、人体内のボリュームの割に表面積が大きく、皮膚から熱を逃がすことができる。頭蓋骨の変化と体の血管の位置も大量の血液を早く冷ますのに役立つ。体毛がないこともまた、熱の発散に役立つ。それにありがたいことに、わたしたちは小さな腺に覆われていて、これが、気化冷却のために塩分を含む汗を皮膚に噴き出してくれる。

そう、ほかの哺乳類の大半とは違い、人は汗をかくことができる。わたしたちはわざわざあえいで熱を発散させる必要はないし、そんなことはめったにしない。息が荒くなることがあっても、それは奮闘している場合で、呼吸が足の動きにつながっているわけではない。人が持久走に優れているその他あらゆる理由にくわえ、あえぐのではなく汗をかくことで冷却を行えるのは、「人間が地球上のほぼすべての動物を走りで圧倒する」という意味だ。もちろん、全力疾走によるものではない。底知れぬ持久力によってだ。暑い日でも人は、マラソン一回分くらいの距離を馬より速く走ることができる。これから見るのは、馬の命を奪うほどの長距離レースになるのだろうか（その通り）。

しかしなぜ初期の人間は長距離を走っていたのか？　食料のためというのが一番の理由だろう！　長距離を走る能力によって人は優秀な腐食動物となり、遠方にある動物の死体に群がるハゲワシを利用したのだ。それから、粘り強く狩猟をするという過酷な習慣が生まれ、人は連携して獲物の動物を長距離追いかけ、動物が消耗して倒れるまで追跡する。獲物の動物たちは人よりもずっと足が速いけれど、立ち止まってあえぎ、体を冷やすこともできない。ついには、何時間も何時間も追跡することをやめない空腹の霊長類をかわすことができないほど弱り、足は遅くとも容赦なく走り続ける人々に息の根を止められる。わたしはある恐怖映画が頭に浮かんでしまう。足を速めることなく獲物をつけ狙い、そして捕らえて殺す殺人者を描いたものだ。

週末のあいだ繰り広げられるこの驚異的なレースを見るにつれ、古代の人間が、息切れしつつある獲物を、足を止めることなく追いかけている姿が容易に想像できるのだ。

ランナーの大半が最初の周から戻っている。彼らが日中に走るトレイルは陽をさえぎるものはほぼなく乾燥し、越えなければならない丘や足を取られる木の根がたくさんあり、最後はスタート地点につながる砂利道で、その両側には支援者でいっぱいのテントが並ぶ。六〇代後半くらいには見えるが年齢不詳の、やせ型で強靭そうな男性がいる。彼はベルトをしたカーキのズボンにぴっちりしたTシャツをたくし込み、スタッフ用のテントを建てているが、寒さをなんとも思っていないように見える。寒さと言えば、わたしはサーマルソックスと分厚いレギンスを履き、長袖の薄手サーマルシャツと黒のフード付きパーカー、ニット帽、それにバッテリー式のヒータージャケットを着ている。それでもわたしの鼻は冷たく、レース会場の周囲を歩き回る大勢の元気な人たち、薄手のジャケットを着て、朝の冷たい空気のなかで元気に動きまわっている人たちを目にしてわたしは恥ずかしくなっている。スタッフの大半は自身もランナーで、基本的に、その服装だけからしても、わたしよりも驚くほどタフに見える。数分前、トップ集団のランナーたちがテントにぞろぞろと入ってきて、この集団には休憩時間が二〇分あった。しかしもっと経験を積んだランナーたちが、次のスタートを知らせるカウベルが鳴るまでほんの数分しか残っていない今、そっとテントに入ってきている。ペース調整がビッグズのすべてだ。常識から考えるのとは逆に、最初の一六周のうち一周でも先頭で戻ってきたランナーは、ビッグ・バックヤード・ウルトラで勝ったことはない。

そしてついでながら、女性の勝者はひとりもいない。

しかしすべては変わりつつあるのかもしれない。ケイティー・ライトがここにいる。母国ニュージーランドで開催された、最後のひとりになるまで続くレースで優勝した女性だ。そして昨年には、アメリカの強力なランナー、コートニー・ドウォルターが優勝まであと一歩というところまでいった。脱落するまで六七時間、二七九マイル［約四四九キロ］を走り、ヨハン・スティーンが達成した新記録での優勝の陰の立役者となったのだ。ラズは女性が優勝するのを見たいと思っていて、今日、ここにはたくさんの挑戦者がいる。今だよ、と彼は人々に言う。今こそ女性が優勝するときだ、と。

わたしのそばにいるふたりのスタッフが、早々にテントに入ってくるランナーたちを目にして、口には出さないが当惑している。「後方の人たちはちゃんと状況を把握しているんだよ」。わたしはスタート地点をコソコソと動きまわって耳を澄ます。集中力を高めているランナーたちのまっただなかにこっそりと潜り込んだ詮索好きだ。

スタート地点の一番近くにあるのは巨大なオープンテントで、戸外で挙げる結婚式のケータリングサービスで使うタイプのものだ。金網やクッション付きの折りたたみ椅子でいっぱいだ。だれも座っていない椅子はランナーが戻ってくるのを待ち、ランナーでいっぱいになるが、またすぐに空席になる。ここでの休憩はこのレースの一番難しい部分のひとつで、意志の力が衰えるにつれて「ここに、この椅子にずっと座っていて」という誘惑の言葉が聞こえてくるのだ。しかし、それはまだ先のことだ。

最初の周が終わっただけであっても、多くのランナーは、たくさんの椅子のなかにある自分専用の椅子に直行し、足を上げ、目を閉じる。そうではないランナーは地面に敷かれたマットに直行し、さっとうつ伏せに寝て毛布をかけ、「今」と「スタート」のあいだに残る四分間にできるだけ休息しようとしている。しかし今日の競技者すべてが、こうしたみなと同じような休憩時間の過ごし方をしているわけではない。元気に軽やかに歩きまわり、ストレッチをし、自分のスタッフに自分のために特別に用意した品をもってくるよう頼んだり、椅子をどうにかしてスタート地点のより近くに置こうとしたりしているランナーもいる。何日も続くようなレースでは、スタート・エリアに近いことは重要だ。数歩でもそれが積み重なるとエネルギーを使い、最終的には体に支障が出るのだ。

二〇一七年の勝者であるギヨーム・カルメットは、別のランナーと一緒に主催側の巨大テントの向かいにテントを張っていて、ふたりはそれぞれの国旗、フランスとアメリカの旗の下に座っている。ふたりのそばにはカナダ人ランナーのデイヴ・プロクターがいて、太陽のようなオレンジ色のシャツとカウボーイハットを身に着けている。真剣だけれど陽気な物腰だ。彼はこのレースで、希少疾患のための募金を呼びかけるバーチャルラン、アウトラン・レアを走っている。自分の子どもも希少疾患をもっているのだ。また彼はランニングマシンを使った一〇〇マイル走の世界記録保持者でもある。一二時間三二分二六秒。これは一マイルあたりほぼ七分半で一〇〇マイルを走るということだ！　そのそばにいるのはアメリカ人ランナーのマギー・グテールとそのスタッフ。グテールのスタッフが、レースのチアリーダーならぬ「ジアリーダー」だ。元気いっぱい、すごく気の滅入るチャントを声に出し、徐々にあなたのやる気をくじいてギブアップさせる。二〇一八年のチャントはそれはすばらしいせりふだった。「Q、U、I、T！／や・め・よ・う！　やめたら楽になる！」

突然、あたりがあわただしくなる。ランナーたちが立ち上がり、ジャケットとソックスのことであれこれこうだと言い合い、軽食を口にし水をすするあいだに、低くささやくような声でコースについてあれこれ話している。それから、残り時間がほとんどなくなると、突然ランナーの集団はスタート・エリアに戻り、スタートまでのカウントダウンがはじまり、カウベルが鳴ってランナーたちは二周目へと向かう。

そしてわたしたちは待つ。

長距離を走るという進化の遺産は、わたしたちが重ねてきた人間の歴史と、人間に本来備わっている身体能力のことを簡潔に思い出させてくれる。その一方で、人がこうしたレースを走ることになった経緯を手短に教えてくれるのが、かつて、ある男が馬を伴わずに競馬のレースに出場した話だ。これは冗談ではない。

一九五四年に数人の友人グループが、カリフォルニア州とネヴァダ州の境にあるタホからアラバマ州オーバーンまで、一〇〇マイルの距離を馬で走ることになった。自分たちの馬がどれほど立派かを証明するためだ。これは仲間うちで話がまとまった、一回かぎりのイベントとして計画された。しかし、自分にもできるのではないかと思う人たちがほかにもいて、同じことをやろうと考えた。ウェスタンステイツ一〇〇、今ではテヴィス・カップとして知られるレースはこうして誕生した。

一九七〇年代初頭に、ゴードン・「ゴーディ」・エインズリーが愛馬レベルとともにこのレースに参加した。ゴーディは大柄な男で体重は九〇キロを超えるため、エンデュランス競技［数十キロを超える長距離を騎乗してタイムを競うレース］用のとても頑丈な馬にとってもレースは厳しいものになる。このため彼はほかの騎手たちとは違い、傾斜が急な砂漠の丘陵地を歩くペースで騎乗するのではなく、馬から降りて、馬と一緒に走り降りたのだ。ゴーディは子どもの頃から走り慣れていた。そしてウェスタンステイツ一〇〇のような丘陵地のレースでは、彼はそのスキルを存分に使った。そして一九七四年に、レースを主催するウエスタンステイツ・トレイル・ファンデーションの幹事であるドルシラ・バーナーが、ゴーディに自分でレースを走ったらと提案した。自分の足で。

ゴーディは断った。アメリカのラジオ局NPRのボストン支局WBURのカレン・ギブンは、この現代のウルトラマラソン文化の父となる男性のすばらしいプロフィールを語る際にこう述べている。ゴーディが最終的にレースを走ろうと決意したのは、レースで乗る新しい馬を買うのを先延ばしにしていたからだ、と。馬に乗らずにレースを走ってみよう。ゴーディは決心した。

「四〇マイル［約六四キロ］地点に到達したわたしは言った。『こんなことできるわけがない』」とゴーディはギブンに語った。その日の気温は約四一・七℃。「暑くて暑くて、集中できなかった。だからそこまで行ったときにこう言ったんだ。『ああ、俺になにができるんだ?』って。そしたらわたしの中から声がした。『まだもう一歩踏み出せる』って」

その少しあと、彼の意志――と彼の体――はほとんどくじけそうになった。四三マイル地点で親しい友人が塩のタブレットと水をもって待っていてくれなかったら、ゴーディの偉大な試みは砂漠のなかで終わっていただろう。彼はルート沿いにスポーツドリンクを一〇本しか用意しておらず、そんな量では酷暑のなかの一〇〇マイル走には足りなかった。電解質と友人の温かい心のおかげで元気が回復したゴーディは完走し、前転宙返りでゴールラインを越えるというパフォーマンスを行った。

翌年、別の男性がこれにチャレンジしたが、九八マイル地点で脱落した。その翌年の一九七六年、カウマンとして知られるケン・シャークが、二四・五時間でレースを完走した。一九七七年には一四人の男性がスタートして三人が完走した。一九七八年には六三人がスタートして三〇人が完走した。雪だるま式に参加者が増えていた。

四二・一九五キロの標準的なマラソンよりも長距離のものがウルトラマラソンとされている。ウルトラマラソンの参加者は、この一〇年で一〇〇〇パーセント増加している。スティーブ・ディエデリックはウルトラマラソンに関する情報を網羅する、「ラン・ウルトラ」というウェブサイトを運営する。彼はガーディアン紙で、二〇〇六年に世界で開催されたウルトラマラソンのレースは一六〇、二〇一八年には、同ウェブサイトに一八〇〇以上のレースが掲載されたと語った。二〇一八年四月のスポーツ関連のある記事でも、アダーナン・フィンがウルトラ・ランニング誌の統計を引用している。二〇〇三年には約一万八〇〇〇人が北米のウルトラマラソンを完走し、二〇一六年にはその数が一〇万五〇〇〇人に膨れ上がっているという。

ラズの終わりのないレースに戻ろう。ランナーたちはスタート地点に戻りつつある。二周目が終わろうとしていて、走行距離は八マイルを少々超え、軽食を摂ろうとしているところだ。この光景は四五分前に起こったこととほぼ同じだ。ランナーたちがどっと戻ってきて、それぞれのマットや椅子、あるいはおしゃべりの場に向かい、自分たちの服や靴（とても重要）のことであれこれと言い合い、食べ物を口にしている。わたしは心して、ランナーの衣服やマッサージをそばでしっかりと見ておくようにしている。レース初日のちょっとしたイライラが膨れ上がって、その後のレースで恐ろしい事態になることもあるからだ。土曜の朝に乳首が軽くすりむけていたものが、日曜日の朝にはあっという間に乳首からの出血になり、それが日曜の夜にはＴシャツに血がにじむまでになっている。最初の四〇マイルではつま先がすれて少々じくじくしていたものが、一四〇マイル走る頃には足全体に気泡緩衝材（プチプチ）のような豆ができていて、ハンバーガーの肉から汁がしたたり落ちるみたいになっている。あなたが走り、排便し、水分補給し、食べ、排尿し、再度走ることのみを続ける場合には、小さな問題が大きな力を秘めていて、それまでの努力を台なしにしてしまう危険があるのだ。

ランナーたちは三周目に向かい、わたしたちは再び待つ。彼らは次の周もさらに次も、その次も戻ってきて、わたしたちはテネシーの暖かな陽の下で待ち、カウベルとチアとジアと、軽食がぎっしりと用意されたプラスチック製の折りたたみテーブルで出迎える。付近では、スピーカーが間断なくアダルト・コンテンポラリー・ミュージックを大音響で流している。ジャーニー（「Love Will Find You」）やエリック・クラプトン（「コカイン」）といった具合だ。わたしは生理痛で便通が刺激されて、サウナのような仮設トイレで、リッキー・マーティンの甘美な「リヴィン・ラ・ヴィダ・ロカ」に合わせて悲惨な排便をするというまれにみる経験をしている。わたしは、間違いなく今日のこの勇敢なランナーたちの大勢が胃の恐ろしい症状に悩まされるだろうことに、痛むような友情を感じる。長距離走は内臓にもつらい影響をおよぼすことがあるのだ。

時が経過する。

時は進み、午後遅くの太陽が地面を焼く。ランナーたちは九時間近く走っている。「抱えている問題は人によって違う」と近くにいるランナーが言っている。「たぶん、別の日だったら、今日とは違うまた別の問題がある」。彼が友人に、自分は望むものを手に入れたと言っているのが聞こえる。最初は、わたしは自分に聞こえていることを正確に理解していなかったが、そのうちにピンとくる。彼はレースをやめるところなのだ。彼は穏やかに、あっさりとレースを去る。レースをはじめ栄養補給したと思ったら、それからあっけなくやり終えたのだ。今日はこれまでのところ三人のランナーが脱落している。なんでも詩にまとめたがるラズは家にいる熱心なファンたちのために、フェイスブックの記事を一時間ごとに更新している。

今年はある種穏やかさが漂う
だれもがこれが長く続くことを知っている……
そしてこのゲームが本当にはじまるとき、だれもがそこにいようと思っている
これまでのところわたしたちは、スタートに対する罰がゆっくりと蓄積して効果を表すことを、どうにか受け入れている

ああ、そうだ。ゆっくりとたまっていく罰。

カナダ人のデイヴ・プロクターのカウボーイハットがコーナーのあたりで跳ねて、立って見守っているスタッフたちに大声でハローと言っている。ユーモラスな言葉が交わされている。デイヴは妥協のない走りをし、笑みを浮かべて「颯爽と」している。彼はちょうど三七マイル［約五九・五キロ］を越えたところで、そのぴんと背筋を伸ばした姿勢とターボチャージ付きの脚が、見た感じでは造作なく、彼のほっそりとした体をぐいぐいと前進させている。長距離を走りつつ、彼はときどき電話をかけるのが好きだ。わたしは彼に畏敬の念と、おそらくは少々の恐怖感を抱く。わたしの頭には、歩いたり走ったりして大きな獲物を追いかける粘り強いハンターのことが浮かぶ。自分は足を止める必要などないという自信をもってのんびりと追跡するデイヴ。そして消耗したアンテロープが生をあきらめたとき、最後に目にするのがデイヴの笑顔。わたしはこういう場面を思い描く。

今、だれもがとても調子がよさそうというわけではない。マラソン一回分を走り終えて次のマラソンが進行中で、多くのランナーが、調子がよくないのではと思えるような様子を見せはじめている。スタッフのメンバーが自分が世話するランナー――背が高くやせて、ひょろ長い脚をもつショーン・ウェーバーという名の男性――に、「今日の走りが明日の走りにつながる」と言っているのを耳にする。全身に震えが走る。これがとてもとても長いレースだとなんとなく知っていることと、テネシー州の田舎のバックヤードで一日中動き回り、本当のレースはまだはじまってもいないのだと理解することはまた別の話だ。

一一周目のスタートまでに、さらにふたりのランナーが脱落した。夜が近づいているが、ここの一団は夜明けから走っているのだ。

ラズは、コースの最難関は椅子からスタート・エリアへと歩いて戻る部分だと言う。ランナーが戻るたび、彼らは腰をおろす。彼らは再び立ち上がって再び走りはじめる決意をしなければならない。一〇時間、四〇マイル走ることは、わたしにとって想像できないものに近い。それにわたしは、目の前で一一周目が進行中であるという現実に無理やり意識を向け続けなければならない。ここビッグズでは標準とされるものがほかとは違っているが、わたしは自分が目にしているものに畏敬の念を失いたくはない。それでも、四〇マイルは、ヨハン・スティーンが昨年走った二八三マイルに比べたら短距離だ。リアルタイムで展開する今日のレースを目にしていても、まだ自分には理解できないもののように思える。一〇周まではラズは地面にスプレーし直して、塗料のにおいがアパラチア山地の湿った空気に漂い、関節炎用クリームのアイシーホットや体臭や、デオドラント製品のにおいと入り混じっていた。

そろそろ、ここでは優勝賞金がないことについて述べてもいい頃合いではないか。

以前は、こうした体を酷使するすごいイベントにはレース当日に申し込みさえすれば参加できることが多かったが、今はそうではない。今日のレースの多くは抽選や資格が必要で、また数分で締め切られる場合もある。ビッグズに参加するためには、ランナーには三通りの方法がある。ゴールデン・チケットのレースで優勝すること。提携のレースでよい成績を収めること。そして個人的に招待状を受け取ることだ。二〇二〇年のビッグズ・バックヤード・ウルトラ・ワールドチャンピオンシップに向けては、世界の二五の国で三六のゴールデン・チケットのレースが開催されている。そうしたレースのひとつで優勝すれば、ランナーはビッグズに参加できる。ほかの提携レースのトップ走者たちもスタート・エリアに立つ権利を得ることが可能だが、確実にそうだというわけではない。

それにこうしたレースは参加費が安いわけではない。なかには参加費が安いか無料のものもあるが、とても安価な場合でも、旅費や宿泊費、何着もの替えの衣服、高品質のシューズやソックス、下着、ヘッドランプや、品揃えが豊富な医薬品、キャンプ装備、ランナーとスタッフのための食品、水と電解液が必要で、また、長く厳しい訓練を行うのに十分な自由時間を確保できる仕事に就いていなければならない。さて、あなたなら、こうしたアイコン的な、いわゆるウルトラマラソンへの参加を検討するにふさわしいだろうか？　やっぱり、ゴールラインがあるものがいいだろうか？

例えば、マラソン・デ・サーブル（サハラマラソン）はサハラ砂漠を走る一五六マイル［約二五〇キロ］のレースで、走っている際に（これまで）ふたりが命を落としている。このレースの参加枠は毎年数分で埋まり、二〇二〇年の参加費は三一七〇ユーロ、約三四七〇ドルだ。そしてそれには自分の住む地からサハラの真ん中へと向かう、高額な航空運賃は含まれてはいない。サハラマラソンを完走したランナーたちは、イベントの三か月後に完走証明書をダウンロードすることができる。それが賞品だ。

それなのに、なぜ人々はこんなレースを走るのだろうか。

「生きてるうちにやることはたいていは簡単なもので、だからたぶん、人にはもともと、苦しみへのあこがれみたいなものがあるのではないかしら」とマギー・グテールは言う。「出産と同じかも。苦しい部分のことは忘れるんですよね。それ以外のものがごほうびだから」。彼女はエンドルフィンの放出、つまりは痛みを押して得られる満足感について語る。「全然苦しまないとしたら、重要なことをやりとげたんだって感じるかしら。わからないけど、そうは思えないんです」

夜のとばりが降りてきて、ランナーたちは道路へとコースを変える。彼らは丘陵地のトレイルを一二時間ずっと走っているが、今度は新しいコースになる。その切り替えがうれしいランナーもいれば、これまでとは違う、自分には合わない道と暗闇に包まれることでタフなレースになると受け止めるランナーもいる。彼らはヘッドランプをつけて舗装道路に向かい、夜明けまで、なんとかそこを走り続ける。夜明けまで走ることができればだが。今は雨が降っていて、ランナーたちの走行距離は五〇マイル［約八〇キロ］に達する。

夜の周回のあいだに、六四人残っていたランナーのうち数人が、今、足を止め、軽量ブロックの穴で燃え上がっている火で体を温めている。火の周囲には脱落したランナーとスタッフが集まり、以前に参加したレースや身体的な恐怖についての話を、ビールを飲みピザを食べながら語り合っている。みな、やり終えたという晴ればれとした表情だ。ここでは、一時間ごとに戻って来るランナーをぼーっと待つほか、やることはほとんどない。わたしは自分の車まで岩だらけの地面を往復して、七マイル〔約一一・三キロ〕近くとばかばかしいほどの距離を歩いている。車には本や軽食を積んでいて、取ってくるには軽い身体活動が必要だ。ランナーたちは走り、走り、走り続けていて、一方でわたしはのんびりぶらぶらと歩き、入り口を閉じていないテントから足を投げ出して座り、ターキージャーキーを噛み、使うことはないだろうメモを何枚もとっている。

一七周目がはじまる頃には真夜中近くになっている。ランナーたちは夜明けから走っている。それでも彼らは去年の優勝者が走った距離の四分の一も走っていない。ラズは、彼の公式フェイスブックに一時間ごとに記事をアップすることを続けており、レースでの様子を短い詩にまとめている。こんな感じだ。

今もまだ五八人のランナーが走っている
沈黙がある。
聞こえるのは足をひきずる音。
マイルを積み重ね。
一度に一周

ゴールはまだずっと先
ゴール……
ゴールなどない。
だれもが自分の悪魔とふたりきり。
夜を生き延びようとし
果てのない道におびえ
トレイルに戻ることにおびえる。
その先に待つものはなにもない。
照準を合わせるターゲットはどこにもない。
今この一時間を生き延びるだけ。
次の一時間も走ることができるように。
断固とした意志をもたねばならないのは
揺らぐことのない心をもたねばならないのは今このときだ。
これは地獄。
これは厳しいレースだ。

真夜中もすぎ、火の周囲でのおしゃべりは、二〇一七年の優勝者ギヨーム・カルメットの話題になる。ギヨームはその年、ラズが開催する別のヘル・レース、バークレー・マラソンの参加資格を得るためにビッグズに参加した（ビッグズで優勝すれば、ゴールがないに等しいこのレースを走ることができる。バークレー・マラソンは、マーティン・ルーサー・キングJrの暗殺犯が脱獄した――その後逮捕された――刑務所近くの、テネシー州の低木が密集した山岳地帯で行われる）。このフランス人はデータ・サイエンティストで、満面の笑みで話し、とても感じのよい熱意をたたえている。彼は二〇一七年のレースで二四五マイルを走り優勝した。しかしわたしの周囲のランナーたちが話しているのは、二年前のギヨームの走りについてではない。話題はその脚の筋肉のことだ。それは膝の皿から上へとあふれ出ているような感じで、太ももが本来の目的に飽きて余分な仕事をしようと決めたみたいな、そんな筋肉らしい。

それを待っていたかのように、ギヨームが暗闇から出て火のところに歩いてきた。

「どうすればそんなふうになるんですか？」。仲間のランナーが彼に熱心に聞く。「どんなトレーニングを？」

ギヨームは笑う。「君が体を選ぶわけじゃないんだ」。ギヨームはフランス語なまりのアクセントで言葉を引きのばしながら言う。煙が空へとうずを巻いて上ると、熱い火から体を離す。「体が君を選ぶんだよ」

その後の話はギヨームをおだてるものになっていく。「走ってるときはほんとにかっこいい」とか、「すごいレースをするよね」とか、「すばらしいフォームだ、ほんとに」などなど。ギヨームは火を上げている軽量ブロックに足をのせてのんびりくつろぎ、周囲の人たちに向けて苦笑いしている。「そうだね」と彼は言う。「それかその振りをしているか？　そこが肝心な点では？」。みんなが笑う。ランナーたちのなかにいるギヨームは本当に感じがいい。

それから二周後、ギヨームはレースから脱落し、みなにショックを与える。けれど、レースから脱落したランナーの一部が、限界を感じて荷物をまとめて運び出し、すぐにキャンプ場を離れるのとは違い、ギヨームはそこにとどまっている。二日目の夜明けを迎えようとしていて、本当のレースがはじまるところだ。

おそらくは、わたしの前にいる、汗をかいた人々それぞれが抱える身体的試練の権化とでも言えるのが、地所に点在する簡易トイレだろう。つまり、ここの仮設トイレはすでにひどい状態だ。通常、排泄物は化学物質が溶けた暗青色の水たまり――それはカリフォルニア州でガンを生むに違いない物質だ――のなかに姿を消すが、ここベルバックルのトイレにはそんな深い池はない。ただ排泄物をたくわえているだけの、「うえっ」と言いたくなるような共用トイレだ。トイレはとても寒く、わたしの使用済みタンポンが夜明け前の闇のなかで蒸気を立てている。だれかがポータブルトイレの床に置いた小さなアロマキャンドルがちらちらと小さな炎を揺らしているが、トイレから出る瘴気にはなんの役にも立っていない。ほんとにぞっとするようなトイレなのだけど、それでもあのランナーたちが感じていることよりもはるかにましなのだ。わたしはランナーたちに強烈な共感を抱く。

朝には、残っているランナーは四三人に減っていて、この四三人は森のなかへと戻り、またトレイルで次の一時間を走ろうとしている。けれどそれは厳しい一時間になるだろう。夜に雨が降ったせいで、トレイルに落ちた葉はつるつる滑り、泥も滑りやすい。このレースでは、みなしじゅう転ぶ。彼らの大半は戻ってきて、そして走り続ける。

マギー・グテールにとっては厳しい夜だった。二〇マイル付近と早いうちに膝が腫れたのだ。彼女はそのまま走っていたが膝は悪化し、当初は秘密にしていたものの、脚が危険な状態に近づいていると白状した。しかしスタッフの助けと、それから夜間に何度か訪れる強い眠気を切り抜ける固い決意のおかげで、走りたい一心のマギーは二日目のトレイルに戻っている。「その変化は、だれもが待ってましたって思ってるような感じじゃね」。一二時間ごとにあるコースの切り替えについて彼女はそう言う。「退屈になった道を走るのは終わりで、ようやく、脚を広げてひと息ついて、また走るのよ」。道路とトレイルが切り替わることは、歓迎できるものだと彼女は言う。「どちらのコースも終わりには、『やっと別のコースに行ける』っていう感じよ」。日は昇っているが、よくて「雲が垂れこめている」といった天気で、マギーはトレイルに戻ることにわくわくしている。デイヴ・プロクターはまだ速いペースで走っており、スウェーデン人ランナーのアンナ・カールソンと一緒に早い時間に戻ってくる。アンナはターミネーターのように走り、森のなかの急なカーブでは木の枝をしっかりつかんで転ばないようにしている。

ケイティー・ライトはまだ走っている。彼女の母親も来ていて、わたしたちはよく付近の人たちと歩きまわっている。前日、ケイティーの母親はわたしに、娘の体が心配なのと言った。「でもあの娘にはそんなことは言わないの」。ケイティーは地面にぱったりと倒れ込み、次の周がはじまるまで、美しい熾天使のように穏やかに横たわっている。テントに入るや、天使のような静けさで目を閉じて、マットにすぐに横になるのだ。彼女は粘り強く、こつこつと進む。彼女の脚とその態度に、わたしは、彼女は馬にでさえ勝てるのではないかとか、次の周も大丈夫だろうと思ってしまう。二〇一七年に彼女は慈善活動の募金集めのために、ウェールズの海岸線、全長八七〇マイル〔約一四〇〇キロ〕を走った。彼女がわたしに言うには、海岸線を走るあいだ、夜には脚を壁に上げて眠らなければならなかったらしい。脚がずっと地面をけり続けようとしたからだ。あまりにも長く走って、脚はその止め方がわからなくなったのだ。

森から戻ってくるランナーはみな、泥まみれ汗まみれになっているが、なかにはほかのランナーよりもひどい状態の人たちがいる。エクアドル人ランナーのアンドレ・ヴィラグランは右膝あたりが悪夢のような状態で、今では右膝が左の二倍ほどに腫れあがっている。昨日、彼は周回のスタートにあわや遅れるところだった。膝がしら用のサポーターをつけるのに手間取っていたからだ。今日は膝の裏側が、安っぽいゾンビ映画に出てくる、ゾンビに噛まれて化膿したところみたいにひどい有様だ。膝のサポーターの周囲から紫と黒と暗赤色の筋が走り、顔は青白くて温かみが感じられない。彼の膝のなかにはなにか邪悪なものがあって、それが広がりつつあるように見える。まったくぞっとするような見た目で、彼の様子に、この冷静な観衆のあいだでさえも心配と恐怖のささやき声が聞こえる。

きわめて異例なことだが、ラズはヴィラグランにレースを止めるように助言している。しかしヴィラグランは続けたがる。彼はスタート時間に間に合うように走り続け、そしてこの点は重要だが、彼の唯一のスタッフは父親だ。そうでなければ、おそらくは、最後のひとりになるまで走ろうとするヴィラグランを、スタッフがラズと一緒になって止めようとしただろう。現状ではラズは、ヴィラグランの父親がヴィラグランのことを一番よくわかっていること、父親がヴィラグランの身体状況を懸念して記録を取っていることをしぶしぶ受け入れている。このレースは、ランナーが自分を、これまで経験したことのない極限状態にまでもっていくという点がすべてだ。しかしたとえそうであっても、ラズをはじめとする人々は傷が永久に残ることについては心配している。成人が十分に情報を得たうえで自らの意志でやることと、手を出すよう勧めるべきではない、拷問のような苦行との線引きはどこにあるのだろうか。答えはない。ここにいるだれもが、このレースのランナーにやめろと言う場合には、その困難さ非情さと格闘しなければならない。観客としては、なにかとても、シュールとでも言うようなものに直面して、それにずっと寄り添うのは難しい。わたしは、ここにいる人たちが昨日の夜明けに走りはじめ、今日もまだ走っていることがわかっているし、そしてわたしはそれをずっと見ている。とはいうものの、とはいうもののだ。

それでいいのかどうか、どうなんだろう。冷たい、湿った朝ではじまった日曜日は暖かな一日になる。ピクニック好きにはいい日和だが、ランナーにとってはまるでオーブンのなかにいるようで、ランナーたちはやむことのない痛みのパレードのなかで足を動かし続け、足を止めるのは、ソックスを履いたり軽食を摂ったり、なにか上に羽織るといったちょっとした問題を解決するときだけだ。こうした小さなことに注意を向けるからこそ、ランナーは長時間苦しいレースを続けることができ、そしてスタッフたちは、失われた古代の神々の熱心な崇拝者のように、彼らに奉仕する。このレースにはスタッフが絶対に必要だ。人間の体をこれほど長く厳しく動かし続ける場合には、解決すべき多くの問題がある。なにをどう食べるか。どの筋肉をストレッチしどの筋肉をマッサージするか。なにを着るか。五〇マイルほど走ると体はうまく体温調節ができなくなっていて、スタッフとランナーは、なにを着るべきかという問題にそれ以降ずっと取り組まなければならない。

この疲れ切った体の小さな一団を見ていると、彼らが直面している長い苦行に驚かずにはいられない。これほど長距離を走ると、かかとが地面にパタパタと絶え間なくあたるという繰り返しの動作だけで、血尿が出るのも珍しくはない。地面に繰り返し繰り返し、絶えず足をたたきつける行為を続けることで、がんばる赤血球を破壊するのだ。また厳しい条件で長く走ることで絶え間なく腸がゆすられ、それが運動による腸の血流不足（筋肉のせい！）と重なって、血便がでることもある。それは、腸――もっと活発に動いていない状況でも、各心拍で送り出される血液の三分の一を受け取っている――が、長時間の血流不足にうまく対応できないからで、これは虚血として知られる。腸は血液を受け取って、吸収したグルコースや塩分、栄養素を、差し迫った必要に応じて筋肉に分配する必要がある。しかし一方で筋肉自体も血液が必要で、何時間も何時間も、強く、ドクンドクンと、酸素が豊富な血液が直接、大量に送り込まれるのだ。

内臓が血管収縮のシグナルに対してとても敏感なのには理由がある。それはわたしたちの体が迅速に、必要な場合には瞬時に内臓への血流を筋肉へとまわすことができるということで、そのおかげで必要な場合には、栄養源や酸素が、それを必要とする身体活動へと向けられるのだ。しかしもしこの作用が続き、また内臓への血流が腫脹（炎症を伴った臓器の腫れ）によって遮断されるようなことがあれば、出血や若い細胞の死が起こる可能性がある。走るという行為によって何時間も内臓をゆすることにくわえ、血便が出る完璧な条件がそろっているのだ。

実際に消化器系全体があっという間に恐ろしい混乱に陥って、その多くが制御できない場合もある。何年も前、アメリカのスポーツ専門メディア、ＳＢネーションがスポーツの身体的代価を特集した際、ロサンゼルスに本拠をおく耐久アスリートでありコーチのジミー・ディーン・フリーマンは、ウルトラマラソンを「飲み食いが大事なレースで、運動と景色は付け合わせにすぎない」とわたしに語り、わたしはそれを忘れはしない。

「あんまりがつがつ食べようとすると、体がちょっと抵抗してむかむかするでしょうね」とケイティー・ライトは言う。「吐いてしまうと思う。食べたものを腹におさめておけずに。けれど、栄養分を保とうとしないと倒れるし、エネルギーはなくなるわ」。彼女は、レースの際にはこれまで、固形の食べ物を口にして吐き出さないでおくことがあまりできなかったと言う。ビッグズでは、彼女はポテトとリカバリードリンク、それに、実質的にピューレタイプのベビーフードと言えるエナジージェルという定番の食事でどうにかやっている。

わたしは軽食の様子を定期的に記録し続けている。毎時間、活動の時間は数分間だが睡眠の時間は取れない。そしてわたしは精神錯乱状態だ。土曜の真夜中から一時間程度しか眠っていない。時間をつぶすためわたしは、流れている歌のタイトルや、牝牛がどんな音を立てているか、それに昨夜はあるスタッフが酔っぱらってどれほどの惨状だったかといったことを細かに記録している。そして、このスポーツについてわたしにわかっていることを踏まえれば、これは実のところ「超大食い・大飲み大会」での軽食記録なのだ。

観察した軽食。ヌテラ［ヘーゼルナッツをベースとした甘いスプレッド］を塗ったトルティーヤ、小さなパウチタイプのアップルソース、袋入りのガーリックパン、チーズのスライス、ポップタルト、インスタントラーメンの塊（乾麺）、自動販売機で売っているようなクラッカーの包み、グリルしたチーズサンドイッチ（ラズの妻のサンドラから、二日目の朝に全員へのプレゼント）、ひとり分の調理済みのマカロニチーズ（粉末タイプ）、オートミール、グリッツ［トウモロコシを挽いた粉を茹でた、粥のような食べ物］、ポテトチップ、スポーツドリンク、キャンディバー、ビン入りソーダ（カフェイン入り）、ポテト、ベビーフード、プレッツェル、ひも状のストリングチーズ、バナナ、ワッフル、ピーナツバター。ギヨームはレースを終えたあと、腰をおろし、パン一本を半分に割って両手に半分ずつもってもぐもぐ食べている。それからある時点で、だれかがマフリーズボロまでちょっとドライブして、ピザを買って帰っている。

日中は厳しい環境だ。ランナーに厳しく、見学者にも厳しい。とても消耗し、とてもわくわくする。二日目の一周目のスタートがレースの本当のスタートで、最初の一〇〇マイルは、何日も続く苦しみに向かうための過酷な洗礼にすぎないのだという。集団が急にまばらになりつつある。アメリカ人のアメリア・ブーネはレースを終えるとき、動画の投稿でこの経験をしめくくる。だれかが、彼女のつま先にたくさんできた、膨れ上がった水疱を切開しているところだ。水疱のいくつかはサクランボくらい大きくなっていて、ほかはシカダニくらいだが、水疱が盛り上がり彼女の足の皮の上で押し合いへしあいする様子は、森の地面に生えたキノコの一群のようだ。動画では、ほっそりとしてマニキュアを施した手が、水を含んだまめの中心部に長い注射針を刺している。

日曜日は長くて暑い一日になる。そして一周ごとにランナーが脱落している。三五回目（走り続けていれば土曜の午前六時四〇分から日曜の午後四時四〇分まで）のスタートまでに、ランナーは七二人から一二人に減っていた。残ったランナーはみな、条件が最悪の周を切り抜けている。森のなかにいるあいだに太陽が沈む場合がそうだ。夜が到来して真っ暗闇になるコースをペースを落とさずに走り終えることができれば、そのあとの、夜のコースである道路を楽に（「楽に」だって！）走ることができる。わたしは夜になると恐怖を感じる。ランナーが眠らずに走るのはこれで二晩めだ。彼らはとても長く走っていて、なかにはぼろきれのように見えるランナーもいる。デイヴ・プロクターはまだ全然大丈夫そうだ。先頭のランナーが夜のコースから戻ってきた。スタートまで残り四分だ。最後尾は一分を切っている。ドイツ人ランナーのアンドレアス・ロフラーは残り一〇秒を切ってからどうにかスタート・エリアに入り、片方のシューズはまだ手にもっていた。そののち、彼は夜のレースの最中にポストの上で寝ることになる（どんな夢を見たのだろう）。

スウェーデン人ランナーのアンナ・カールソンとトーベ・イュレブリングはまだ脱落しておらず、アメリカ人のマギー・グテール、ゲイブ・レインウォーター、ギャヴィン・ウッディ、ウィル・リヴェラ、それにショーン・ウェバーも奮闘中だ。ショーンとそのぴょんぴょん跳ねる脚はレース後に松葉杖をつくことになる。その後、ショーンがビッグズのフェイスブックのグループに写真をアップするが、松葉杖に支えられて笑っている。参加の証だ。アンドレ・ヴィラグランとその傷ついていることがありありとわかる膝はまだ走り続けていて、紫色のインクを塗ったような塊が膨れ広がっていて、暗いなかでもそれとはっきりとわかる。「ダーティ・ゾーン」とラズが呼ぶものを締めくくるのは、ケイティー・ライトとその仲間のニュージーランド人、ウィル・ヘイワードだ。

日曜の夜は過酷だ。わたしは眠っていないことで頭が混乱してもいて、湿った冷気に哀れな気分になり、固い地面に体が反抗している。通常の環境だったら、わたしは不平を言っていただろう——このイベントの取材はへとへとになり、果てしなく続き、居心地が悪くて、泥だらけでひとりぼっちだ。排便する場所もない。トイレは満員。わたしはトレイルミックスと顆粒のインスタントコーヒーとビールの蓄え少々で生きている。暖を取ることができない。心地よくならない。冷たい夜には記録を取るのに指がちゃんと動かない。それにこの不平の種（タネ）すべてにおいて一番嫌になるところは、毎時間わたしが目にしている苦しみに比べれば、それがなんとも、「なんでもない」、まったく「たいしたことではない」点だ。痛みに耐える神のごとき人たちに比べれば、わたしは夢のような、安易な過ごし方をしている。わたしは、贖罪のためにムチ打ちをしたり皮膚にナイフを入れたりする人たちを眺める町の住民のような気分になる。別にわたしが吹き出物や食事に不平を言っても構わないのだが、こうした、自らに苦難を課し、自らを奮い立たせてそれを続行するという驚異的な人々を目の前にして、どうしてそんなことができるだろうか。

二晩目に入って二時間、ランナーは八人に減っている。眠気に襲われたアンドレアス・ロフラーは時間内に戻ってこなかった。ゲイブはスタートはしたけれど途中で戻ってきた。アンナとウィル・リヴェラはスタート・エリアに入らなかった。二時間後、レース開始から五時間で膝をひどく痛めていたアンドレ・ヴィラグランが、ついにレースを終えた。三九時間目のことだった。観衆に好かれ、優勝者予想でも人気のギャヴィン・ウッディは真夜中前に脱落し、残りは六人になった。

マギーとケイティーとデイヴはみなまだ元気でしっかり走っているようだ。シンスプリント［膝から足首の内側、下から三分の一に鈍痛が発生する筋膜の炎症］を抱えたショーンは、よろよろと歩いているようなものだ。トーベの走るペースは落ちている。それに、とてもやせて背が高く、疲れ切っているように見えるウィル・

ヘイワードは、足をひきずりながらどうにか前へと進んでいる。正直に言うと、わたしはこれを、衝撃を受けるほどの畏敬の念をこめて言うのだが、コースを走っているウィルはぼろくずにしか見えない。彼から目をそらさずにいるのは難しい。彼のほっそりとした顔がゆがみ、大きく口が開いてしかめっつらになっている。

「結局、僕は自分に釈明することになった。本当は二日目の終わりにやめるつもりだったんだ。痛かったから、って」とウィルは言う。香港在住のニュージーランド人だ。「体が傷んでいることには気づいていて、二日目の夜を走り通すことはできないとも思った。道路を四、五時間だらだらと走って、真夜中にやめることになんの意味がある？　もちろん、午後六時にやめるほうがいいに決まってる。その時点で断固としてやめるつもりだったんだ。でも、スタッフに思いとどまるようにって説得されたんだ」。ウィルは、僕はおろかにも、スタッフに愛のムチで接してくれと言ってたんだよ、と教えてくれる。「それはあとで考えると、大きな間違いだったよ」

わたしは彼に、スタッフにそう言ったことを後悔しているのかと尋ねる。

「もちろん、ノーだ」

夜のあいだに、ウィルは付近の野原で雪の幻覚を見はじめる。ショーンは四三周で限界を感じ、トーベは四四周がはじまる前に椅子から立ち上がれなかった。ケイティーはまだ走っているけれど、夜のあいだにはじまった生理を乗り切ろうと、スタートまでの貴重な時間にほんの短時間うとうとしている。「最初に折れるのはいつも頭。自分の体を守ってくれるのは頭だから」とケイティーは言う。彼女はそれから、長距離を走ることの大部分は、自分の体がやっていることに対して脳が発する異議を打ち負かすことなのだと説明する。「ショーン・ウェバー……彼はとにかく自分をとことん追い込んで、追い込んでた。彼は倒れて、運ばれてしまった。わたしは、それは、壊れたのは必ずしも頭ではなくて、体だっていう大きなサインだと思うの。こんなことが起こるレースは世界にもあまり多くないと思う」。つまり通常は、体よりも前に頭があきらめる。ここビッグズでは、ショーン・ウェバーはそれを通り越した。彼の体は頭よりも前に壊れた。それを目にする機会はそうそうない。

これは、なにが可能かを問うレースだ。人間の意志はなにをやりとげることができるのか。あなたは現実に、自分をどこまで追い込むことができるのか。究極の限界を見つけることにどんな意味があるのか。それに、本当に、それをすべきなのか？

「レースのあいだじゅう最高の気分を味わってるとしたら、それほど必死で走ってはいないってことじゃないかな」とマギーは言う。ではマギーが走るのをやめなければならないときは？「いろんなことに対して神経質に、不安になるわ。自分が無価値だと感じるような。底なしに恐ろしいって感じではないのだけど、なんというか……」。彼女の声はしだいに小さくなる。「わかるでしょ」

今、三日目の夜が明けようとしていて、レースの参加者は少しずつ減り、四人のランナーしか残っていない。ケイティー・ライト、マギー・グテール、デイヴ・プロクター、それに、不可解なことにウィル・ヘイワード。ウィルは下痢と脱水症状に苦しんでいる。彼らは四八時間走っていて、総距離は二〇〇マイル［約三二〇キロ］に達している。日の出直前にふたりの保安官代理がレース会場にやってきて、暗闇のなかを足をひきずりながら走ってくるランナーたちを目にして困惑していた。ラズはレースの詳細をふたりに説明した。そして、彼らはまる一時間滞在してレースを見学した。見守るのはみな好きなのだ。

五〇周がはじまった直後の午前八時頃、ケイティーがコースとは違う方向へと足を向け、森から離れるのが見える。ケイティーのスタッフのエマが大声を出してケイティーの方へと走り出そうとするが、ラズに厳しく、大声で叱責された。ラズは、エマに口を出すな、ケイティーを放っておけと命じた。エマはケイティーの方へ向かうのをやめ、ケイティーはトレイルとキャンパーを分ける、波打つ黄色の立ち入り禁止テープをくぐって、時計のほうへ戻りはじめる。足首につけたモニターを返却するために。彼女は消耗しきっている。「突然だったのよね。腹をくくるのに実際に二周もかからなかったわ。レースをやめるかどうかいろいろ考えるみたいな時間はなかった」。脚のケガが今日のビッグズのレースを終わらせた。「この脚を動かし続けることはできなかった。とてもではないけど難しかったわ」。ビッグズ以前にケイティーが参加したレースでの自己ベストは一〇〇マイル、二四時間に少しだけ足りなかった。今回、ケイティーはその二倍、二四時間一〇〇マイルを二回分、四八時間連続で走った。「スタート地点まで戻ってくるのに本当に時間がかかったわ」と彼女は言う。「数歩で走っていたところを、両手両膝をついて這って進まないといけなかったの」。フェイスブックにラズはこう書く。

見事なレース、ミス・ケイティー。この場で彼女の走りを見るのはこのうえない名誉だった。

ケイティーは短い睡眠をとって、レースを見るために残った。

天気予報は雨で、ランナーは三人に減っている。ペースが速く安定したデイヴ。マギーはときおりストレスを抱えているようだが、それでも疲れ知らずに見える。そしてウィル。この時点で命を与えられた死体のように見え、温かみがなく、顔は青白く、ふらふらしている。

五二周の終わりには驚くべきことが起こる。最初に戻ってくるのはデイヴではない。実際、デイヴは二番手でさえない。これまでとても一定の、とても安定したペースできているデイヴ、不屈のデイヴは時間ぎりぎりに戻ってきて、残すは三〇秒だった。デイヴになにかが起こっている。彼のスタッフは必死にデイヴの世話をする。この二日、ラズは、デイヴの走るペースが速すぎるという懸念を語っていた。残っている見学者たちは静まり返って立っている。デイヴ――にやりと笑ってウィンクするデイヴ、スタート地点で笑顔でキャラメル・アップルを食べていたデイヴ、カウボーイハットをかぶったデイヴは、今や脚がふらつき目はうつろだ。

「この時点までは、俺はこれまでになくレースをうまく走っていた」とデイヴはブログに書いている。「みんなが俺に、とても調子がよさそうだと言っていたが、かわいい子にはみんなそう言うもんだ」

けれど今、デイヴの視界はあまりにぼやけて時計を見ることもできず、左右を見るときには頭のあとから目がついて動いている。彼はつぶれかけている。彼のチームは一〇〇〇キロカロリーの栄養分と一リットルの水分を補給して、彼をスタート・エリアに立たせる。カウベルが鳴って、ランナーたちが出発する。

そしてその周の最後に、マギー、ウィル、そして四〇秒を残してデイヴがゴールする。「ほんとに苦しい時間だった」と彼は書いている。「俺の頭にあるのは、この周も終わるはず、これも終わるはず、一時間後にはここに戻るんだ、っていうことだけだった」。森のなかからデイヴが戻ってくるのを目にした観衆がウォーッという声をあげ、それが彼のモチベーションを上げる。彼のスタッフは食べ物と水がいっぱい入ったベストを彼に着せ、ふたたび彼を送り出す。あきらめるなよと言って。ギヨームが叫ぶ。「行け！　行け！　行け！」。

けれどデイヴはそれがレースの終わりだとわかっていた。彼はブログにこう書いている。

ほんとにみんなが、だれもが俺を前に進ませようと最善を尽くしていた。俺はがんばってくれたみんなを愛してる。俺はまた、これも終わるはずだ、頑張るんだデイヴ、って自分に言いきかせながらその周をスタートした。たいして進む間もなく、ひきずっていた脚が木の根っこにひっかかって倒れた。俺は両手両膝をついて体を起こしたが、足で立つのに本当に四苦八苦だった。木のところまで這っていって、それで体を支えて足を立たせたんだ。そこにじっと立ったまま、俺は五三周目のベルには間に合わないと思った。いろんな感情があふれたが、大きかったのは、まだやりとげてないっていう気持ちだ。俺は声に出して一〇回言った。「俺はもっとできる、俺はもっとできる……」って。

俺はゴール地点に歩いて戻った。レースをやめるんだからカウボーイハットを脱がなきゃならないってことが、すごく大きなことに思えたのを覚えてる。ケーブルがいっぱいの空き地に出たとき、俺は泣き崩れた。みんながそこで俺を待って立っていたかのように、みんな、俺を囲うように立って、俺の努力に敬礼するかのように、何分間もずっと拍手してくれたんだ。昔からの友だち、新しい友人、まったく知らない人たちみんなにありがとうも十分に言えていない。傷ついてぼろぼろのときに、君たちが俺に抱かせてくれた思いはかけがえのないものだ。俺は決してそれを忘れない。

レースのあいだじゅうタバコをふかしながら行ったり来たりしてカウベルを鳴らしていたラズは、デイヴをハグし、わたしはテントに入って泣く。

午後に入り、雨が降っていて、ウィルが脱落しつつある。彼はテントに走り込み、首を真横に切るしぐさをする。もう無理だという合図だ。ウィルは、デイヴが脱落したときにパニックに陥った。彼は、自分はもう終わりだと思い、そしてマギーとデイヴはその先も何時間も続けるだろうと考えていたが、今やデイヴはレースにおらず、レースの続行は自分にかかっている。ウィルがやめるとき、レースは終わる。そしてマギーのレースが終わる。

　だがマギーがギヨームに、ウィルをやめさせないでと頼んでいた。「ギヨームとアンディ・ペアソン。あのふたりがウィルに食べ物を与え、レースに送り返していたの」と彼女は言う。マギーにはウィルが走り続けることが必要で、そうすれば彼女は走り続けることができるのだ。そして、それまでのところ、彼は走り続けていた。「ラズはいつも言うわ。自分は勝てないって思ったらレースは基本的に終わりで、続けることはほんとに難しいって」と彼女は言う。彼女は、望みがほとんどなくなったあとも続けようとするウィルの決意に舌を巻いている。

　けれど、ウィルの持久力と、苦痛に耐えどうにか前に進み続ける力は、彼だけの努力によるものではない。ウィルはもう考えられなくなっている。ウィルがレースを続行できたのはそのスタッフのおかげだ。ウィルは、とにかく走りさえすればいいのだ。

「四八時間もランナーとして走ると、外の世界でなにが起こっているかわからなくなる。だからとても有能なスタッフと、自分に必要なことすべてをやってくれる人たちがいてくれる必要がある」とギヨームは言う。「そうでなければ、ずっとずっと遠くまでは行けない。もう実際に自分で自分をコントロールできる状態にはないからね。けれどできる限り遠くへ行けるように、みんなが手伝ってくれるんだ」。今日に入ってからはほとんど、ウィルのスタッフにも、ウィルが本当は続けたがっているのかどうかよくわからなかった。彼らはウィルに調子はどうだとは聞かない。「大丈夫だ、コースに戻れ、と言うと、ウィルが毎周、毎周レースに戻って、それに立ち会うのはすごいことだった」とギヨームは言う。ギヨームはそれほどの距離を走ることがどんな感じかを知っている。彼はだれもがとてもひどい気分になると言う。

　ウィルが自分の椅子に座ると、スタッフが彼に食べ物を与え、彼をスタート・エリアまで歩かせ、正しい方向に体を向けてやる。ウィルはもうやめるつもりはない。カウベルが鳴って、ウィルは走り続ける。

「続けるのが厳しくなるまではほんとに簡単なんだ。それからほんとにほんとに、難しくなる」とウィルは言う。「けれどその頃には心ここにあらずみたいな感じになっていて、ある意味、なにも気づかなくなっている。自分がそのレースを走ってわかるのは、なにより、ほんとに時間が止まるっていう感覚だ」

「時間はずっとどこまでも続くかのようで、けれど、瞬間的なものでもあったんだ」

ウィルがスタート時間に間に合うよう戻るとはだれも思っていないが、しかし彼は戻る。

彼は戻り、食べ、スタッフが彼をスタート地点に立たせ、彼はふらつきながらも顔を正しい方向に向け、カウベルが鳴り、彼はマギーのあとをよろけながらついていく。

そして、彼はまた同じことをやる。

「もう疲れ果てたと感じるところまで何度もいった。『あー、もうやめる、もう動けない』って」とウィルは言う。「それから思い直すんだ。いや、いや。まだ行ける。たぶんもう少しペースを落とす必要があるんだ。たぶんもっと食べる必要があるんだ。それにもう少し歩いたほうがいい。けれど、また続けられる。そうすればそのうちもっと楽になる」って。

空は広がっている。何時間も雨が降り続いている。

マギーが六〇周目からもどってくる。総距離二五〇マイル［約四〇〇キロ］だ。今は月曜日の夜で、レースは土曜の夜明けにはじまった。マギーはもうヘッドランプを点けていて、雨はまだ降っている——夜明けまで走る道路へとコースを切り替える前、月曜の夕方、森を走る最後の周は難しい部分だ。夕闇が完全な闇へと変わりかけていて、土曜と日曜の夜と同じく、スタート・エリアはどぎつい人工の灯りで照らされている。昨夜に比べ今夜は殺風景な感じがする。昨夜はもっとランナーがいて、もっと動きがあった。しかし今夜は、レース展開を見守るという行為は、最後のヘッドランプの灯りが木々を通して届くのを待つ、寝ずの番のようになっている。わたしたちがいるキャンプ場は静かで、わたしたちはみな、毎周、ウィルを熱い思いで待つことにだけ集中している。木々のあいだから一筋の光がもれてこないか暗くて濡れた森をすかし見て、みなでウィルを待つあいだ、わたしは、どうなっているのかといったことは口にしないし、わたしの周囲であれこれと言われていることに耳を傾けもしない。ウィルのヘッドランプの灯りが見えてくるのは恐ろしくも感極まらせる光景で、また、ありえないとも思えるシーンだ。ウィルは制限時間ギリギリに戻って来ることが多い。ウィルが戻ってくる見込みはまだある。

これを自分への鼓舞が発揮されている場だと見るのは簡単だ。人間の不屈の精神は肉体を可能性の限界まで導く。しかしそこには恐怖もある。体がそれ自体と戦っているという理屈抜きの現実だ。各ランナーがレースの最後に発する疲労を、炉がもつやわらかな熱のように感じることができる。限界に到達したランナーをわたしは初めて見たが、力を尽くした彼らの目はうつろで体はぬるぬるとしていて、わたしはテントに駆け込んで涙にくれた。それを間近で見ると圧倒される。そこにいる人がみな、あえぎ、顔をゆがめ、奮闘し、計り知れないものが現実にそこにある。それは美しく恐ろしくもあり、でも、わたしたちはそれを見るのが好きなのだ。

レースの時計は六〇：〇〇：〇〇に徐々に近づいている。その時間が近づくにつれ、ウィルが戻ってくるチャンスは小さくなり、マギーの優勝が確実になってくる。残り時間があと二分になってもウィルが戻ってくる気配がなく、わたしの胃にへんな気配がしのびよる。ビッグズに到着したとき、レースがはじまったとき、最初の夜、最初の夜明け、それに雨の日の午後の霧雨のなか、何時間か前にウィルが最初にレースをやめようとしたときもこれと同じ気分だった。わたしはここで心動かされている。人間の可能性の本当の限界が、ほんの鼻先のすぐそこであらわになるのに立ち会うことで。目の前で見せられる苦痛はこちらが混乱するほど大きく、でもおおらかなものでもあり、こちらを見てとあなたを誘う。たいていの苦痛は、そんなふうに目を向けることはできない。ここのこのレースでは、すべての人がランナーの顔に現れる痛みをじっと見ることが許されている。苦しみはわたしたちの力がおよぶ範囲の外にある場合が多い。そして感情移入や社会的礼節、ミラーニューロン［共感細胞とも言われる、運動や感情を鏡のように真似するシステム］といった大きな問題のせいで、深い苦痛をその体に抱え込んでいる人々をじっと見つめることは、必然的によくない行為だとされる。それを間近で見ること、それをよく考えること、それを理解し心動かされること。このレースは、できるかぎりわき目も振らずに走り続けるという行為は、その観衆に、のぞき見し、敬い、それにひるみ、感動するという贈り物をする。実際に人間の体ができることってなんなのだろう？　どこまでなら、人がやろうと決意し、やり遂げられるのだろう。「わたしがやってみたらできるだろうか？」。それから、これが重要だが、「境界はどこに引くべきなのだろう」。

マギーはスタート・エリアの砂利の上に立っている。彼女の薄手のジャケットは雨で湿っていて、わたしたちはみな、時計がウィルの帰還に見切りをつけようとしているのを見つめる。

観衆はなんとも言えない金切り声をあげはじめる。

六〇時間と二五〇マイル。マギー・グテールがビッグズ・バックヤード・ウルトラ初の女性勝者となり、そのほっと力を抜いた姿や泥だらけの脚、「ラストマン・スタンディング（Last Man Standing、最後のひとり）」――まるで彼「女」への皮肉のようだ――と書かれたレースのビブを撮ろうと押し寄せたカメラマンたちのフラッシュを浴びている。少なくなったスタッフやメディアが歓喜で叫び声や怒鳴り声をあげるなか、マギーは微笑んでいる。彼女はやりとげた。冷たい雨のなか、温かな涙がわたしの頬をぬらす。わたしは不可能と思われたことが現実になるところを目撃している。

「そしてそれから、カウントダウンがとうとう一までいって、ウィルは戻ってこない」とマギーは言う。「みんなが、わたしはもう一周走るのか、どうなんだって思っている。けれどわたしがその周を走り終えて、ウィルはそうじゃなかった。それがわたしの『もう一周』だったの」。勝者の宣言を受けるためには、競争相手よりも一周余計に走る必要がある。ウィルがその周を走り終えて、それからスタート・エリアに戻らなかったとしたら、マギーはもう一周ひとりで走らなければならなかっただろう。「頭を突然切り替えなきゃならないみたいなことはだれにだってあるし、それはほんとにあっけない終わりだったわ」

この非常に困難な偉業——テネシーの田舎の森を六〇時間走り続け、そして優れた競争相手たちをみな打ち負かし、この一流のレースの初代女性勝者となった——をなしとげたマギーは憮然としている。「もっと走る気満々だったのに」

マギーが賞賛と崇拝に沸く観衆の前で新しい勝者として立っているとき、彼女の周囲でがやがやとマギーとは別の話が交わされはじめる。ウィルはどこだ？　彼はまだ森から出てきていない。

ウィルは最後となる周を走っているとき、いい気分になっていた。何時間も前にレースをやめようとしたとき以降、徐々にいいタイムを出しつつあった。そしてちゃんと飲み食いもできていた。下痢止めの薬が効いたのだ。しかしそれから、日が沈んだ。

「ある時点で歩きながら寝てしまった。完全にひとりぼっちになったときだった」とウィルは言った。「僕は突然、香港に戻っている気になっていた。古い村々を歩きまわっている。家々が見えているような気がした。それか、よく見えてないというか。ほんとに夢のなかにいるみたいな感じで。それがそこにあることはわかってる。でもたぶんあまり見えていないんだ。まわりに人がいるみたいな気がしてたけど、それはよく見えなかった。その人たちは、家のなかか、小屋かなにかの向こうにいるといった感じかな」

「道を歩いてた……実際に道を歩いているってことには全然気づいていなかったけど、そんな感じで、たぶん行ったり来たりしてたんだろう。それに街に戻る道を見つけようとしてるような気がしてた。けれどあたりは真っ暗だ。だから道を見つけられなかった。だから、『ああ、戻る道を見つけたほうがいいぞ』って思ってたみたいだ」

最終的に、幻覚のなかで、ウィルは寒さを感じはじめる。トレイルに張ってある黄色いテープが夢のなかに潜り込んでくるが、彼をそこから運びだしてくれはしない。ウィルは頭のなかで村をさまよい、出口を探したがみつからない。そのとき、ヘッドランプが見える。

「だれだ?」。ウィルは夜の闇に声をかける。

「ギヨームだよ!」。声が戻って来る。「おい、ウィル、調子はどうだ? 大丈夫か?」

「ヘイ、ギヨーム、こんな遠くの香港でどうやって僕を探せたんだ?」

「ウィル、違うよ、君がいるのは香港じゃない。ビッグズだ」。ゆっくりと、ウィルの意識がテネシーに戻って来る。

「僕は『ここでお前はなにしてるんだ?』って感じだったよ。ギヨームがなにを言ったかよく覚えてないけど、突然、『もう起きなきゃ』みたいな気分になって……こんな風にギヨームに言ったのを覚えてる。『どうしたんだ?』。ギヨームは『おい、レースは終わったよ。マギーが勝った』って。僕が『ああ、残念』って言って、ギヨームは『君、六〇時間近く走ったんだよ!』みたいなことを言ったかな」

ウィルはスタート地点に戻って英雄みたいな歓迎を受ける。ウィルが森のなかから姿を現すと、わたしたちは歓喜と安堵でわーわーと大声をあげる。彼は無事だ。彼は大丈夫。彼はやった。ウィルは大丈夫だ。

「マギーに勝てるとは思ってなかった」とウィルは言った。彼は優勝しなかったことに失望してはいなかった。自分はほんとによくやったと思っていた。「すごく満足だ」と彼はつぶやいた。その満足感は、もうこれ以上は走れないという、その瞬間まで本当に走ったことからくるもので、彼の体はこの数日、断固とした心の命令にしたがっていた。ウィルはできるかぎり長く走り、雨に濡れた肉体で自分の限界に触れ、よろめきながら現実に戻り、賞賛の嵐を受けた。そして、レースは終わる。

「レースをやめると脳が解放されるみたいな感じになって、突然、痛みが全部戻って来る」

親愛なるラズ

あなたのメールを受け取り、わたしの著書をあなたがどう思われているかを知って、とても深い悲しみにあります。

わたしの書『なぜ人は自ら痛みを得ようとするのか』は、人が意図的に痛みを受ける際の様々な手段を探究するものです。あなたがおっしゃるような「サド・マゾヒズム」に関する書ではありません。確かに、幅広い分野を取り上げているため、ある種の性的マゾヒズムの話題も含みはしますが、それは重要な部分でもなく、本書の主題でもありません。わたしの著書は意図的な痛みについて、そうした近視眼的で古い考えよりももっとずっと大きな視野で考察するものです。

実は、人間は記録に残る歴史においてつねに痛みと直に向き合っています。わたしの書では宗教的なムチ打ちやムエタイの選手、寒中水泳の参加者やバレリーナ、辛いトウガラシの愛好者、サイドショーのパフォーマー、聖なる儀式やウルトラマラソンのランナーを取り上げています。神経科学者、心理学者、遺伝学者、生物学者と、あらゆる専門家への取材も行っています。

体を限界まで突き進ませるのはすばらしいことです。わたしの作品は、なぜ人々が痛みを用いるのか、そしてその過程でわたしたちが見出すあらゆる利益と困難を探究するものです。わたしは、こうした力を見せる人々に畏敬の念を抱いています。わたしたち人間の体は、大半の人には到達できないようなレベルの、大きな、卓越したことをなしえる能力を備えており、それを間近に見ることができると思うと胸が高鳴ります。わたしはかつてアスリートでありダンサーでした。持久系アスリートの心と体の粘り強さに深い敬意を抱いているのです。

四月にこの週末のレースの取材許可証をいただいたとき、わたしに訪れた高揚感がおわかりでしょう。わたしはすぐに、熱心に旅行計画を練りはじめました。あなたのレースほど、信じられないほど人が痛みに耐え、痛みを支配することが可能なものがあるとは思えません。南部在住のわたしは南部の環境も大好きです。美しい環境のなかで、こうした極限まで人間の可能性が発揮される場に立ち会えることをなにより願っています。

ですから、はっきりとお聞きします。それでもまだ、今週のレースにわたしが取材にうかがうことを取り消されるおつもりでしょうか？

ご検討いただければ幸いです。

リー

結局、彼は同意した。わたしがこのレースに来ることを彼は許可した。

しかし、ラズの主張はというと、

多くのスポーツに不快な部分はある
けれどそれは競技の代価であり
目的ではない

言葉を返すようだが、わたしは違うと思う。

第九章　真剣な遊びの場

国際疼痛学会（ＩＡＳＰ）によると、痛みの公式定義とは「実際の組織損傷もしくは組織損傷が起こりうる状態に付随する、あるいはそれに似た感覚かつ情動の不快な体験」〔日本疼痛学会による痛みの定義日本語訳〕だという。これは重要な点だが、学会は、痛みと侵害受容は異なり、また人は人生経験を通じて痛みの概念について学び、痛みは「つねに」（著者による強調）個人的経験であり、生物学的、心理学的また社会的要因によって影響を受けるとも述べている。簡単に言えば、痛みは単に神経細胞の発火ではない。人が痛みを学ぶ方法はみな異なり、重要なのはそのコンテクストだ。これは二〇二〇年七月に改定された、これまでとは異なる新しい定義でもある。わたしが本章を書くわずか数か月前のことだ。考えてみてほしい――人がみなあまねくもつものの意味が、それを研究する専門家たちによって今なお議論されているのだ。痛みについて、「なにか痛むもの」という、言葉自体と同じような定義とはまったく違い、ＩＡＳＰの定義は、痛みに関する非常に多様な経験のすべてを含める一方で、痛みの理解と線引きにつきものの不透明さを捉えようとしている。わたしはこの定義の大部分が好きだ。それはとても広い意味をもつ。それが故意であろうとなかろうと、わたしが以前に痛みを感じた状況すべてがそこに含まれ、また慎重で包括的な考察をしていて真実のように思える。この定義では痛みが悪いことだとは言っていない。わたしはその点を評価する。痛みとはそんな単純なものではないからだ。痛みは快感とは反対のものだとは言えない。このふたつは対極にあるものではない。もっと競い合い、共謀するもの、増幅器であり緩衝器なのだ。研究者たちは、痛みは有害なものによって生じるとは言ってはいない。そうではないこともあるからだ。また研究者たちは、有害なものがつねに痛みを生じるとも言ってはいない。そうではない場合もあるからだ。わたしは、とても面倒なものに関する彼らの歯切れのよい定義が好きだ。この定義を読んでわたしは、じっくりと検討中のお気に入りの問題について考える。意図的に痛い経験をすることの意味はなんだろう。それになぜそれほど多くの人がそれを楽しむのだろうか。

あれこれ考えても、わたしはこれを完全に理解してはいないというのが実情だ。わたしは、自分はそれを理解していると言う人は、せいぜい、自信過剰で視野の狭い考えをする人だと思っている。わたしがすっきりとした答えを出せていないのは、その答えがひとつではないからだ。とにかく、まだしばらくは。本書は規範となるような書ではない。あなたの人生や体、選択、またはあなたの感情に関して、きわめて正確でためになる書であることを意図したものではない。わたしがこの本で言っているのはこういうことだ――わたし自身がある種の痛みを求め、楽しんでいることに気づいたら、そうした嗜好はいたるところにあると気づいたのだ。

人間は歴史の記録がはじまる頃からずっと、痛みに手を出してきた。わたしはみなさんにその良し悪しを判断してもらおうとしているのではない。わたしはただ、例を挙げて、あなた自身が痛みとどのような関係があるのか、それについて興味を深めれば解明につながる可能性があると言っているのだ。また痛みに興味があるとしたら、話を聞くのに、ＢＤＳＭの領域におけるプロほど適した人はいないだろう。

「サド・マゾヒズムの世界は広い、そしてその世界は、あなたが決して押さないようにと教えられてきたあらゆるボタンに目を向け、そしていかにして道徳的に、責任をもってそれを押すかについて考える機会を供するものです」。ドミナント（支配役、ドム）のプロである（Dom/sub［主従関係］のトレーナーでもある）クリーチャーKPWはeメールにこう書いている。「同意、交渉、スキルの熟達、それに安全性の理解という縛りのなかでキンクを責任をもって楽しむ人は、その関係に肯定的なものがあるため、実際にボタンを押しやすくなります」。性的な教育者として二〇年以上活動し、クリーチャーは何度も何度もキンクの力によってパートナー間の理解が深まり、きずなが強くなるのを目にしている。「それがみなにとってつねに雄弁で、あるいは前向きなプロセスとはかぎらないのですが。個人差はとても大きいのです！」

クリーチャーはそうしたことがよくわかっている、度肝を抜かれるような人たちのひとりだ。おちゃめで尊大でカリスマ的で、忘れられない人物。すごい人だ！　わたしは個人的にはクリーチャーの存在にずいぶん心動かされている。それに、この問題について知恵を借りる人がいるとしたら、それはクリーチャーだ。性／ジェンダー／アイデンティティの教育者、BDSMのスキルと安全の指導者、そしてパフォーマンス・アーティストであるクリーチャーは、楽しみのための痛みの探求に膨大な時間をかけている。だから、なにがそれほど人を惹きつけるのか、そのプロとしての意見を聞きたい。

「マゾヒズム的経験の探求という道を歩みはじめたとき、もっとも衝撃的で力をくれたもののひとつが、わたしの体と頭、心は、信じ込まされてきたものよりもはるかに強いとわかったことです」とクリーチャーは言う。女性として育てられ、のちにノンバイナリー［自身の性自認を男性と女性という枠組みにあてはめようとしない考え方］だと告白したトランスジェンダーとして、クリーチャーは、BDSMコミュニティでの自らの経験によって、自分のことをより理解し、BDSM行為の安全なやり方を学ぶことができたと言った。痛みを「求める」ことを自分の生活のなかに取り入れるようになると、クリーチャーは、すでに日常生活で同意なく経験しているものが、どれだけ感情的で、心理的、精神的なものであり、自己を見つめる痛みであるかを理解し、それによってすべてを別の視点で見はじめた。クリーチャーのＢＤＳＭ経験は、おそらくすぐにははっきりと見えてこなかったものの、自分が内にもつある強さを教えてくれた。「耐える力、立ち直る力について、わたしがそれまであたりまえとしていたのがどの程度のものだったかがわかりはじめ、それによって、あたりまえだと教え込まれていたものではなく、もっと自然な境界線をおけるようになりました」

ＢＤＳＭのプレイと感覚に関する新しい考え方のおかげで、クリーチャーは自分のことを理解できるようになり、それはわたしにしてもほかの多くの人々にしてもまったく同じだ。「わたしは自身の心と能力が、この倒錯的なプレイの世界に飛び込む以前よりももっとはっきりと見えはじめました」。当然とされる社会規範に基づいて自己というごく個人的な概念を学ぶよりも、経験によって自身を知ることのほうが解放感がある。クリーチャー、そしてわたしやその他大勢にとってＢＤＳＭは、遊び、学ぶ場を提供しているのだ。

しかし、そのサディスティックなノウハウの効果を見守るというのはどういう感じなのだろう。わたしはクリーチャーが綿密に吟味するオブザーバーであることを知っている。

痛みのプロセスはとてもうるさいこともあれば、静かな場合もある、とクリーチャーはわたしに言う。身体的な解放、おそらくは深い解放感があり、それはときには陶酔感であり、あるいは笑いで満ちたもののこともある。痛みのある刺激が到来し去る際に、多くの人には緊張感とリラックスという、異なる反応が交互に訪れる。現実から乖離したり、過覚醒になったりする人もいる。セーフワード以外のあらゆるものを使って、やめてと懇願する人もいる。意見をはっきり述べ、無礼なあざけりを口にして、痛みを与える側を煽る人もいる。「人の感覚のプロセスはときには、人の顔と体から激しい感情が発されてジェットコースターのように見えます。またそれは雄弁であり、興奮している場合もあれば、禁欲的でもあります」ときに静かで、アドレナリンがいっぱいのサブスペースに入り込みもうろうとしているように見えることもある。「痛みを楽しみ、処理し、克服し、また自分の生活経験に痛みを取り入れる方法はたくさんあります し、人間関係や生活において痛みのコンセプト（と現実）を探求する理由も同じくたくさんあります」。痛みを楽しむ方法はひとつではない。痛みの感じ方がひとつではないのとまったく同じだ。わたしは、マゾヒズムを楽しむために人々が用いる方法が、際限がなく様々にあることがとてもうれしい。へとへとに疲れるトレーニングを行っているキックボクサーや、ヴィム・ホフを真似してシャツも着ずに凍った山道を登る人もそのなかに入ると言えるだろう。わたしは本当に、その事実が、人が意図的痛みを経験することについての真実を捉えているのだと考えており、そしてわたしはこれからもずっと、なぜ人は意図的痛みを求めるのか、その理由のすべてを知りたいと追求するだろう。

もちろん、ＢＤＳＭは新しいものではない。例えば一八〇〇年代の西欧における産業化や都市化以前にすでに、ＢＤＳＭは、宗教や文化のムーブメント（ルペルカリアの祭や宗教的ムチ打ち）、あるいは、プライバシーや幻想にふける手段をもっていた裕福な上流層のなかにあった。これ以外の西欧の人々も同じような欲望や幻想をもっていたのは確かだが、そうした人々は、合意に基づくという状況でこうした行為をもつことはもっと難しかっただろう。それに拡大家族という大人数での生活や、膨大な仕事をこなさなければならない状況では、快楽を求めることは難しかっただろう。また、この当時には庶民についての記録が十分ではなく、そのため中世西欧の、宗教上のものでも上流層のものでもないＢＤＳＭ行為は歴史の闇のなかだ。

しかし、だ。古代と中世においてはずっと、身体的な罰はごくふつうにあった。囚人や農奴、家畜に身体的暴力が振るわれる場面はたいていの人々にとってはあたりまえのものだっただろう。ムチは広く、権力の象徴として認められていた。のちには、学校の子どもたちや店の使用人に対するムチ打ちが、権力の象徴を意味するもののひとつとなった。力の区分は厳然としていて、大衆にははっきりとそれが見えていた。そのため、人々がこうした類の行為をむやみに崇拝することは、たいして心理的飛躍を要することではなかったのだ。

一八世紀後期のイングランド（とオランダ）と、一九世紀におけるヨーロッパ大陸の大半の国々は資本主義の勃興や都市化を経験し、またそれまでの拡大家族という家族形態の崩壊が起こった。人々（主に男性）は移動し、これといった特徴のない大都市に住み、そして早々に結婚したり子どもを育てたりすることも期待されてはいなかった。人々（主に男性）——とくに、新しく出現しつつあった中流およびブルジョワジーの階級の人々——は、初めて可処分所得というものを得た。そして新聞は、同じ趣味をもつ人々を求める人たちのための交際連絡欄を掲載しはじめた。クィアやキンクな人々も仲間を見つけることができるようになり、またおよそ一〇〇年後には、インターネットがそれをもっと容易にしたのだ。現代のBDSMに関連する行為は何千年もの歴史をもつものだが、「なぜ」という疑問にはまだ答えが出ていない。

科学者たちはこの問題を研究している。BDSM——ボンデージ／束縛、支配／服従、サディズム／マゾヒズムの略語——に関する研究はまだかぎられてはいるが、潮目が変化する予兆はある。近年、この問題に関する新しい研究が多数あり、その多くは本章に引用しており、なかでも二〇一九年の現代BDSM文学の研究「快感としての身体的痛み——理論的展望（Physical Pain as Pleasure: A Theoretical Perspective）」

は特筆すべきものだ。ブリティッシュ・コロンビア大学での綿密な研究によって書かれ、ジャーナル・オブ・セックス・リサーチ誌に掲載されたこの論文は、なぜ人々が楽しみのための痛みにのめり込むのかについて、研究者たちが見出しつつあるあらゆるものに幅広く目を向けている。研究者たちは、人がなぜ合意のうえでのＢＤＳＭ（これはくどい表現だ。合意のうえではないなら、それはＢＤＳＭではない――それは虐待だからだ）を望むのか、その理由に目を向けた。彼らは、報告された多くの理由が、概して、服従、対比、達成感に関するものであることを見出した。またわたしが行った、自身をマゾヒストだと認識している人々や意図的な痛みを試みている人々へのインタビューでは、こうした傾向が同じく明白だった。「なぜ」人は痛みを求め、そこから「なにを」得ているのか。わたしは長年これを問い続けてきた。以下に挙げるのは、この問いに対して返って来る、よくある答えのほんの一部だ。

痛みをセックスに取り入れることのごく一般的な理由は、無力感や服従の感情を強めることができるからというもので、それによって、支配と服従という関係で行うパワープレイの激しさが増すことにもなる。痛みを受け、耐えることは、その痛みを与える人に贈り物をあげるような感覚ともなり、忍耐は献身度を試すものとなる。コントロールを放棄することは、それを用いることと同じほど媚薬としての働きをもち、痛みがこうした関係の限界を見つけ、試す近道となるのは確かだ。

ジェームズ（仮名）もわたしにこう言った。「僕が大人になってから泣いたのは、セーフワードを言うまでムチ打たれたときだけだ。僕にとってセーフワードは、信頼という役目をもつものだ」。この痛みは服従とカタルシスへとつながるものだ。

このほか、痛みを望む理由としてよくあるのが、快感とは対照的な感覚を生み、それが快感を強めるというものだ。いつも快感だけを得られるというのは素敵に聞こえるが、それに混じる小さな痛みは、実際に快感と痛み、両方の体験を高めることが可能で、これは人が、ベタベタと甘いキャラメルに塩をくわえるのと同じだ。いろんな可能性に満ちたふれあい。そうしたことにドキドキすることは多くの人の心を高ぶらせる。首へのやさしいキスが噛む行為へと変われば興奮状態は続く。危険だけれど、一線を越えないプレイを添えるといった感じだ。

ほかには、マゾヒストや痛いプレイをする人たちが惹きつけられる要素だと述べるのが、自分のプレイを通じて痛みに耐えるという挑戦と、達成感を生み出そうとすることがもつ魅力だ。自身で課したものだとしても、試練を耐えることで自尊心をはぐくめるのだ。昔のバレエの練習が時折チカチカと浮かぶわたしも、確かに、それがふつうよりも大きい痛みだったなと感じると、よけいに頭がぼーっとして幸せな気分になる。聖人であれバレリーナであれ辛い物好きであれ、苦痛は文化的メッセージとして価値あるものだとする人々にとって、意図的痛みは、達成感というすばらしい感覚を生むことができるのだ。ある人がわたしに言ったように、彼らにとって、それは服従と解放の限界を試す、深い充実感を見出す旅なのだ。

けれどそれは、わたしが行っている調査で見えてきた理由の一部でしかない。痛みを望むのにはとても、とても多くの理由がある。例えば、人が、それから逃げたい、自分と痛みを望むことのあいだに距離をおきたいと思うことは何度もある。また、こうした人々が、切実に距離をおきたいと思う感情をすっかり乗り越えるという、まったく反対の行動をとる場合もある（わたしはその両方だ）。人々はわたしに、痛みとは、囚われているという感情を抱かせるエネルギーを放出し、また自身の思考に囚われずに取り組めるものを生み、また、脳に効く、いい気持ちになるドラッグを作りだす（はい、その通り）方法なのだと言う。

なかには、痛みとは、交渉の場で行うきちんとした取り決めのようなものだという人もいる。不安を軽減し、懸念を減らし、その場でより存在感を覚える助けとなるというのだ。また、痛みにタブーを求める人もいる。また痛みに平穏な気持ちを求める人もいる。痛みは、とっても気持ちがいいからという人もいる。また、そのあとに続くハイな気持ちのためなら、痛みの不快さは代価として十分だという人もいる。パートナーとの親近感を得るために痛みを求める人もいる。互いをもっとよく知るためだと言う人もいれば、新しいことにトライしたいからという人もいる。あるいは、ただ自分にとって楽しいからという人も。こうした理由のすべては重複している。わたしが言ったように、その理由は面白いほどにやっかいなのだ。

合意の上での痛みの探求というスリリングな行為は、わたしにとってはおそらく更生だ。配線をし直すようなもの。わたしは人生において、さまざまな理由でさまざまな痛みに耐えてきた。だからたぶんわたしは、以前とは違う結末をもつ自身の物語をあらたに書こうとしているのだろう。たぶんわたしは苦しみたくて、そして、苦しむことが上手で、才能があって、人とは違うと評価されたいのだろう。ちょっと汗臭い小柄なイギリス人に、わたしのやわらかい体が不満で気に入らないと叫ばせるのではなく。おそらくわたしは、わたしが愛する人に、わたしにフィストファックし、わたしの顔につばを吐きかけ、わたしをいたるところでいかせながら、わたしのやわらかい体がなんていやらしいんだと言ってほしいのだろう。ピンク色の至福感に包まれてクスクス笑いをしながら、こうした言葉がわたしの体を流れていくという新しい記憶がほしいのだろう。自分の体のせいで無能感を抱くのではなく、わたしはだれかにわたしの体を失神するまで殴ってもらいたいのだろう。恐怖と苦しみと痛みに直面した自分が、強力で、制止することなどできず、逆境に強く、頑丈だと感じることができるように。生まれ育った家庭環境やバレエが共謀して、こんな変な行為を愛するようにとわたしの脳に教え込んだと言えると思う。おそらくはこうしたもののすべて、それにわたしがまだ見つけていないたくさんのものが理由だ。それに、思ってもいないような理由もあるだろう。

つまり、わたしたちはこれについて際限なく分析できるし、どれだけでも理論を述べることができるが、とは言っても、この二点は真実だ。わたしは自分の欲求の源を感情面ではなく合理的に分析し、その根本的原因の可能性があるものを探求し、それを分析的な目を通して見ることができる。そしてわたしのあそこは濡れるべきときに濡れ、わたしは自分が好きなものが好きなのだ。

パートナーとわたしは何年も、打ち合わせ済みの暴力的な性行為をやってきたが、わたしはパートナーとの行為のあいだに理論的なことを考えてはいない。わたしは、自分とは距離をおいて、なぜ自分がこんなことを好きなのだろうかと思いながらやっているわけではない。わたしは考えてはいない。「ハーイ、これはトラウマ処理の時間よ」。こんなことをするつもりはない。わたしは顔にパンチを受けて、立て続けにオーガズムに達する。わたしは別の人にサランラップを巻かれ、天井から吊るされて、嫌と言うほど興奮し恐怖感を抱くまで殴打される。わたしは涙と尿と血でできた水たまりに崩れ落ち、そして意識を取り戻して、間の抜けたラブラドールのように笑い、それから家へとよろよろと戻る。そしてちょっとした軽食をとってシャワーを浴び、それから、寄り添って抱きしめてもらい、たぶんそれが全部すんだあとに、尻がひりひりとしてまっすぐには座れない状態で、自省するかもしれない。「うーん。わたしはどうしてこんなふうになったんだろう」

これを書きながら、わたしはなぜ自分がこんなふうなのか、わたしと同じような人たちがなぜこんなふうなのか理解したいと思っていた。そして、何年もの詳細な調査、数え切れないほどのインタビュー、何十冊という書籍や記録、何百もの論文、教科書、マニュアル、手紙、バーの隅でささやかれる会話、深夜にeメールで行うインタビュー、それに数え切れないほどのソーシャルメディアのプラットフォームを通じて、わたしが明らかにした答えはなにか？　答えはこうだ。わたしはまだこれだという答えを出してはいないけれど、しかし、わたしたちのような人間が大勢いることは確かだ。

なぜ人が痛みにふけるのか。その理由は、人は様々であるのと同様、数え切れないほどあり、気まぐれなもののようだ。けれど結局のところ、痛みを伴うプレイは基本的に、共通してひとつのものをもつ。信頼と同意だ。痛みを伴うプレイには合意と区切りが必要だ。合意なしでは、あなたが痛みのレベルをコントロールすることができなくなる。合意なしでは、喜びは得られない。合意なしで痛みを受けることは虐待だ。それにＢＤＳＭの名を借りて他人を虐待する人々は、ずっと、相手にひどい危害を与え続けてしまう。

わたしは最初にこれを経験した。何年も前、わたしはＢＤＳＭの名を借りた虐待を受けており、それからどうやって逃れられるかわからなかった。けれどわたしは今、安全で自由だ。そして、合意の上でのプレイを通じて新しく築いた信頼感と安心感によって、わたしの人生は大きな喜びと光を得た。

合意についてはそれが重要な点なのだ。どんなものであれ、喜びを得られるのは合意があるからだ。それがおいしい食事のひと口であれ、温かいハグを受けることであれ、オーガズムに達することであれ。

痛みから快楽を受け取るためには、ものごとにきちんと向き合うことを決意しなければならない。快楽を得ることも痛みを得る場合も、同じようにそのコンテクストが影響力をもっている。恋人はわたしの、知らない人が触れないだろう部分に触れるだろう。恋人にならわたしが泣くほど強く髪を引っ張られても大丈夫かもしれないが、知らない相手なら、腕の触れ方がなれなれしすぎるだけで振り払ってしまうだろう。コンテクスト、限界、合意。コンテクストと限界と合意。わたしが求める痛みは、その背景や状況を大事にし、限界を明確にし、合意に基づいたものだ。そうでなければ、わたしはただ苦しんでいるだけだ。

「自分本位で、相手が望まない痛みを生むドム（支配役）、あるいは、プレイ後のことについてはいいかげんなドムは、実害をもたらす可能性があります」とクリーチャーは言う。ならば、思慮深くて注意深く、限界をおおいに尊重するドムはどうだろう？　打ち合わせとはじまりの手続き、それにアフターケアに対して責任を取ってくれる人たちはどうだろう？　わたしが一緒にプレイしたいのはそうした人だ。クリーチャーは、思いやりのあるＢＤＳＭのドムは、生活における多くの面で、彼らのパートナーが逆境力や心の余裕を増す手伝いをすることができると言う。しかしクリーチャーは、ＢＤＳＭはセラピーでは「ない」と慎重に述べている。さらに、信頼の必要性についても指摘している。

クリーチャーは、人々が自己認識し自分の限界を超える手伝いをすることを、すばらしいことだと考えている。それは深い、深い信頼がなければ起こりえないかかわりなのだ。

「わたしは自分の行動に責任をもたねばなりません。意図的にやめるかどうかということです。わたしは敏感で、とにかく徹底して正直でなければなりません。パートナーが必要とするものに耳を傾けなければなりません」。こうすることで信頼が構築されるのだ。そして信頼を伴うことで、ずっと多くのことが可能になる。

信頼と同意についてはそれが重要な点なのだ。ふたり、あるいはもっと多くの人のあいだに信頼が構築され、彼らがそうした侵してはならない約束事を守り、敬意を払うことを続けると、彼らのあいだにとても深い関係が生まれる。そうなると突然、夢のような、すごいことが相手とのあいだで起こる。限界がどこにあるのかを探し、ファンタジーを求め、自分が本当は何者なのかをわかってもらっていると感じたり、どれくらい傷つきやすいかを様々に試し、血が出るまで叩かれたり。そしてあなたは理解する。人はわたしに、なぜ特定の人たちとならそんなに激しいプレイができるのか、気持ちの入っていない平手打ちなら拒絶することさえあるのはなぜなのかと聞く。わたしの答えは信頼だ。それにちょっとだけ、愛もある。

クリーチャーは同意する。「わたしは自分をムチ打ってくれと頼み、それから（驚くことに）自分がそのときの感情を嫌っていることに気づいたことがあります。わたしが頼んだ相手が、わたしとの関係を構築する手間を取らずにわたしの体を打つのをやめたからです」。一方で、信頼感と愛、それからそれを行う相手とのきずなをそこに感じていれば、ムチの先端を通して得た感覚がはるかに痛いものであっても、その苦しみを完全に楽しんでいるのだ。

この種のプレイは傷つく可能性を伴うため、この行為の前や最中、その後の会話はとても重要だ。取り決め、はじまり、そしてアフターケアはＢＤＳＭで行われるべき基本だ。ＢＤＳＭ行為を行う人たちが、繊細で刺激的なものを求めることに同意し、だれもが安全にそれを行えるような配慮が必要だからだ。

「脳はわたしたちがもつ最大の快楽誘因器官であり、トラウマを記録する器官です。そしてそのため、頭が瞬間的にどんな知覚を得るかが、どんな喜び、どんな痛みをわたしたちの体が得られるかに影響するのです」とクリーチャーは言う。この見方を受け入れれば、取り決めと同意、はじまり、アフターケアというまさに理想とすべき習慣が、痛みを伴う行為を行う人たちにとって、前向きな感覚と結果に直結するツールだと理解することは容易になる、というのだ。

信頼を伴ってこそ、それがない場合よりも、わたしたちははるかに多くの経験と感覚を得て、それを楽しむことが可能だ。

そして信頼と合意があってこそ、痛みは、意図的に探究できる領域になるのだ。その人がそうした性向と好奇心をもっているならではあるが。

しかし、その性向とはどこからくるのか？　わたしたちはみな、文化やトラウマ、人生経験の産物であり、その人生経験によって心の底からの望みや欲求は形成されている。わたしは痛みを伴うプレイが好きで、刺激があり、危うい感情を抱く状況を積極的に求める。それが若い頃にバレエで経験した虐待の産物であり、また子どもの頃に、わたしが無意識のうちに自分のなかに取り込んでいたメッセージ——痛みや価値や鍛錬、それに愛する価値ある人になるためにはなにが必要か、といったことについて——の産物だという人もいるかもしれない。わたしは、それはいくらかあたっているとは思うが、それだけが真実ではない。わたしは、自分たちの体を使って楽しむことやその快楽が、単に「これはいい気持ち」というよりも複雑なものである点については、もっと普遍的な理由があると思う。

近年わたしは、自分が好きだと思っていることを好きでいるようにしている。わたしは自分が求めるものを、合意の上で、わたしに害がないようなやり方で行うようにしている。わたしは自分の人生経験、トラウマ、癒し、歴史、人間関係、家族の産物だ——そのすべてがわたし個人のさまざまな欲求に結実している。そういうことだ。だれもがこうした経緯で痛みを伴うプレイをするようになるわけではないが、わたしはこうしてここに至った。そしてそれでうまくいっている。

複数の研究が、精神疾患患者の割合は、一般の人々に比べてBDSM愛好者のほうが高くはないとしている点は重要だ。トラウマは、この種のことをはじめる前提条件ではない。不愉快な刺激に対する生理的反応は、痛みを求めるほとんどの人が利用できる遊び道具であるし、また共有した痛みの経験によって促進される人と人とのきずなは、それを強く求める人だけが得られるものというわけではない。しかし、痛みに対する「体」と「感情」の反応を、わたしたちの痛みの知覚に影響を与える環境と切り離して考えることもできない。期待、雰囲気、環境——このすべてがわたしたちの痛みという経験を形作る。それは脳が、わたしたちにとって新鮮なもの、そのたびごとに新しいものを生み出すということだ。

だから、そう。わたしたちがハイになることはみな同じだが、なぜ一部の人はほかの人々よりももっと激しい痛みを求めるのだろうか。なぜ、病理学的な領域へと、死にいたるほど踏み込む人がいるのだろうか。そして一方では、マゾヒズム行為と言っても、爪を噛むくらいのことしかしない人たちがいる。タバスコソースやエロティックな軽い尻たたきは？　わたしは、痛みも快楽も様々な欲求と期待の上にあるという考えや、究極の経験にとっては、なにかを欲することが、刺激自体の性質と同じほど重要だという考えには一理あると思う。

つまり、行為が痛みを伴うものであっても、それがわたしたちが欲する快楽をもたらしてくれるのは、わたしたちがその行為を期待し、望んでいるからなのだ。痛みへの合意は、あなたがそれをやめる権限をもつという意味で、あなたの条件に従ってすべてを行うということだ。その行為で力をもつのはあなたなのだ。

ある点では、本書冒頭でわたしが自分をみなさんにさらけ出すのは難しくはなかった。自分の性向を告白するというか語ることは確かに少々刺激的だが、自分の、たくさんある弱みをさらけ出すことはそれとは少々違う。人にショックを与えることは簡単だ。自身のことを知ってもらい、そしてできれば理解してもらうことはどうだろう？　怖い。あなたに終わりのある物語を語ることは簡単だが、現在進行中の人生に立ち会わせるのはずっと難しい。わたしには自分の物語がどんなふうに終わるのかはわからない。わたしはただ、今のところ、幸せだということはわかっている。それに、その幸せや喜びにおいて役割を果たしているのが痛みを伴うプレイなのだ。

第一〇章　至福のとき

　二〇二〇年九月一三日。わたしの季節性の抑鬱症は急速に進んでいるが、だが日々の不安なニュースに比べるとあからさまに見劣りがするので、ほとんど頭に残らない。一年前の今日、わたしはアメリカを飛行機で横断し、お祭り広場の埃っぽい駐車場で世界一辛いトウガラシを食べた。けれどこの六か月間、わたしは人前に出ていない。最近、わたしは世界的なパンデミックのなか、リモートワークという贅沢な身分で自宅に隔離されている。

　この日、わたしのいつもとはちょっと違う土曜日が、ほんのちょっとの至福感や相容れない感情、とても大切だけど、なんとなく嫌な、不安な気持ちのなかで展開した。西海岸はこれまでにないほど森林火災がひどく、ソーシャルメディアは、赤い空の写真、愛する人を探すのを手伝ってというお願い、それに、ボックスファン［四角い扇風機］にフィルターを取り付けるＤＩＹのノウハウであふれかえっている。巨大な嵐が高温の海上で誕生しつつあり、サリーはハリケーンになるべく励み、二日後にはガルフコースト［アメリカ南部の海岸線］を襲う準備中だ。パンデミックはいまだわたしの住む市を席巻していて、けれど市はおかしなことに観光客やホテル経営者でいっぱいだ。神の選びが迫っている。けれどわたしは大丈夫。健康で食欲もあり、家にいて、好きな人もいる。今起きていることの恐怖を、自宅での静かな喜びとで差し引きゼロにすることは難しい。白人至上主義や警察の暴力、気候変動や新しいコロナウィルス、それに政治腐敗、企業の強欲さや飢え、汚染された水や、わたしの国、わたしの住む星を窒息させつつあるすべての苦しみに直面しながら、特権と幸運と喜びについて書くのは難しい。大気は悲しみと恐怖のにおいを放っている。今はぞっとするような時代だ。

部屋には、大きな赤いシーツをかけたベッドと小さなテーブルが備え付けられている。わたしはこれについて何週間も、何か月も、何年も考え続けてきた。自分が心から欲したものに、最後に心から怯えたのはいつのことだっただろうか。今朝の朝食時にわたしが考えたのはそのことだけだった。庭から採ってきたナスとハニーナッツスクワッシュ［ヒョウタン形のカボチャの仲間］をのせ、刻んだトウガラシを散らしたバンズを食べたが、ケイシーとコーヒーを飲みながら言葉遊びのパズルに屈みこんでいるわたしの口は、ひりひりと燃えている。午後のランニングに出かけて、わたしの脳がいつものように半狂乱になり、仕事と心配事のせいで脳の電気回路に幻想がぶくぶくと湧き上がっているときに、わたしが考えることができたのはそれがすべてだ。わたしは家の周囲を何周か、一時間ほど走る。広場恐怖症の僧のように、走り慣れた道だけをきっちりとまわり、材木の注文を念入りに確認しているケイシーの横を何度も何度も通り過ぎる。わたしはケイシーが外に出ているときはちょっとスピードを上げて走る傾向にあり、ちょっとだけストライドを長くし、少しだけ軽く足を着地させて、感心してもらおうとしている。わたしは白日夢にどっぷりと入り込み、肺はあえぎ、頭が体を押し進めている。今夜のことをずっと考えていたかのような感じだ。何年もかけてチャレンジする力を蓄えてきた、わたしがどうしてもやりたいことに、考えを集中させるとぞくぞくする。

部屋に入るとケイシーがわたしに汚れを落とすように言い、わたしはそうする。ケイシーはわたしにどんな気分かと聞き、ぴりぴりとした雰囲気だ。わたしはなにか着たほうがいいかと尋ね、わたしの気持ちはすでにサブスペースへと突き進んでいて、突然、恥ずかしく、むき出しになったような気分になる。ケイシーはいいや、とそっと答え、ふたつの異なるタイプの消毒薬と、手袋の箱、ガーゼ付きパッドの箱、針捨て用の容器と針の箱を用意する。わたしはちょっとだけ震える。ケイシーはしなやかで魅力的で、わたしに注意を向けてくれ、それはわたしをぎこちなく、燻製ハムのような深いピンクにする力がある。

わたしたちはカオスめいた行為をする場合も多く、激しく打ち、即興の道具も使うが、今日はもっときちんとした手順を踏んだお祝い事のようなものになる予定だ。緊張でわたしの両手は冷たくじとじととしていて、でもわたしのむき出しの胸は愛と欲求とで温かく感じ、気を失いそうだ。わたしはなんだかこっけいな気分で、マンガに出てくるハート型の目のようになり、息が速くなっている。わたしの最高に激しい（そして最愛の）性的行為の相手が、これまでにわたしが出会った最高にやさしく愛おしいパートナーであることを人に説明するのは難しい。わたしは、こんなことを求めるわたしを、人は悪いやつだと思っているのではないかと不安になることがある。あるいは、こんなことを楽しむケイシーを悪いやつだと思うのではないかと。けれど、みなさんはこの本を読んだのだから、たぶん理解してくれるだろう。

ケイシーはわたしにベッドにうつ伏せになるようにと言う。そしてやさしくわたしの背中を、尻を、太ももを消毒し、慎重にひざをついてわたしの上に屈みこむ。その愛情に胸が痛むような気分だ。わたしはじっとしていようと頑張り、空元気が体を満たす。わたしはなまめかしいアザラシのようにベッドから慎重に胸を起こし、わたしのために準備してくれたコップから水を飲む。わたしはつま先を小刻みにゆする。わたしの体はランプの灯りの下で輝き、わたしは準備の音に耳を傾ける。そして頭をはっきりとさせておこうと努める。思考は侵害受容の仕組みと競い、深く息を吸い込んで、痛みを前もって教えようとする恐怖心を抑え込む。もちろん、わたしはそれが痛むことを望んでいるが、できるだけ多く耐えることができるようなやり方で、それをやって欲しいとも思っている。本当のところ、六年間こんな風に一緒にプレイしてきたケイシーは、わたしを痛みに備えさせるのがとても上手だ。ケイシーはなにがわたしをおびえさせるのか、どうすればわたしが恐怖でなにもできなくなるか、どうすれば最初の一撃もまだのときにわたしがすすり泣くかを知っている。けれど今日は、儀式はいつもとは違う。恐怖は、体位や、わたしの頭の上にあるもの、テーブルの上で痛々しくバランスを取ることや、意地の悪いロープに体をしばられていることからくるのではない。違う。今日の恐怖は、医者の診察室の消毒薬のにおい、医療用品が開けられるプラスチックの袋のサクサクという音からもたらされる。

「準備はいい?」とケイシーが低い声で聞く。大丈夫よ、とわたしは答え、それは本心で、まぁ、少なくとも、本心に近い。わたしは針が怖い。体はぴんぴんになって待ち構えている。なにが来るかわかっていることで気持ちは高まり、ケイシーが注射針のキャップを外す音が聞こえる。「大きく息を吸って、ベイビー」。わたしは深呼吸する。「リーはすごいよ」。そしてあっけなく、わたしはベッドに溶け込みはじめる。

わたしは、今日どこに針を刺すのか、何回やるのか、それがどんな感じがするのかを知らない。以前に軟骨ピアスを何か所か開けてもらったことがある。それはきちんとした手順を踏んだものではなかった。地元のスシレストランで皿洗いをしている男に、その男が休みの日に、友人のキッチンで酔っぱらっているときにやってもらったのだ。わたしは何時間もじっと座ってタトゥーを入れてもらったことがある。それに何年も不適切な医療を受けた経験もある。死にかけて病院を入退院し、熱心すぎる、社会病質者［反社会的な気質や行動を特徴とするパーソナリティ障害をもつ人］の医学生に不適切な治療を受けたのだ。

けれどこれは針を刺すプレイだ。これは今までのものと違う。コントロールする力はわたしにある。

一本目の長く細い針がゆっくりと入ってくる。わたしの尻の割れ目の内側の、微妙なところにごくごく近い場所のような感じがするが、あとで写真をみると、自分が思っていた場所から四センチほど離れていて、臀部の筋肉のなかほどだった。とても鋭利な感じで、実際に針はとても鋭利なのだからその表現はバカげているが、けれどわたしのうるさい脳はそれ以外の警告を発することができないだろう。ケイシーは針をわたしに突き刺し、皮膚の下をくぐらせ、それからまた針先を皮膚から出す。まるで針で縁かがりをしているみたいだ。わたしの脳は必死にわたしの目に訴えかけはじめ、わたしにはオレンジ色が見える（けれど、それが意味があるとしても、頭のなかでだけだ）。わたしの皮膚からは「ノー、ノー、ノー……」という声が絶え間なく上がっていて、やめてというその悲鳴は、わたしのやめたくないという気持ちに抑えつけられている。わたしは深呼吸して、リラックスし気持ちを落ち着かせようとする。わたしは不安が痛みにどう作用するか知っている。この、わたしが心底好きなゲームはなんてこっけいなものなのだろう。わたしを痛めつけて、わたしの頭にそれを避ける方法を探させる。その一方でもっと痛みをと求める。これほど耐えてまた求めるのは針フェチと言える。

はじめる前に、ケイシーはわたしに、吐き気がしたり気が遠くなったりしたらそう伝えるようにと言った。ときに人は気を失い、嘔吐し、ひどい目にあう。もちろん、これはまじめな話だ。体は基本的に自己防衛に走るもので、そのためにマゾヒズムをとてもひどくてわいせつだと感じるのは純然たる事実だ。わたしは針を刺されながらも、お行儀のいい少女のような気分を味わうのが好きだ。わたしは、してはいけないことをしてるんだというような、ちょっとした罪悪感を抱くのが好きだ。自分の欲求との不調和がとても気持ちいい。ケイシーはまたわたしの尻に針を刺し、二本目の針が一本目の針の少し下に入っていく。

ゆっくりと、ゆっくりと、とてもゆっくりと進んでいく。光が点滅しているような気がするが、それはわたしの体に流れる電気が、慣れ切ったアリアを叫んでいるにすぎない。

力を使った行為やトラウマ的な経験を受け入れるほうが、わたしが実際にはどれだけかよわいか、弱点を感傷的に見せるよりも簡単だ。テネシーのポータブルトイレで便の山の横にタンポンを置くところや、カリフォルニアの駐車場で吐き気を催している様子を述べるほうが、自分は弱々しくて幸せで、愛する人がいると語るよりも簡単だ。たぶん、ここに主題があるのだ。たぶん、わたしは心を開いて愛情を受け取ることのほうが簡単だ。そのなかに刺激があるなら。それはこんな感じだ。たいていの場合、たいていの相手に対し、わたしは軽く触れられるととてもくすぐったく感じ、けれど荒っぽさのほうが扱いやすく、楽しみやすいのだ。それが親密さを築く手段なのだろう。けれど、本当のところはわからない。生まれと育ち、遺伝子、親、経験や希望や悲劇。人生はなるようにしかならないし、わたしは今それが、好奇心をそそるありとあらゆる方法でわたしに押し寄せてくるような気がしている。わたしは、自分がなぜこんなふうなのか、なぜこんな人たちがいるのか、答えがひとつなのかどうかわからない。わたしは、答えは数え切れないほどあると思っている。

ケイシーは二本目の針を一本目の針の一センチほど下に刺し、それから三本目を刺す。とてもゆっくりと針を刺していて、それとも、わたしにとって時間がゆっくりと進んでいるのかもしれないけれど、わたしの日から見れば同じことだ。たいていは、黙ってわたしの体を扱い、息を止めないでというたびたびの指示は、ケイシーと、わたしの体、この生活をつなぐライフラインのような気がする。ケイシーは口をわたしの耳の横に当てて、わたしに愛してると言い、熱い涙がわたしの顔を流れ落ちる。四本、五本、六本目の針がわたしの反対側の尻に入っていき、ケイシーはわたしに、ちょっと休憩して調子を整えようと言って、指先を、針が刺さったわたしの肌に軽くはわせる。ケイシーはわたしにキスする。それはドラッグ、まぎれもないドラッグだ。ケイシーのやわらかな口、熱い肌、わたしのやわらかな口、わたしのやわらかな肌。すべてがドラッグだ。筋肉は動かさないまま、わたしは愛、センセーション、そして「痛み」という広々したものへと前のめりになる。目を閉じたわたしは、落ちて行っているような気分がする。まぶたの裏側の暗闇のなかで、しっかりと、その部屋に愛があることがわかっている。わたしの体の下にマットレスがあるのと同じくらい、晩夏の光を取り込んでいる窓と同じくらいに、それに肌に針が刺さっていることと同じくらい確かだ。

「またはじめてもいい?」とケイシーが尋ね、わたしの頭のてっぺんにキスして髪をといてくれる。わたしはつま先をぴくぴくと動かして、お願いと答え、また呼吸に気持ちを集中させる。次の針は太ももの裏側の一番上に入っていき、わたしの脳は牡牛のように抵抗する。怖い。わたしのデリケートな体のこの秘密の場所は、こんなふうにされるのに慣れていない。けれどケイシーはわたしに息をするようにと言って、わたしはそれに従う。ケイシーは別の針を刺し、また別の針を刺す。その行為を続ける。もう片方の太ももの裏に針をもう三本刺す。わたしの脳は針を刺すパターンを分析できない。どの針も一方の太ももの上に入っていき、別方向から皮膚へと再度突き刺され、わたしの皮膚の層をペストリーみたいに引きはがしている。わたしにはそんな感じに思える。けれどそれは、脳がいつもどおり、たぶんそうだと思っているものだ。太ももに刺さった六本の針は実際にはきっちりと三列に並び、それぞれが二センチ離れていて、最初の六本もそれは同じだ。

わたしたちはまた休憩をはさむ。ケイシーはまたキスをする。何度も何度も。そしてわたしも、狂おしいほどの愛でキスを返し、口をぎゅっとケイシーの口に押し当てる。まるで正しくキスすれば、どれだけわたしを幸せにしてくれているか伝わるかのように。わたしは尻を軽くゆすり、わたしのなかに入っている金属を感じる。そうやると、わたしの皮膚は侵入した針に引っ張られ、神経の電気の火花が警報を発する。ケイシーは手袋をした手でわたしに針を刺したところをさすり、わたしの胃はむかむかとし、喜びと恐怖とがせめぎ合っている。わたしはそのすべてに興奮している。

わたしたちはさらにもう二本針を刺し、今度は背中の上部だ。二本目にひどい痛みを感じて、わたしは絶望したように泣き出す。この時点で、針を刺すことに耐えられなくなっている。ここまでわたしは、大きくゆっくりと呼吸し、体の筋肉を大きく収縮させて波打たせることで、どうにかやってきていた。けれど最後の一本、一四本目の針、つまりは二七番目と二八番目の穴になるが、それは本当にひどい。流れた血もほかより少し多い。大きく砕ける波にわたしはすすり泣く。わたしは実際に自分が涙を流しているのかどうかも、わたしの顔がどうなっているかも、あるいは服を脱いだ状態のわたしが音を発しているのかもわからない。わたしはどんなニュースが流れているのか、今日が何曜日なのか、なにもわからない。わたしにわかるのは、自分の体に二八個の穴があいていて、それがわたしの愛する――ぬらぬらと濡れた細胞、わたしの真っ赤な骨髄、わたしの香りのよい体から漏れ出るひどく感傷的なもの、そのすべてで愛する――人からの贈り物だということだけ。わたしは、ケイシーもこれを好きで、わたしを愛し、これを欲しているることがわかっている。その瞬間、わたしの頭蓋骨はからっぽになり、ほぼなにも考えられず、その部屋の愛を深く感じ、皮膚の痛み、わたしの体を押し返すベッド、ケイシーの手を感じる。わたしに写真を撮ってほしいかと聞き、そうしてとわたしは言う。わたしは、この至福のときをとらえることができるならなんでもやりたい。わたしはＭＤＭＡをやったときみたいな気分で、わたしがやりたいことはケイシーの口のなかをあじわうことだけ。ケイシーの舌をわたしの舌にこすりつけ、深い深い愛情の奥底へと真っ逆さまに落ちていくことだけ。

わたしは安心感と愛されていることを感じる。わたしは安全で愛されている。

針を一本一本引き抜くたびに、わたしはシーツに顔をおしつけてすすり泣く。消毒液のイソプロピルが体のなかからわたしを燃えあがらせ、最後にくるこの一四回分の痛みは、この行為のなかで最高に強烈で気が狂いそうで、身を焦がすような瞬間だ。消毒薬によるズキズキがあまりに長く続き、そしてあっという間に終わる。わたしの体から強い高揚感があふれ、そしてわたしはケイシーを愛している、愛している、愛している。どんな相手とのどんな行為もそれぞれ異なるが、これは、これはとてもやさしくわたしの心をムチ打ち、そしてわたしのなかでとてもやさしく縫合してくれるので、わたしは動物のように、わたしの体が生まれもつ、そのままの力が反応する声を感じる。これはめったにないことだ。わたしたちはセックスしてシーツを濡らし、わたしはケイシーのなかに崩れ落ちる。幸せだ。

わたしは、どうしても地上に降りなければならないタンポポの種みたいに舞い戻るが、夢見心地で、引力の負荷を感じない。わたしは静かにバスルームに入り、ゆっくりと呪文を解き、トイレの上で、穴をあけたばかりの皮膚に力がかからないように、用心深く中腰になる。ケイシーがそばに来てくれて、立たせてもらって、顔をケイシーの胸に押し当てる。膝はかろうじて動いている。「ああ、これを早くあなたにもやってあげたい」。そう言うわたしの声にはやりたくてたまらない気持ちがこもっている。

「うん、やってよ」とケイシーは言う。「いつでもいいよ」

謝辞

本書の執筆に際しては、わたしを信頼してくれた世界中のマゾヒストと痛みの愛好者のおかげで、何百という貴重な秘めたる物語を聞くことができた。この本は、意図的痛みとの関係――異なる意味合いをもち複雑な場合が多い関係についての詳細を、勇敢にもわたしに語ってくれた人々がいなければ書けなかっただろう。彼らに心から感謝する。

わたしのエージェント、ネオン・リタラリー社のアンナ・スプロール＝ラティマーは、この困難なことをやりとげられるとわたしに信じ込ませる超人的な力があることにくわえ、わたしがこの仕事を見事にやってのけると心から信じてくれた。深く感謝を捧げたい。アンナは信じられないほどに好奇心と精査の能力があり、わたしがこの本で書こうとしているのはなにか、彼女がまさにそれをさまざまな場面で問いかけてくれたことで、本書はよりよい作品となった。

編集者のコリーン・ロウリーは、わたしと一緒に荒波のなかに飛び込んでくれた。それは、わたしたちはうまくやれるはずだという彼女の強い意志があってこそのものだった。コリーンが深く考察し評価してくれたことで、わたしの作品の完成度は計り知れないほど高くなった。コリーンがこの本に費やしてくれた時間に心から感謝する。

ブルック・パーソンズ、リンゼー・フラッドコフ、カイトリン・カラザーズ＝ビュッセル、クリスティナ・パライア、ピート・ギャルソーにも大きな感謝を。

わたしが痛みを理解する手助けをしてくださった多くの専門家の方々にも大変感謝している。ブロック・バスティアン、ウィル・ハミルトン、エリザベス・ハーパー、アラン・ハウス、クリーチャーKPW、ヘイン・マウン、ポール・ロジン、スティーブン・シュタイン。それからジェンズ・フォエルはわたしがこれまで出会ったなかで最高にわたしを導いてくれた研究者だ。フォエルはわたしの一見尽きることのない質問に答えてくれる、無尽蔵にも思える能力を備えている。彼にも限界があるはずだと探ったけれど、わたしにはそれが見つかっていない。

トウガラシ大食い選手のみなさんにも、わたしとその喜びを分かち合ってくれたことにありがとうと言いたい。とくにシャヒナ・ワシーム、ダスティン・ジョンソン、グレグ・フォスターには感謝したい。わたしは今年、自分でキャロライナ・リーパーを栽培し食べた。これはみなエド・カリーのせいだ。

それから、毎年恒例の新年の寒中水泳大会を開催してくれたコニー・アイランド・ポーラーベア・クラブと、またレインも、凍るような海に一緒に入ってくれて本当にありがとう。難解な記憶をわたしとわかち合うという勇気ある決断をしてくれたみなさん、とくにアンナ・ジオセッフィ、ダリエン・クロスリー、サラー・ロンドン、ダン・ブロックには感謝を。ビッグ・バックヤード・ウルトラと、ゲイリー・「ラザルス・レイク」・カントレルにも謝意を表したい。何日もかかる驚嘆すべきレースの目撃者となることを許可してくれた。その努力を見せてくれたすべてのランナーのみなさん、ありがとう。とくに、一度に何百マイルもの距離を走る際の気分をわたしに説明してくれたランナーたち、ギヨーム・カルメット、マギー・

グテール、ウィル・ヘイワード、デイヴ・プロクター、ケイティー・ライトには感謝申し上げる。

それからもちろん、わたしの子どもとパートナー、愛猫の揺らぐことのない支えがなければ、この作品を完成させることはできなかっただろう。エリオット。あなたはわたしを、尽きることのない好奇心とやさしい心でおおいに励ましてくれる。あなたを愛することでわたしは愛することとはなにかを学んだ。ケイシー。わたしに正しく接しようとするあなたの断固たる意志がわたしの生活を大きく変えている。自分のことを人に知られるのが恐ろしい試練だと思えるときでも、わたしは、あなたというすばらしい人がきちんと理解してくれている、その喜びでいやされ、楽しい気分になる。

それからラリー・ホットドッグス、わたしのオフィスの主人である猫。あなたなしでは、ほんとうにこの作品を書き上げることはできなかった。

訳者あとがき

「痛みによって快楽を得るという行為」について、科学的、文化的な解説を行おうとするのが本書だ。著者は「自ら痛みを求める人たち」を「マゾヒスト」と定義している。マゾヒストと言うと、まず頭に浮かぶのは性的なものだろう。本書もかなりきわどい描写ではじまるため、とまどう読者もいらっしゃるかもしれない。しかし著者は、自ら痛みを求める行為は特別なものではなく、どこにでもあって大勢の人がやっていることだと主張する。そして、マゾヒズムは多様なものでありいたるところにあるのに、この話題に関して幅広い視点から考察する書は驚くほど少ないと著者は言う。だから、この問題を自ら探究しようとしているのだ、と。

本書で紹介される行為がすべてマゾヒストのものと言われると当惑する方もいらっしゃるだろう。確かに、きつめのジョギングをしたりあえぎながら登山をしたりと、せっかくの休日に痛みや疲労を伴う行為を自分に課している人は少なくない。だがそれは健康のため、あるいはスポーツや演技の技術向上のために避けられない過程であって、痛みとそれによる気持ちよさを求めているわけではないのでは、という意見もあるだろう。本書でもウルトラマラソンの主催者は、ウルトラマラソンはマゾヒスト的行為などではないという考えを変えていない。

とは言え、著者が「痛み」や「痛みによって得る快楽」を経験によって熟知していること、痛みを求める人たちへのインタビューや科学者への取材によって様々な意見や科学的根拠を取り入れながら、広い意味でのマゾヒズムを読者のみなさんに伝えようとしている点は確かだ。人はなぜ苦痛が好きなのか、痛みに何を求めているのか。痛み自体から楽しみを得ているのか、痛みからの解放を楽しんでいるのか。危険な自傷行為と有害ではない意図的痛みとの違いはどこにあるのか。また、痛みが主観的な経験であることや脳の働きについての科学的説明にも一読の価値はある。著者と同じような疑問を抱く方にとっては意を強くする書だろうし、そうでない場合も、一度、自分の行為を著者の論に沿って見つめ直してみるのもおもしろいだろう。

本書を訳すにあたっては、的確で温かな助言をいただいた原書房編集部の善元温子さん、いつも大きなサポートをいただいているオフィス・スズキの鈴木由紀子さんに大変お世話になった。心より感謝申し上げる。

二〇二三年一二月

瀬高真智

Pain, July 16, 2020. https://www.iasp-pain.org/PublicationsNews/NewsDetailaspx?ItemNumber=10475.

Kroll, Eric. *John Willie's Best of Bizarre*. Italy: Taschen, 2001.

Musser, Amber Jamilla. *Sensational Flesh: Race, Power, and Masochism*. New York: New York University Press, 2014.

Newmahr, Staci. *Playing on the Edge: Sadomasochism, Risk, and Intimacy*. Bloomington: Indiana University Press, 2011.

———. "Rethinking Kink: Sadomasochism as Serious Leisure." *Qualitative Sociology* 33, no. 3 (2010): 313–331. doi:10.1007/s11133-010-9158-9.

Phillips, Anita. *In Defense of Masochism*. New York: St. Martin's Press, 1998.

Weierstall, Roland, and Gilda Giebel. "The Sadomasochism Checklist: A Tool for the Assessment of Sadomasochistic Behavior." *Archives of Sexual Behavior* 46, no. 3 (2016): 735–745. doi:10.1007/s10508-016-0789-0.

Williams, Amanda C. de C., and Kenneth D. Craig. "Updating the Definition of Pain." *PAIN* 157, no. 11 (2016): 2420–2423. doi:10.1097/j.pain.0000000000000613.

Miles with a Smile on His Face." *Men's Journal*, 2017. https://www.mensjournal.com/sports/meet-the-winner-of-the-worlds-cruelest-ultramarathon-w510640/.

Geisler, Maria, Luise Eichelkraut, Wolfgang H. R. Miltner, and Thomas Weiss. "An fMRI Study on Runner's High and Exercise-Induced Hypoalgesia After a 2-h Run in Trained Non-Elite Male Athletes." *Sport Sciences for Health* 16, no. 1 (2019): 159–167. doi:10.1007/s11332-019-00592-8.

Given, Karen. "A Horse Race Without a Horse: How Modern Trail Ultramarathoning Was Invented." WBUR, June 28, 2019. https://www.wbur.org/onlyagame/2019/06/28/ultramarathon-gordon-ainsleigh-western-states.

Huber, Martin Fritz. "The Existential Torture of a Race with No End." *Outside*, October 26, 2018. https://www.outsideonline.com/2358936/bigs-backyard-ultra-existential-torture.

Iltis, Annika, and Timothy James Kane. *The Barkley Marathons: The Race That Eats Its Young*. DVD. 2014.

Lake, Lazarus. "Hourly Public Posts During the 2019 Big's Backyard Ultra." Facebook, 2019. http://facebook.com/lazarus.lake.

Longman, Jer. "The Marathon's Random Route to Its Length." *New York Times*, April 21, 2012. https://www.nytimes.com/2012/04/21/sports/the-marathons-accidental-route-to-26-miles-385-yards.html.

Pearson, Andy. "Big's Backyard Ultra Gets Bigger and Bigger." *Trail Runner*, October 31, 2018. https://trailrunnermag.com/races/bigs-backyard-ultra-gets-bigger-and-bigger.html.

Proctor, Dave. "Race Report—Big's Backyard Ultra." Outrun Rare (blog), October 24, 2019. https://outrunrare.com/race-report-bigs-backyard-ultra/.

Raichlen, D. A., A. D. Foster, G. L. Gerdeman, A. Seillier, and A. Giuffrida. "Wired to Run: Exercise-Induced Endocannabinoid Signaling in Humans and Cursorial Mammals with Implications for the 'Runner's High.'" *Journal of Experimental Biology* 215, no. 8 (2012): 1331–1336. doi:10.1242/jeb.063677.

Schulkin, Jay. "Evolutionary Basis of Human Running and Its Impact on Neural Function." *Frontiers in Systems Neuroscience* 10, no. 59 (2016). doi:10.3389/fnsys.2016.00059.

Simpson, Duncan, Phillip G. Post, Greg Young, and Peter R. Jensen. "'It's Not About Taking the Easy Road': The Experiences of Ultramarathon Runners." *Sport Psychologist* 28, no. 2 (2014): 176–185. doi:10.1123/tsp.2013-0064.

"35th Edition, October 01 to 11, 2021, 250 km in 7 Days." Legendary Marathon des Sables. https://www.marathondessables.com/en.

University of Utah. "How Running Made Us Human: Endurance Running Let Us Evolve to Look the Way We Do." Science Daily, November 24, 2004. https://www.sciencedaily.com/releases/2004/11/041123163757.htm.

Vigneron, Peter. "A Pheidippides F.A.Q." *Runner's World*, September 13, 2010. https://www.runnersworld.com/runners-stories/a20787158/a-pheidippides-f-a-q/.

第九章　真剣な遊びの場

Burch, Rebecca L., and Catherine Salmon. "The Rough Stuff: Understanding Aggressive Consensual Sex." *Evolutionary Psychological Science* 5, no. 4 (2019): 383–393. doi:10.1007/s40806-019-00196-y.

Dunkley, Cara R., Craig D. Henshaw, Saira K. Henshaw, and Lori A. Brotto. "Physical Pain as Pleasure: A Theoretical Perspective." *Journal of Sex Research* 57, no. 4 (2019): 421–437. doi:10.1080/00224499.2019.1605328.

Easton, Dossie, and Janet W. Hardy. *The New Bottoming Book*. Emeryville, CA: Greenery Press, 2001.

———. *The New Topping Book*. Oakland, CA: Greenery Press, 2003.

History of Sexual Punishment in Pictures. Frankfurt, Germany: Goliath, 2019.

"IASP Announces Revised Def nition of Pain." International Association for the Study of

"A Science Odyssey: People and Discoveries: Role of Endorphins Discovered, 1975." PBS. https://www.pbs.org/wgbh/aso/databank/entries/dh75en.html.

Sharon-David, Hilla, Moran Mizrahi, Michal Rinott, Yulia Golland, and Gurit E. Birnbaum. "Being on the Same Wavelength: Behavioral Synchrony Between Partners and Its Influence on the Experience of Intimacy." *Journal of Social and Personal Relationships* 36, no. 10 (2018): 2983–3008. doi:10.1177/0265407518809478.

Sprouse-Blum, Adam S., Greg Smith, Daniel Sugai, and F. Don Parsa. "Understanding Endorphins and Their Role in Pain Management." *Hawai' i Medical Journal* 69, no. 3 (2010): 70–71. https://www.ncbi.nlm.nih.gov/pmc/articles/PMC3104618/.

Stefano, George B., Yannick Goumon, Federico Casares, Patrick Cadet, Gregory L. Fricchione, Christos Rialas, Doris Peter, et al. "Endogenous Morphine." *Trends in Neurosciences* 23, no. 9 (2000): 436–442. doi:10.1016/s0166-2236(00)01611-8.

Tipton, M. J., N. Collier, H. Massey, J. Corbett, and M. Harper. "Cold Water Immersion: Kill or Cure?" *Experimental Physiology* 102, no. 11 (2017): 1335–1355. doi:10.1113/ep086283.

Weeks, Jonny. "A Cold-Water Cure? My Weekend with the 'Ice Man.'" *The Guardian*, May 8, 2019. https://www.theguardian.com/world/2019/may/08/wim-hof-cold-water-immersion-cure-ice-man-outdoor-swimming.

第八章　ウルトラマラソン

Barker, Sarah. "Ultrarunner Courtney Dauwalter Takes on the World's Most Sadistic Endurance Race." Deadspin, November 9, 2018. https://deadspin.com/ultrarunner-courtney-dauwalter-takes-on-the-worlds-most-1830136537.

Bramble, Dennis M., and Daniel E. Lieberman. "Endurance Running and the Evolution of Homo." *Nature* 432, no. 7015 (2004): 345–352. doi:10.1038/nature03052.

Carroll, Larry. "2019 Big Dog Backyard Preview: 'This Is a Race to the Death.'" Irun4ultra. https://irun4ultra.com/2019-big-dog-backyard-preview-this-is-a-race-to-the-death/.

Cohen, Daniel C., Alison Winstanley, Alec Engledow, Alastair C. Windsor, and James R. Skipworth. "Marathon-Induced Ischemic Colitis: Why Running Is Not Always Good for You." *American Journal of Emergency Medicine* 27, no. 2 (2009): 255.e5–255.e7. doi:10.1016/j.ajem.2008.06.033.

Cowart, Leigh. "Ultra Pain: The Insane Things That People Put Themselves Through to Complete 100-Mile Marathons." SBNation, July 10, 2014. https://www.sbnation.com/2014/7/10/5887187/ultra-pain-the-insane-things-that-insane-people-put-themselves.

———. "Why Running Sometimes Makes You Shit Blood." Deadspin, September 1, 2017. https://deadspin.com/why-running-sometimes-makes-you-shit-blood-1798536358.

Crockett, Davy. "Man vs. Horse—Racing Ultradistances." Ultrarunning History, July 30, 2018. http://ultrarunninghistory.com/man-vs-horse/.

———. "Yiannis Kouros—Greek Greatness." Ultrarunning History, June 9, 2019. https://ultrarunninghistory.com/yiannis-kouros/.

Fallon, K. E., G. Sivyer, K. Sivyer, and A. Dare. "The Biochemistry of Runners in a 1600 km Ultramarathon." *British Journal of Sports Medicine* 33, no. 4 (1999): 264–269. doi:10.1136/bjsm.33.4.264.

Faress, Ahmed. "'Runs' from a Run: A Case of Exercise Induced Ischemic Colitis." *World Journal of Emergency Medicine* 8, no. 4 (2017): 302. doi:10.5847/wjem.j.1920-8642.2017.04.010.

Finn, Adharanand. "When 26.2 Miles Just Isn't Enough—the Phenomenal Rise of the Ultramarathon." *The Guardian*, April 2, 2018. https://www.theguardian.com/lifeandstyle/2018/apr/02/ultrarunner-ultramarathon-racing-100-miles.

Fox, Kit. "Meet the Man Who Ran Almost 250

M. Koppenhoefer, K. J. Wagner, M. Valet, A. Berthele, and T. R. Tolle. "The Runner's High: Opioidergic Mechanisms in the Human Brain." *Cerebral Cortex* 18, no. 11 (2008): 2523–2531. doi:10.1093/cercor/bhn013.

Carney, Scott. *What Doesn't Kill Us*. New York: Rodale Books, 2017.（『サバイバルボディー：人類の失われた身体能力を取り戻す』スコット・カーニー著、小林由香利訳、白水社）

Christie, Macdonald J., and Gregory B. Chesher. "Physical Dependence on Physiologically Released Endogenous Opiates." *Life Sciences* 30, no. 14 (1982): 1173–1177.

Cohen, Emma E. A., Robin Ejsmond-Frey, Nicola Knight, and R. I. M. Dunbar. "Rowers' High: Behavioural Synchrony Is Correlated with Elevated Pain Thresholds." *Biology Letters* 6, no. 1 (2009): 106–108. doi:10.1098/rsbl.2009.0670.

Cuadros, Zamara, Esteban Hurtado, and Carlos Cornejo. "Measuring Dynamics of Infant- Adult Synchrony Through Mocap." *Frontiers in Psychology* 10 (2019). doi:10.3389/fpsyg.2019.02839.

Darley, John M., and Bibb Latane. "Bystander Intervention in Emergencies: Diffusion of Responsibility." Pt. 1. *Journal of Personality and Social Psychology* 8, no. 4 (1968): 377–383. doi:10.1037/h0025589.

Davidson, Nick. "Cold Plunge." *Outside*, May 10, 2011. https://www.outsideonline.com/1871876/cold-plunge.

Feldman, Ruth. "Parent–Infant Synchrony." *Current Directions in Psychological Science* 16, no. 6 (2007): 340–345. doi:10.1111/j.1467-8721.2007.00532.x.

"4 Army Ranger Candidates Die in Chilly Florida Swamp." *New York Times*, February 17, 1995. https://www.nytimes.com/1995/02/17/us/4-army-ranger-candidates-die-in-chilly-florida-swamp.html.

Fuss, Johannes, Jörg Steinle, Laura Bindila, Matthias K. Auer, Hartmut Kirchherr, Beat Lutz, and Peter Gass. "A Runner's High Depends on Cannabinoid Receptors in Mice." *Proceedings of the National Academy of Sciences* 112, no. 42 (2015): 13105–13108. doi:10.1073/pnas.1514996112.

Galbusera, Laura, Michael T. M. Finn, Wolfgang Tschacher, and Miriam Kyselo. "Interpersonal Synchrony Feels Good but Impedes Self-Regulation of Affect." *Scientific Reports* 9, no. 1 (2019). doi:10.1038/s41598-019-50960-0.

Guindon, Josee, and Andrea Hohmann. "The Endocannabinoid System and Pain." *CNS & Neurological Disorders—Drug Targets* 8, no. 6 (2009): 403–421. doi:10.2174/187152709789824660.

Leclère, Chloë, Sylvie Viaux, Marie Avril, Catherine Achard, Mohamed Chetouani, Sylvain Missonnier, and David Cohen. "Why Synchrony Matters During Mother-Child Interactions: A Systematic Review." *PloS ONE* 9, no. 12 (2014): e113571. doi:10.1371/journal.pone.0113571.

Lewis, Zachary, and Philip J. Sullivan. "The Effect of Group Size and Synchrony on Pain Threshold Changes." *Small Group Research* 49, no. 6 (2018): 723–738. doi:10.1177/1046496418765678.

Mead, Rebecca. "The Subversive Joy of Cold-Water Swimming." *New Yorker*, January 27, 2020. https://www.newyorker.com/magazine/2020/01/27/the-subversive-joy-of-cold-water-swimming.

Miller, Greg. "How Movies Synchronize the Brains of an Audience." *Wired*, August 28, 2014. https://www.wired.com/2014/08/cinema-science-mind-meld/.

Moore, Melissa. "How the Endocannabinoid System Was Discovered." Labroots, April 5, 2018. https://www.labroots.com/trending/cannabis-sciences/8456/endocannabinoid-system-discovered.

Richardson, Jennelle Durnett. "Cannabinoids Modulate Pain by Multiple Mechanisms of Action." *Journal of Pain* 1, no. 1 (2000): 2–14. doi:10.1016 /s1526-5900(00)90082-8.

Scarry, Elaine. *The Body in Pain: The Making and Unmaking of the World*. New York: Oxford University Press, 1985.

Norton & Company, 1997.

Krafft-Ebing, Richard von, and Franklin S. Klaf. *Psychopathia Sexualis*. New York: Arcade Publishing, 1886.

Lutz, Deborah. *Pleasure Bound: Victorian Sex Rebels and the New Eroticism*. New York: W. W. Norton & Company, 2011.

McLynn, Kim. "'Fifty Shades of Grey' Was the Best-Selling Book of the Decade in the U.S." NPD Group, December 18, 2019. https://www.npd.com/wps/portal/npd/us/news/press-releases/2019/fifty-shades-of-grey-was-the-best-selling-book-of-the-decade-in-the-us-the-npd-group-says/.

Oosterhuis, Harry. *Stepchildren of Nature: Krafft-Ebing, Psychiatry, and the Making of Sexual Identity*. Chicago: University of Chicago Press, 2000.

Palmore, Erdman. "Published Reactions to the Kinsey Report." *Social Forces* 31, no. 2 (1952): 165–172.

Raye, Martha. "Ooh, Doctor Kinsey!" *Ooh, Dr. Kinsey! / After You've Gone*. Produced by Phil Moore. 1949.

Rousseau, Jean-Jacques. *The Confessions of Jean-Jacques Rousseau*. New Delhi, India: Gopsons Papers, 2000. First published 1782.

Sacher-Masoch, Leopold von. *Venus in Furs*. New York: Zone Books, 1870.（『毛皮を着たヴィーナス』L・ザッヘル＝マゾッホ著、種村季弘訳、河出書房新社）

Sacher-Masoch, Wanda von. *The Confessions of Wanda von Sacher-Masoch*. San Francisco: Re/Search Publications, 1990. First published 1906.

Whyte, Marama. "I Read 'Fifty Shades of Grey' and It Was Worse Than I Imagined." Hypable, February 12, 2015. https://www.hypable.com/fifty-shades-of-grey-book-review/.

Williams, Zoe. "Why Women Love Fifty Shades of Grey." *The Guardian*, July 6, 2012. https://www.theguardian.com/books/2012/jul/06/why-women-love-fifty-shades-grey.

第六章　灯りが消えるとき

American Psychiatric Association. *Diagnostic and Statistical Manual of Mental Disorders*. 5th ed. Arlington, VA: American Psychiatric Association, 2013.（アメリカ精神医学会「DSM-5　精神疾患の診断・統計マニュアル」［日本語版用語監修］日本精神神経学会、高橋三郎、大野裕監訳、医学書院）

Cleare, Seonaid, Andrew Gumley, and Rory C. O'Connor. "Self-Compassion, Self-Forgiveness, Suicidal Ideation, and Self-Harm: A Systematic Review." *Clinical Psychology & Psychotherapy* 26, no. 5 (2019): 511–530. doi:10.1002/cpp.2372.

"Eating Disorder Statistics: General & Diversity Stats." National Association of Anorexia Nervosa and Associated Disorders. https://anad.org/get-informed/about-eating-disorders/eating-disorders-statistics/.

Edmondson, Amanda J., Cathy A. Brennan, and Allan O. House. "Non-Suicidal Reasons for Self-Harm: A Systematic Review of Self-Reported Accounts." *Journal of Affective Disorders* 191 (2016): 109–117. doi:10.1016/j.jad.2015.11.043.

Gratz, Kim L. "Measurement of Deliberate Self-Harm: Preliminary Data on the Deliberate Self-Harm Inventory." *Journal of Psychopathy and Behavioral Assessment* 23, no. 4 (2001): 253–263.

Skegg, Keren. "Self-Harm." *The Lancet* 366 (2005): 1471–1483.

van der Kolk, Bessel. *The Body Keeps the Score*. United States: Penguin, 2015.（『身体はトラウマを記録する：脳・心・体のつながりと回復のための手法』ベッセル・ヴァン・デア・コーク著、柴田裕之訳、紀伊國屋書店）

第七章　社会的生物

Baimel, Adam, Susan A. J. Birch, and Ara Norenzayan. "Coordinating Bodies and Minds: Behavioral Synchrony Fosters Mentalizing." *Journal of Experimental Social Psychology* 74 (2018): 281–290. doi:10.1016/j.jesp.2017.10.008.

Barber, Nigel. "Taking One's Cue from Others." The Human Beast (blog), *Psychology Today*, May 31, 2017. https://www.psychologytoday.com/us/blog/the-human-beast/201705/taking-ones-cue-others.

Boecker, H., T. Sprenger, M. E. Spilker, G. Henriksen,

"Characterization of a Novel Capsaicin/Heat Ongoing Pain Model." *European Journal of Pain* 22, no. 2 (2017): 370–384. doi:10.1002/ejp.1126.

Rozin, Paul, Lily Guillot, Katrina Fincher, Alexander Rozin, and Eli Tsukayama. "Glad to Be Sad, and Other Examples of Benign Masochism." *Judgement and Decision Making* 8, no. 4 (2013): 439–447.

Yang, Fan, and Jie Zheng. "Understand Spiciness: Mechanism of TRPV1 Channel Activation by Capsaicin." *Protein & Cell* 8, no. 3 (2017): 169–177. doi:10.1007/s13238-016-0353-7.

第五章　ものの名前

American Psychiatric *Association. Diagnostic and Statistical Manual of Mental Disorders.* 5th ed. Arlington, VA: American Psychiatric Association, 2013.（アメリカ精神医学会「DSM-5　精神疾患の診断・統計マニュアル」［日本語版用語監修］日本精神神経学会、高橋三郎、大野裕監訳、医学書院）

Barry, Dave. "Dave Barry Learns Everything You Need to Know About Being a Husband From Reading *50 Shades of Grey.*" *Time*, March 4, 2014. https://time.com/3030375/dave-barry-50-shades-of-grey/.

The Birchen Bouquet. London: Locus Elm Press, 2017. First published around 1770.

Braun, Adee. "Looking to Quell Sexual Urges? Consider the Graham Cracker." *The Atlantic*, January 15, 2014. https://www.theatlantic.com/health/archive/2014/01/looking-to-quell-sexual-urges-consider-the-graham-cracker/282769/.

Cleugh, James. *The First Masochist.* New York: Stein and Day, 1967.

Conliffe, Ciaran. "Leopold Von Sacher-Masoch, Poet of Masochism." HeadStuff, June 8, 2015. https://www.headstuff.org/culture/literature/leopold-von-sacher-masoch-poet-of-masochism/.

Cuccinello, Hayley. "Fifty Shades of Green: How Fanfiction Went from Dirty Little Secret to Money Machine." *Forbes*, February 10, 2017. https://www.forbes.com/sites/hayleycuccinello/2017/02/10/fifty-shades-of-green-how-fanfiction-went-from-dirty-little-secret-to-money-machine/?sh=7c22badf264c.

Deleuze, Gilles. *Coldness and Cruelty.* New York: Zone Books, 1967.

Eakin, Emily. "Grey Area: How 'Fifty Shades' Dominated the Market." *New York Review of Books*, July 27, 2012. https://www.nybooks.com/daily/2012/07/27/seduction-and-betrayal-twilight-fifty-shades/.

Englishwoman's Domestic Magazine. Supplement on Domestic Disciplinary Actions, 1870.

An Expert. *The Romance of Chastisement; Or, Revelations of the School and Bedroom.* Birchgrove Press, 2011. First published 1886.

Falaky, Fayçal. *Social Construct, Masochist Contract: Aesthetics of Freedom and Submission in Rousseau.* Albany: State University of New York Press, 2014.

"Fifty Shades Darker (2017)." Rotten Tomatoes. https://www.rottentomatoes.com/m/fifty_shades_darker.

"Fifty Shades Freed (2018)." Rotten Tomatoes. https://www.rottentomatoes.com/m/fifty_shades_freed.

"Fifty Shades of Grey (2015)." Rotten Tomatoes. https://www.rottentomatoes.com/m/fifty_shades_of_grey.

Frances, Allen. *Saving Normal: An Insider's Revolt Against Out-of-Control Psychiatric Diagnosis, DSM-5, Big Pharma, and the Medicalization of Ordinary Life.* New York: William Morrow, 2013.（『〈正常〉を救え　精神医学を混乱させるDSM-5への警告』アレン・フランセス著、大野裕監修、青木創訳、講談社）

Freud, Sigmund, and James Strachey. *Three Essays on the Theory of Sexuality.* Welwyn Garden City, UK: Alcuin Press, 1949.

Freud, Sigmund, James Strachey, Gregory Zilboorg, and Peter Gay. *Beyond the Pleasure Principle.* New York: W. W. Norton & Company, 1961.

James, E. L. *Fifty Shades of Grey.* New York: Random House, 2011.（『フィフティ・シェイズ・オブ・グレイ』（上・中・下）E L ジェイムズ著、池田真紀子訳、早川書房）

Jones, James H. *Alfred C. Kinsey.* New York: W. W.

Disease, and Drug Development Opportunities." *Frontiers in Pharmacology* 1 (2011). doi:10.3389/fphar.2010.00145.

Tischauser, Leslie V. "Okipa." *Encyclopedia of the Great Plains*, 2011. http://plainshumanities.unl.edu/encyclopedia/doc/egp.rel.037.

Tuchman, Barbara W. *A Distant Mirror*. New York: Random House, 1978.

Whitehouse, Harvey, and Jonathan A. Lanman. "The Ties That Bind Us." *Current Anthropology* 55, no. 6 (2014): 674–695. doi:10.1086/678698.

第四章　溶岩をくわえた口

Bastian, Brock. *The Other Side of Happiness*. Bungay, UK: Penguin Random House UK, 2018.

Byrnes, Nadia K., and John E. Hayes. "Behavioral Measures of Risk Tasking, Sensation Seeking and Sensitivity to Reward May Reflect Different Motivations for Spicy Food Liking and Consumption." *Appetite* 103 (2016): 411–422. doi:10.1016/j.appet.2016.04.037.

——. "Personality Factors Predict Spicy Food Liking and Intake." *Food Quality and Preference* 28, no. 1 (2013): 213–221. doi:10.1016/j.foodqual.2012.09.008.

Caterina, Michael J., Mark A. Schumacher, Makoto Tominaga, Tobias A. Rosen, Jon D. Levine, and David Julius. "The Capsaicin Receptor: A Heat-Activated Ion Channel in the Pain Pathway." *Nature* 389, no. 6653 (1997): 816–824.doi:10.1038/39807.

Ettenberg, Jodi. "A Brief History of Chili Peppers." Legal Nomads, May 17, 2020. https://www.legalnomads.com/history-chili-peppers/.

Fett, Debra D. "Botanical Briefs: Capsicum Peppers." *Cutis* 72, no. 1 (2003): 21–23.

"Final Report on the Safety Assessment of Capsicum Annuum Extract, Capsicum Annuum Fruit Extract, Capsicum Annuum Resin, Capsicum Annuum Fruit Powder, Capsicum Frutescens Fruit, Capsicum Frutescens Fruit Extract, Capsicum Frutescens Resin, and Capsaicin." *International Journal of Toxicology* 26 (Suppl. 1, 2007): 3–106. doi:10.1080/10915810601163939.

Fitzgerald, Maria. "Capsaicin and Sensory Neurones—a Review." *Pain* 15, no. 1 (1983): 109–130. doi:10.1016/0304-3959(83)90012-x.

Kimball, Tracy. "Fire in the Belly: Pepper-Eating Contest in Fort Mill Was Almost a Dead Heat." *The Herald* (Rock Hill, SC), August 14, 2019. https://www.heraldonline.com/news/local/article233504922.html.

Lee, Jin-Seong, Sung-Gon Kim, Hyeun-Kyeung Kim, Sun-Yong Baek, and Cheol-Min Kim. "Acute Effects of Capsaicin on Proopioimelanocortin mRNA Levels in the Arcuate Nucleus of Sprague-Dawley Rats." *Psychiatry Investigation* 9, no. 2 (2012): 187. doi:10.4306/pi.2012.9.2.187.

Meyer, Zlati. "Hot Sauce Industry Sets Tongues—and Sales—Ablaze." *USA Today*, July 30, 2017. https://www.usatoday.com/story/money/2017/07/30/hot-sauce-industry-fire-supermarkets-mcdonalds/519660001/.

Nmaju, Anyauba Uduka, Iwasam Ekom Joshua, Udemeobong Edet Okon, Azubuike Amakwe Nwankwo, and Eme Efiom Osim. "Long-Term Consumption of Capsicum Annum (Chilli Pepper) and Capsaicin Diets Suppresses Pain Perception and Improves Social Behaviour of CD-1 Mice." *Nutrition & Food Science* 48, no. 6 (2018): 911–921. doi:10.1108/nfs-02-2018-0054.

Nolden, Alissa A., and John E. Hayes. "Perceptual and Affective Responses to Sampled Capsaicin Differ by Reported Intake." *Food Quality and Preference* 55 (2017): 26–34. doi:10.1016/j.foodqual.2016.08.003.

Park, Thomas J., Ying Lu, René Jüttner, Ewan St. J. Smith, Jing Hu, Antje Brand, Christiane Wetzel, et al. "Selective Inflammatory Pain Insensitivity in the African Naked Mole-Rat (Heterocephalus Glaber)." *PloS Biology* 6, no. 1 (2008): e13. doi:10.1371/journal.pbio.0060013.

Price, R. C., W. Gandhi, C. Nadeau, R. Tarnavskiy, A. Qu, E. Fahey, L. Stone, and P. Schweinhardt.

Press, 2018.

Clifford, Catherine. "Billionaire Jack Dorsey's 11 'Wellness' Habits: From No Food All Weekend to Ice Baths." CNBC, April 8, 2019. https://www.cnbc.com/2019/04/08"/twitter-and-square-ceo-jack-dorsey-on-his-personal-wellness-habits.html.

Cohn, Samuel K., Jr. "The Black Death: End of a Paradigm." *American Historical Review* 107, no. 3 (2002). doi:10.1086/ahr/107.3.703.

Cooper, William M. *Flagellation & the Flagellants: A History of the Rod*. Amsterdam: Fredonia Books, 2001.

DeBoer, Scott, Allen Falkner, Troy Amundson, Myrna Armstrong, Michael Seaver, Steve Joyner, and Lisa Rapoport. "Just Hanging Around: Questions and Answers About Body Suspensions." *Journal of Emergency Nursing* 34, no. 6 (2008): 523–529. doi:10.1016/j.jen.2007.10.014.

"Eating Disorder Statistics: General & Diversity Stats." National Association of Anorexia Nervosa and Associated Disorders. https://anad.org/get-informed/about-eating-disorders/eating-disorders-statistics/.

The Exhibition of Female Flagellants: Parts One and Two (English Flagellant Fiction 1770–1830). Birchgrove Press, 2012. First published 1777, G. Peacock, London.

Forsyth, Craig J., and Jessica Simpson. "Everything Changes Once You Hang: Flesh Hook Suspension." *Deviant Behavior* 29, no. 4 (2008): 367–387. doi:10.1080/01639620701588305.

Glucklich, Ariel. *Sacred Pain: Hurting the Body for the Sake of the Soul*. New York: Oxford University Press, 2001.

Gobel, Eric A. "Liturgical Processions of the Black Death." *Hilltop Review* 9, no. 2 (2017): 32–46.

Gregg, John R. *Sex, the Illustrated History: Through Time, Religion and Culture: Volume III*. Bloomington, IN: Xlibris Corporation, 2016

Hope, Valerie M. *Roman Death*. London: Bloomsbury Publishing, 2009.

Jean, A., G. Conductier, C. Manrique, C. Bouras, P. Berta, R. Hen, Y. Charnay, J. Bockaert, and V. Compan. "Anorexia Induced by Activation of Serotonin 5-HT4 Receptors Is Mediated by Increases in CART in the Nucleus Accumbens." *Proceedings of the National Academy of Sciences* 104, no. 41 (2007): 16335–16340. doi:10.1073/pnas.0701471104.

Konnikova, Maria. "Pain Really Does Make Us Gain." *New Yorker*, December 24, 2014. https://www.newyorker.com/science/maria-konnikova/pain-really-make-us-gain.

Lolme, Jean Louis de, Jacques Boileau, and Henry Layard. *The History of the Flagellants: Otherwise, of Religious Flagellations Among Different Nations, and Especially Among Christians. Being a Paraphrase and Commentary on the Historia Flagellantium of the Abbé Boileau, Doctor of the Sorbonne, Canon of the Holy Chapel, & C*. London: Printed for G. Robinson, No. 25, Paternoster Row, 1783.

Marshall, Wyatt. "The Therapeutic Experience of Being Suspended by Your Skin." *The Atlantic*, September 21, 2012. https://www.theatlantic.com/health/archive/2012/09/the-therapeutic-experience-of-being-suspended-by-your-skin/262644/.

Martin, Seán. *The Black Death*. Edison, NJ: Chartwell Books, 2007.

Morris, David B. *The Culture of Pain*. Berkeley: University of California Press, 2007.

Murphy, Sean C., and Brock Bastian. "Emotionally Extreme Life Experiences Are More Meaningful." *Journal of Positive Psychology* 15, no. 4 (2019): 531–542. doi: 10.1080/17439760.2019.1639795.

"The Pilgrimage of the Flagellants About Georg Doring's Geiselfahrt," *Blackwood's Edinburgh Magazine*, 1833.

Sandburg, Carl. "Fog." *In Chicago Poems*. New York: Henry Holt, 1916.（『シカゴ詩集』収録「霧」、カール・サンドバーグ著、安藤一郎訳、岩波文庫）

Sanger, Gareth J., Per M. Hellström, and Erik Näslund. "The Hungry Stomach: Physiology,

Foell, Jens, Robin Bekrater-Bodmann, Herta Flor, and Jonathan Cole. "Phantom Limb Pain After Lower Limb Trauma." *International Journal of Lower Extremity Wounds* 10, no. 4 (2011): 224–235. doi:10.1177/1534734611428730.

Heckert, Justin. 2012. "The Hazards of Growing Up Painlessly." *New York Times Magazine*, November 18, 2012. https://www.nytimes.com/2012/11/18/magazine/ashlyn-blocker-feels-no-pain.html.

Jabr, Ferris. "Know Your Neurons: How to Classify Different Types of Neurons in the Brain's Forest." Brainwaves (blog), *Scientific American*, May 16, 2012. https://blogs.scientificamerican.com/brainwaves/know-your-neurons-classifying-the-many-types-of-cells-in-the-neuron-forest/.

Kamping, Sandra, Jamila Andoh, Isabelle C. Bomba, Martin Diers, Eugen Diesch, and Herta Flor. "Contextual Modulation of Pain in Masochists." *PAIN* 157, no. 2 (2016): 445–455. doi:10.1097/j.pain.0000000000000390.

Kwon, Diana. "The Battle over Pain in the Brain." *Scientific American*, April 28, 2016. https://www.scientificamerican.com/article/the-battle-over-pain-in-the-brain/.

Leknes, Siri, and Irene Tracey. "A Common Neurobiology for Pain and Pleasure." *Nature Reviews Neuroscience* 9, no. 4 (2008): 314–320. doi:10.1038/nrn2333.

Marzvanyan, Anna, and Ali Alhawaj. "Physiology, Sensory Receptors." In *Stat Pearls*. Treasure Island, FL: StatPearls Publishing, 2020. https://www.ncbi.nlm.nih.gov/books/NBK539861/.

Mayer, Emeran A., and M. Catherine Bushnell. *Functional Pain Syndromes: Presentation and Pathophysiology*. Seattle, WA: IASP Press, 2009.

Nagasako, Elna M., Anne Louise Oaklander, and Robert H. Dworkin. "Congenital Insensitivity to Pain: An Update." *Pain* 101, no. 3 (2003): 213–219. doi:10.1016/s0304-3959(02)00482-7.

Poldrack, Russell A., Jeanette A. Mumford, and Thomas E. Nichols. *Handbook of Functional MRI Data Analysis*. New York: Cambridge University Press, 2012.

Riedel, W., and G. Neeck. "Nociception, Pain, and Antinociception: Current Concepts." *Zeitschrift Fur Rheumatologie* 60, no. 6 (2001): 404–415. doi:10.1007/s003930170003.

Wall, Patrick. PAIN: *The Science of Suffering*. New York: Columbia University Press, 2000.

Wark, Barry, Brian Nils Lundstrom, and Adrienne Fairhall. "Sensory Adaptation." *Current Opinion in Neurobiology* 17, no. 4 (2007): 423–429. doi:10.1016/j.conb.2007.07.001.

Whittington, Camilla, and Katherine Belov. "Platypus Venom: A Review." *Australian Mammalogy* 29, no. 1 (2007): 57. doi:10.1071/am07006.

第三章　聖者の苦しみ

Barbarich-Marsteller, Nicole C., Richard W. Foltin, and B. Timothy Walsh. "Does Anorexia Nervosa Resemble an Addiction?" *Current Drug Abuse Reviews* 4, no. 3 (2011): 197–200.

Bastian, Brock. "The Masochism Tango." *The Economist*, February 3, 2011. https://www.economist.com/science-and-technology/2011/02/03/the-masochism-tango.

Bastian, Brock. *The Other Side of Happiness*. Bungay, UK: Penguin Random House UK, 2018.

Bastian, Brock, Jolanda Jetten, and Fabio Fasoli. "Cleansing the Soul by Hurting the Flesh." *Psychological Science* 22, no. 3 (2011): 334–335. doi:10.1177/0956797610397058.

Bataille, Georges, and Peter Connor. *The Tears of Eros*. San Francisco: City Lights Books, 1989. First published 1961 by Jacques Pauvert, Paris.（『エロスの涙』ジョルジュ・バタイユ著、森本和夫訳、ちくま学芸文庫）

Baumeister, Roy F. *Escaping the Self: Alcoholism, Spirituality, Masochism, and Other Flights from the Burden of Selfhood*. New York: Basic Books, 1991.

Chen, Andrew H. *Flagellant Confraternities and Italian Art, 1260–1610*. Amsterdam: Amsterdam University j.jams.2012.07.017.

Melzack, Ronald. "Gate Control Theory." Pain Forum 5, no. 2 (1996): 128–138. doi:10.1016/s1082-3174(96)80050-x.

Moseley, G. Lorimer, and David S. Butler. "Fifteen Years of Explaining Pain: The Past, Present, and Future." *Journal of Pain* 16, no. 9 (2015): 807–813. doi:10.1016/j.jpain.2015.05.005.

Moseley, Lorimer. "Why Things Hurt." Filmed in Adelaide, TEDx Talk, 14:22, published November 22, 2011. https://www.youtube.com/watch?v=gwd-wLdIHjs.

Mouraux, André, Ana Diukova, Michael C. Lee, Richard G. Wise, and Gian Domenico Iannetti. "A Multisensory Investigation of the Functional Significance of the 'Pain Matrix.'" *Neuroimage* 54, no. 3 (2011): 2237–2249. doi:10.1016/j.neuroimage.2010.09.084.

Murakami, Haruki. *What I Talk About When I Talk About Running*. New York: Vintage Books, 2009.（『走ることについて語るときに僕の語ること』村上春樹著、文藝春秋）

Neblett, Randy, Howard Cohen, YunHee Choi, Meredith M. Hartzell, Mark Williams, Tom G. Mayer, and Robert J. Gatchel. "The Central Sensitization Inventory (CSI): Establishing Clinically Significant Values for Identifying Central Sensitivity Syndromes in an Outpatient Chronic Pain Sample." *Journal of Pain* 14, no. 5 (2013): 438–445. doi:10.1016/j.jpain.2012.11.012.

Neuroskeptic. "The Myth of the Brain's Pain Matrix?" *Discover*, January 9, 2016. https://www.discovermagazine.com/mind/the-myth-of-the-brains-pain-matrix.

Vlaeyen, Johan W. S., Geert Crombez, and Liesbet Goubert. "The Psychology of Chronic Pain and Its Management." *Physical Therapy Reviews* 12, no. 3 (2007): 179–188. doi:10.1179/108331907x223001.

Wall, Patrick. *PAIN: The Science of Suffering*. New York: Columbia University Press, 2000.

Zhang, Ruixin, Lixing Lao, Ke Ren, and Brian M. Berman. "Mechanisms of Acupuncture–Electroacupuncture on Persistent Pain." Anesthesiology 120, no. 2 (2014): 482–503. doi:10.1097/aln.0000000000000101.

第二章　人体に存在する痛みの電気回路

Besson, J. M. "The Neurobiology of Pain." *The Lancet* 353, no. 9164 (1999): 1610–1615. doi:10.1016/s0140-6736(99)01313-6.

Besson, J. M., and A. Chaouch. "Peripheral and Spinal Mechanisms of Nociception." *Physiological Reviews* 67, no. 1 (1987): 67–186. doi:10.1152/physrev.1987.67.1.67.

Biga, Lindsay, Sierra Dawson, Amy Harwell, Robin Hopkins, Joel Kaufmann, Mike LeMaster, Philip Matern, Katie Morrison-Graham, Devon Quick, and Jon Runyeon. "13.1 Sensory Receptors." *Anatomy & Physiology*. 2020. Open Oregon State, Oregon State University. https://open.oregonstate.education/aandp/chapter/13-1-sensory-receptors/.

BodModz. "Cute Girl Having a TONGUE SPLIT (Full Procedure)." Video. YouTube, December 13, 2014. https://youtu.be/-cMG2QyN-mE.

Boggs, J. M. "Myelin Basic Protein: A Multifunctional Protein." *Cellular and Molecular Life Sciences* 63, no. 17 (2006): 1945–1961. doi:10.1007/s00018-006-6094-7.

Corder, Gregory, Biafra Ahanonu, Benjamin F. Grewe, Dong Wang, Mark J. Schnitzer, and Grégory Scherrer. "An Amygdalar Neural Ensemble That Encodes the Unpleasantness of Pain." *Science* 363, no. 6424 (2019): 276–281. doi:10.1126/science.aap8586.

Dubin, Adrienne E., and Ardem Patapoutian. "Nociceptors: The Sensors of the Pain Pathway." *Journal of Clinical Investigation* 120, no. 11 (2010): 3760–3772. doi:10.1172/jci42843.

Foell, Jens. "Phantom Limbs and Perceived Pain." TED Talk, 12:22, TEDxFSU, published September 22, 2017. https://www.youtube.com/watch?v=7-EpZcKgufM.

参考文献

第一章　そもそものはじまり

Birnie, Kathryn A., Patrick J. McGrath, and Christine T. Chambers. "When Does Pain Matter? Acknowledging the Subjectivity of Clinical Significance." *Pain* 153, no. 12 (2012): 2311–2314. doi:10.1016/j.pain.2012.07.033.

Busch, Volker, Florian Zeman, Andreas Heckel, Felix Menne, Jens Ellrich, and Peter Eichhammer. "The Effect of Transcutaneous Vagus Nerve Stimulation on Pain Perception—an Experimental Study." *Brain Stimulation* 6, no. 2 (2013): 202–209. doi:10.1016/j.brs.2012.04.006.

Choi, Kyung-Eun, Frauke Musial, Nadine Amthor, Thomas Rampp, Felix J. Saha, Andreas Michalsen, and Gustav J. Dobos. "Isolated and Combined Effects of Electroacupuncture and Meditation in Reducing Experimentally Induced Ischemic Pain: A Pilot Study." *Evidence-Based Complementary and Alternative Medicine* 30, no. 1 (2011): 1–9. doi:10.1155/2011/950795.

Dickenson, A. H. "Editorial I: Gate Control Theory of Pain Stands Test of Time." *British Journal of Anaesthesia* 88, no. 6 (2002): 755–757. doi:10.1093/bja/88.6.755.

Floyd, Nancy. "People Issue: Ballerina-Turned-Boxer Sarah London." *Nashville Scene*, March 8, 2018. https://www.nashvillescene.com/news/cover-story/article/20995171/people-issue-ballerinaturnedboxer-sarah-london.

Garland, Eric L., Barbara Fredrickson, Ann M. Kring, David P. Johnson, Piper S. Meyer, and David L. Penn. "Upward Spirals of Positive Emotions Counter Downward Spirals of Negativity: Insights from the Broaden-and-Build Theory and Affective Neuroscience on the Treatment of Emotion Dysfunctions and Deficits in Psychopathology." *Clinical Psychology Review* 30, no. 7 (2010): 849–864. doi:10.1016/j.cpr.2010.03.002.

Glick, Robert A., and Donald I. Meyers. *Masochism: Current Psychoanalytic Perspectives*. Hillsdale, NJ: Analytic Press, 1988.

Greenberg, Jordan, and John W. Burns. "Pain Anxiety Among Chronic Pain Patients: Specific Phobia or Manifestation of Anxiety Sensitivity?" *Behaviour Research and Therapy* 41, no. 2 (2003): 223–240. doi:10.1016/s0005-7967(02)00009-8.

Hansen, George R., and Jon Streltzer. "The Psychology of Pain." *Emergency Medicine Clinics of North America* 23, no. 2 (2005): 339–348. doi:10.1016/j.emc.2004.12.005.

Hockenbury, Don H., and Sandra E. Hockenbury. *Psychology*. New York: Worth Publishers, 2010.

Hui, Kathleen K. S., Ovidiu Marina, Jing Liu, Bruce R. Rosen, and Kenneth K. Kwong. "Acupuncture, the Limbic System, and the Anticorrelated Networks of the Brain." *Autonomic Neuroscience* 157, nos. 1–2 (2010): 81–90. doi:10.1016/j.autneu.2010.03.022.

Iannetti, G. D., and A. Mouraux. "From the Neuromatrix to the Pain Matrix (and Back)." *Experimental Brain Research* 205, no. 1 (2010): 1–12. doi:10.1007/s00221-010-2340-1.

Kaptchuk, Ted J., and Franklin G. Miller. "Placebo Effects in Medicine." *New England Journal of Medicine* 373, no. 1 (2015): 8–9. doi:10.1056/nejmp1504023.

Kaufman, David Myland, Howard L. Geyer, and Mark J. Milstein. "Neurologic Aspects of Chronic Pain." In *Kaufman's Clinical Neurology for Psychiatrists*, 8th ed. Elsevier, 2017, 307–324. doi:10.1016/b978-0-323-41559-0.00014-9.

Kopf, Andreas, and Nilesh B. Patel. *Guide to Pain Management in Low Resource Settings*. Seattle: IASP, 2010.

Legrain, Valéry, Gian Domenico Iannetti, Léon Plaghki, and André Mouraux. "The Pain Matrix Reloaded." *Progress in Neurobiology* 93, no. 1 (2011): 111–124. doi:10.1016/j.pneurobio.2010.10.005.

Leung, Lawrence. "Neurophysiological Basis of Acupuncture-Induced Analgesia—an Updated Review." *Journal of Acupuncture and Meridian Studies* 5, no. 6 (2012): 261–270. doi:10.1016/

【著者】

リー・カワート（Leigh Cowart）

研究者であり科学ジャーナリスト。『ワシントン・ポスト』紙、『ニューヨーク・マガジン』誌、またバズフィード・ニュース、ハズリット、ロングリーズ、ヴァイスといったオンライン・メディアに記事が掲載されている。ジャーナリストになる以前には、学術研究機関でヘラコウモリの性的二形（性別によって個体の形質が異なる現象）や花の資源配分について研究を行っていた。家族とオフィスの主のネコ、ラリー・ホットドッグスと共にノースカロライナ州、アッシュヴィルに在住。

【訳者】

瀬高真智（せたか・まち）

翻訳家。世界の歴史や文化に関する訳書が多数ある。

Hurts So Good: The Science and Culture of Pain on Purpose
by Leigh Cowart

なぜ人は自ら痛みを得ようとするのか

●

2024年2月3日　第1刷

著者……………リー・カワート
訳者……………瀬高真智
装幀……………永井亜矢子（陽々舎）
発行者……………成瀬雅人
発行所……………株式会社原書房

〒160-0022 東京都新宿区新宿1-25-13
電話・代表03(3354)0685
振替・00150-6-151594
http://www.harashobo.co.jp

印刷……………新灯印刷株式会社
製本……………東京美術紙工協業組合

ISBN 978-4-562-07386-3, Printed in Japan